Schmid-Bärental
Großer-
1881
-Gsollberg
Kleiner-
1840
Schlund
Schönberg
1863
Schlund
Höllwieser
1861
Nirneck-
grube
Schlund
Almberg
Schlund
Almbergloch
Backenstein
1772
1427
Heidingkg.
Häuslkogel
1851
Reichenstein
Schlund
1913
1902
1907
Siniweler
Salzgraben
Gößler Alm
Zimitzalm
983
Steinfeld
1165
Bachwa
Jh.
1113
Gößler-
Schwaiber
Bergkar
Gaiswinklkar
Almbergweg
1126
Hundskogel
1747
Gießenkogel
Schöße
Hohenec
Mühlb.
Hoher Angerwald
Kesselbrunn
Gaiswinkl
20
21
Kreuz
22
Gößl
Schl. Grundlsee
(Villa Roth)
Bad
Rößlern
Grundlsee
(708)
Wienern
Lackenkögelbach
Schst.
(732)
Hinterau
Ressen
1303
Krongruben
26
Mitterau
Auermahd
1156
Arzbergb.
Wssf.
Eibelstube
Grasberg
1626
Grasbergbach
Schüttgraben
Grasbergalm
Zlaim
Steirerwald
Weißenbachkogel
1580
1308
Zlaimkögel
1756
Türkenkg.
Weißenbachalm
(1326)
Weißenbach
Weißenbach
916
Eisengr.
Zleimalm
Hößenbichl
Schnöderitzkg.
1545
Hochleitenwald
Ausseer-
-Teltschenalm
Hasenkg.
1616
Hinterberger
Rötelstein
1614
Feuerkogel
1632
Langmoosalm
Kaltes Bründl
Kampl
1685
Weg 1
Weg 2
Weg 3
0
1 km
arbeitsgemeinschaft kartographie

Marie-Theres Arnbom

Die Villen vom Ausseerland

Marie-Theres Arnbom

Die Villen vom Ausseerland

Wenn Häuser Geschichten erzählen

Mit 143 Abbildungen

Amalthea Verlag

Gefördert vom Nationalfonds der Republik Österreich
für Opfer des Nationalsozialismus

NATIONALFONDS
DER REPUBLIK ÖSTERREICH FÜR OPFER DES NATIONALSOZIALISMUS

Besuchen Sie uns im Internet unter: amalthea.at

Umschlaggestaltung: Elisabeth Pirker/OFFBEAT
Umschlagmotiv: Alt-Aussee © Austrian Archives/Imagno/picture-desk.com; Fotohalter: © iStock.com
Karte im Vorsatz: © arbeitsgemeinschaft kartographie
Lektorat: Helene Breisach
Herstellung und Satz: VerlagsService Dietmar Schmitz GmbH, Heimstetten
Gesetzt aus der 11/14 pt Minion Pro Regular
Designed in Austria, printed in the EU
ISBN 978-3-99050-199-3

Inhalt

Altaussee

Grundlsee

Making-of …

Über das Ausseerland zu schreiben, bedeutet, in drei unterschiedliche Welten einzutauchen, denn jeder der so nahe beieinander liegenden Orte und Regionen ist geprägt von einem ganz eigenen Charakter – und das schon seit Beginn der Sommerfrische im frühen 19. Jahrhundert. Aussee, das 1911 den Zusatz »Bad« erhält, wächst mit dem zunehmenden Kurbetrieb, der sich langsam mit dem Sommerfrischeleben vermischt. Der Ort möchte mondän sein, das weiß die *Badezeitung* schon 1877: »In jedem Badeort gibt es zweierlei Fremde. Erstens solche, welche überallhin den Jammer der Stadt mit sich schleppen und nirgends die gewohnten Genüsse und Zerstreuungen des Stadtlebens entbehren können – und diese sind in der Mehrzahl. Zweitens solche, welche lediglich in vergnügter Einsamkeit, in den stillen Reizen der Natur Erfrischung von Körper und Geist suchen.«[1]

Altaussee stilisiert sich als Dorf der Künstler und der Aristokratie: »Romantisch und aristokratisch schmiegt sich das viel kleinere und bahnentlegenere, also schon darum um ein paar Grad noblere Altaussee unter die berühmte Felsnase des Loser«,[2] analysiert der Schriftsteller Carl Marilaun im Jahr 1929. Von hier aus begeben sich schon früh aristokratische Familien auf die Jagd und errichten Jagdhäuser, die bis heute den Ort prägen.

Vom Grundlsee zeichnet wiederum der Schriftsteller Rudolph Lothar ein ganz anderes Bild: »Es ist eine Sommerfrische ohne Korso, ohne Kurmusik, ohne Jazz, ohne mondäne Konditorei, und in jedem dieser ›ohne‹ liegt eines seiner Reize. Es ist, was es immer war: ein Sommeraufenthalt für Eingeweihte. Und aus diesen Eingeweihten werden im Laufe der Zeit eingefleischte Fanatiker.«[3] An diesem Ort liegt auch der Ursprung der bis heute wohlbekannten Liebesgeschichte zwischen Erzherzog Johann und Anna Plochl.

Diesen drei Charakteren gilt es, gerecht zu werden, unbekannte Episoden zu erzählen, Menschen der Vergessenheit zu entreißen.

Dies bedeutet aber auch: Mut zur Lücke. Denn es gibt immer noch mehr Familien, Schicksale, Ereignisse, die berichtenswert sind. Der Platz in diesem Buch ist beschränkt, und so habe ich mich entschieden, über all diejenigen zu schreiben, die in der kollektiven Erinnerung kaum mehr präsent sind. Manche standen in den vergangenen Jahren im Fokus diverser Publikationen, Artikel oder Symposien. Individuelle Erzählstränge tradieren Erinnerungen – doch nicht in einem größeren Rahmen, einem komplexeren Kontext. Denn auch im Ausseerland gilt: Eine Familie zieht die nächste nach, Familienclans verbringen hier die Sommermonate und prägen die Gesellschaft. Doch auch beruflich verbundene Gruppen verbringen hier gemeinsam den Sommer: Seien es der fröhliche Kreis um das Ensemble des alten Wiener Burgtheaters, die Schülerinnen und kunstaffinen Freunde der charismatischen Eugenie Schwarzwald oder die linksgerichteten Psychoanalytiker um Elisabeth Neumann. Alle finden Platz, Anregung und Inspiration, Ruhe oder Amüsement – einen idealen Nährboden für Künstler und innovative Geister aller Art.

Jedes Buch entwickelt eine gewisse Eigendynamik und bestimmt die Reise mit. Das Ausseerland ist geprägt von starken Frauen: frühe Frauenrechtlerinnen und Schriftstellerinnen, Studentinnen und Schauspielerinnen, Salondamen und Reformpädagoginnen. Sie alle zeigen eines: Sommerfrische ist weiblich. Frauen und Kinder verbringen viele Monate auf dem Land, die Herren pendeln zu ihren Büros, Produktionsstätten, Fabriken und beteiligen sich nur am Rande am Alltagsleben.

Ab 1938 weht ein anderer Wind – die Sommergäste verschwinden, werden enteignet, verfolgt, vertrieben. Gerade das Ausseerland wird zum beliebten Zufluchtsort vieler Nazi-Bonzen, die sich in der sogenannten »Alpen-Festung« vermeintlich sicher fühlen. Über sie wurde schon vieles geschrieben, ich streife sie daher nur am Rande. Auch über all die Ereignisse rund um die versteckten Kunstschätze in den Stollen existieren profunde Bücher – ich widme mich lieber den Menschen.

Unzählige Villen werden 1938 beschlagnahmt und dann weiterverkauft – die Umstände erweisen sich einmal mehr als schrecklich, Häuser verfallen, weil keine Entscheidung getroffen wird, niemand sich zuständig fühlt. Ein Mann in Bad Aussee tritt als Treuhänder von zumindest 20 Villen zutage: Eduard Beyerer. Er administriert den Raub, an dem verschiedene Behörden mitschneiden. Und auch so mancher Bonze.

Die Lage nach 1945 ist chaotisch, Amerikaner beschlagnahmen Villen, eine Bibliothek verschwindet fast gänzlich, das Ausseerland kommt von Oberösterreich zurück an die Steiermark – so viele Behörden, Bund, Länder und Gemeinden weisen sich gegenseitig die Zuständigkeiten zu, führen Briefwechsel, die sich in die Länge ziehen. Und die einstmaligen Eigentümer versuchen, diesen bürokratischen Dschungel zu durchdringen. Vergleiche werden geschlossen, Villen billig verkauft. Und doch: Gerade zu dieser Landschaft bleiben die emotionalen Bindungen stark, und so manch einer kehrt zurück und verbringt den Lebensabend im Ausseerland.

Ein Buch, entstanden in schwierigen Zeiten – doch dank vieler Unterstützer konnte ich auf die notwendigen Quellen zurückgreifen, die meine Forschungen erst ermöglichen. Meine beiden dislozierten Archivhelden heißen Peter – und das ist ein gutes Zeichen, denn mein Großvater und mein Neffe heißen ebenso. Daher sei mir dieser nicht sehr sachliche, sondern emotionale Zugang verziehen: Peter Zauner vom Oberösterreichischen und Peter Wiesflecker vom Steirischen Landesarchiv haben sich als Kooperationspartner, Unterstützer und Freunde erwiesen in Zeiten von Schließungen, Beschränkungen, Problemen. Danke!

Und auch im Staatsarchiv habe ich einen Freund und Verbündeten: Hubert Steiner. Mit Verve, Begeisterung und freundschaftlicher Unterstützung hat auch er dazu beigetragen, dass ich die für dieses Buch notwendigen Akten einsehen und verwenden konnte.

Auch mein Mann Georg Gaugusch zählt zu den großen Unterstützern, er hat weitere relevante Quellen aus dem Wiener Stadt-

und Landesarchiv erschlossen und ich kann dank seiner großartigen Recherche immer auf die Grundlagenforschung zurückgreifen. Nichts geht über Zusammenarbeit, für die ich zutiefst dankbar bin.

Als Basis bot mir Leo Walkners Dissertation *Jüdisches Leben im steirischen Salzkammergut* aus dem Jahr 2017 viele Hinweise, denen ich gerne nachgegangen und so auf neue Spuren gekommen bin. Seine Informationen, kombiniert mit weiteren Aktenbeständen aus Archiven und Familien, sind in dieses Buch eingeflossen.

Und nun zu meinen Unterstützern und »Antreibern«: Francisco Rumpf animiert mich seit Jahren, dieses Buch zu schreiben – nun hat sich seine stetige Beharrlichkeit bezahlt gemacht.

Ich danke den Nachkommen der Familien nah und fern, die mir in Mails, Gesprächen, nun modern gewordenen Zoom-Gesprächen Einblicke in die Familiengeschichten gewährt haben. Ich durfte private Filme ansehen, Fotos betrachten, Briefe lesen und dies alles der Vergessenheit entreißen. Es ist immer eine Freude, interessante und freundliche Menschen kennenzulernen. Dazu zählen Elizabeth Baum-Breuer, Alexander Demblin, Michael Garton, Andrew Grainger, Roswitha Huppmann, Jimmy Petterson, Joe und Marlo Poras, Tom und John Schueller, Anna Wexberg und Veronika Zalozieczky.

Viele Freunde haben mir in verschiedener Art und Weise geholfen: Mit Kontakten, Büchern, Erzählungen, Informationen, Bildern und Zuspruch – ich danke für das stetige Interesse und die große Unterstützung: Gérard Barbier, Erwin Barta, Johanna von der Deken, Ernst Denk, Raphael Einetter, Felicitas Eltz, Marianne Goertz, Marlis Jenny, Ursula Kals-Friese, Monika Kiegler-Griensteidl, Eva Koschuh, Barbara Motter, Marcus Patka, Franz Pichorner, Robert Streibel, Elisabeth Triulzi und Adelheid Wölfe.

Meine bewährten Korrekturleserinnen haben Tippfehler aufgespürt, inhaltliche Ungereimtheiten aufgezeigt und mit Interesse das Entstehen des Buches verfolgt: Mein Dank gilt Christiane Arnbom, Elisabeth Kühnelt-Leddihn und Johanna Ecker.

Die Zusammenarbeit mit den Damen des Amalthea Verlages erweist sich einmal mehr als unkompliziert, professionell und wertschätzend – danke!

Dies gilt auch für das bewährte Lektorat von Helene Breisach – sie legt den Finger auf sprachliche Wunden, findet Ungereimtheiten und lässt niemals locker – dafür gebührt ihr großer Dank!

Marie-Theres Arnbom
25. Mai 2021

Gebrauchsanweisung

Wie schon in den vergangenen Bänden dieser Reihe über die Villen habe ich versucht, Entdeckungstouren zusammenzustellen, doch erweist sich dies aufgrund der geografischen Gegebenheiten als schwierig. Die Runde in Altaussee dauert zu Fuß eine gute Stunde – ein gemütlicher Spaziergang durch den Ort führt an den beschriebenen Villen vorbei. (9–19* und zurück zu 9; 12 liegt außerhalb des Rundwegs: Die Villa existiert nicht mehr, der einstige Standort am Hang ist vom Rundweg aus zu sehen.)

In Bad Aussee ist es etwas umständlicher – auch hier lädt ein Rundweg (1–7) zum Entdecken ein. Zwei der beschriebenen Villen (5, 6) liegen jedoch ein wenig abseits – nehmen Sie doch das Fahrrad oder das Auto oder planen Sie einen längeren Marsch ein.

Rund um den Grundlsee (20–26; 22 in Gößl ist separat zu besuchen) nehmen Sportliche das Fahrrad – wie schon Theodor Herzl, Arthur Schnitzler und viele andere Sommerfrischler – und erkunden den See langsam und gemächlich. Das Auto steht als letzte Option natürlich auch zur Verfügung …

Natürlich muss man aber nicht physisch anwesend sein, denn die Schicksale der beschriebenen Menschen beziehen sich zwar alle auf das Ausseerland, gehen aber weit darüber hinaus und führen nach Wien und Berlin wie nach Sydney und New York.

Jedenfalls möchte dieses Buch dazu anregen, in die so spezielle Atmosphäre dieser Orte einzutauchen, die all diese Menschen in besonderem Maße anzog und verzauberte und ihnen viele unvergessliche Jahre beschert hat, in guten wie in schlechten Zeiten.

* Die Ziffern beziehen sich auf die jeweiligen Buchkapitel und entsprechen gleichzeitig der Positionierung der Villen auf der Karte im Buchdeckel.

1 Die schreibenden Damen Schreiber

Emil-Ertl-Weg 26

Der Aufstieg Bad Aussees zu einem angesehenen Kurort beginnt mit einer Ehe: Der aufstrebende junge Arzt Josef Schreiber plant die Gründung eines Sanatoriums, doch fehlen ihm die finanziellen Mittel. 1867 heiratet er Clara Hermann – mit ihrer Mitgift können sie seine Idee gemeinsam umsetzen. »In dem abgelegenen Marktflecken Aussee im steirischen Salzkammergut, stundenweise entfernt von jeder Eisenbahn, gründete Dr. Joseph Schreiber mit seiner jungen Frau ein Sanatorium für Lungenkranke, aber auch für sonstige Heilung Suchende. Die ›Schwindsüchtigen‹ – wie man sie nannte – sollten in staubfreier, waldreicher Gebirgsgegend, in Sonne und Licht, unter Zuhilfenahme milder Kaltwasserkuren Genesung finden.«[4] Auch in einer zweiten Disziplin erweist sich Josef als Pionier, wie seine Tochter Adele in ihren Erinnerungen festhält: »In ähnlicher Weise hat später mein Vater, als Bahnbrecher für Massage und Heilgymnastik, in einem zähen Kampf für Winterkuren im Gebirge, künftige Entwicklungen vorausgesehen.«[5]

Josef Schreibers Karriere ist bis zu diesem Zeitpunkt eher ungewöhnlich verlaufen: Nach dem Studium in Wien arbeitet er eine Zeit lang in London und begibt sich danach als ärztlicher Begleiter eines jungen Kranken auf eine Reise nach Italien, Südfrankreich und die Schweiz[6] – klingt wie in einem Roman und ist doch Wirklichkeit. Seine Erfahrungen mit Heilungschancen durch klimatische Gegebenheiten führen 1869 zur Eröffnung seines ersten Sanatoriums »Elisabethheim« im Ausseer Ortsteil Praunfalk.

Von Anfang an ist klar, dass Josef und Clara Schreiber es gemeinsam führen. Josefs Karriere als Klimatologe geht steil bergauf, Vorträge und Publikationen verbessern seinen Ruf. Doch auch Clara bleibt nicht untätig: Sie engagiert sich für Frauenrechte und schreibt darüber Artikel und Bücher, sie hält Vorträge und führt einen Salon. Doch woher kommt dieses vielfältige Talent? Wohl von ihrer

Josef und Clara Schreiber

Mutter, Amalie Drach. Sie stammt aus dem ungarischen Hausbrunn und ist die Tante Moritz Drachs, der ebenfalls in Altaussee ansässig ist (Kapitel 12). Amalies erster Mann Aron Hermann stirbt, als Tochter Clara zehn Monate alt ist, die junge Witwe steht plötzlich allein da. Ihre zweite Ehe mit Moritz Spitzer führt Amalie nach Brünn, sie bekommt zwei weitere Kinder, Leopold und Emma. Ihre Töchter erzieht sie schon früh zu eigenständigem Denken, zur Selbständigkeit.

Clara, geboren im Revolutionsjahr 1848, beobachtet ihre Umwelt aufmerksam und bringt ihre Erkenntnisse zu Papier. Im Jahr 1866 beginnt die 18-Jährige, wegen des drohenden Krieges gegen Preußen Tagebuch zu schreiben und gibt Einblick in das Alltagsleben. »Dann kam – Königgrätz!«, beschreibt sie diese traumatische Schlacht, die sich 140 Kilometer nördlich von Brünn abspielt. »Ich glaube kaum, daß jemand, der nicht in der nächsten Nähe eines Kriegsschauplatzes gelebt hat, den Schmerz und die Niedergeschlagenheit, welche diese Nachricht hervorrief, zu erfassen vermag.«[7] Brünn wird zu einem einzigen großen Lazarett.

»Brünn ist Fabriksstadt. Das Gespenst der Arbeiterempörung schritt durch die Straßen. Die meisten der bekannten Familien entflohen. Mein Vater wünschte dringend, dass auch wir Brünn verlassen sollten, er selbst aber konnte nicht fort und wir wollten nicht ohne seine Begleitung reisen. Wohin sollten wir auch? Meine Eltern bewohnten ihr eigenes Haus. Es lag in der inneren Stadt. Die Straße hieß damals Alte Fröhlichergasse, jetzt Rudolfsstraße. Das Haus war klein. Wir bewohnten den ersten und einen kleinen Teil des zweiten Stockes. Als erste Einquartierung waren uns vierzig Mann, zwei Offiziere, ein Unteroffizier und ein Pferd angesagt. Es machte einen tiefen Eindruck auf mich, daß die preußischen Offiziere sofort um Zutritt zur Bibliothek bitten ließen. Wir haben keinen preußischen Offizier im Haus gehabt, der nicht um Bücher gebeten hätte. Es interessierte mich zu sehen, was die Herren wählten; sie griffen nach Walter Scott, nach Kant, nach Memoiren, von denen wir eine größere Anzahl besaßen.« Doch dann folgt die Cholera und setzt zu einem Rundumschlag an – die junge Clara hält alles penibel in ihrem Tagebuch fest, am Ende ihres Lebens plant sie, ihre Erinnerungen zu publizieren, doch ereilt sie zu früh der Tod: Die Fragmente erscheinen in der *Neuen Freien Presse* am 9. Juli 1906.

Clara gilt als große Salonière: Viele prominente Patienten kommen nach Aussee, um hier ihre Beschwerden auszukurieren, und Clara sorgt für die notwendige Zerstreuung und für intellektuelle Anregungen. Mit aller Konsequenz korrespondiert sie mit Schriftstellern, führt Gespräche in Aussee und erschafft abseits der Großstädte einen intellektuell anregenden Kreis, der sich auch in Wien sehen lassen könnte. »Meine Mutter war ein Menschenmagnet und zog wertvolle Menschen, die ihren Rat und ihre Freundschaft suchten, an«, schreibt Adele später.[8]

In dieser Atmosphäre wachsen ihre drei Töchter Ida, Adele und Lilli auf – und doch unterscheidet sich ihr Leben stark von dem der Mädchen in Wien: Es gibt wenig sozialen Umgang mit Gleichaltrigen. Begegnungen wie mit dem wohlwollenden Theodor Herzl

Villa Schreiber, um 1885

bleiben in Erinnerung: »Theodor Herzl, der Begründer des Zionismus, diskutierte mit den reiferen Leuten und spielte mit uns Mädels Tennis.«[9] Doch all das, was ein großstädtisches Leben ausmacht, bleibt den Mädchen verwehrt: Theater und Oper, Hausbälle und gemeinsames Eislaufen mit Freunden und Freundinnen, Cousins und Cousinen. So lernt man einander in der Stadt kennen und findet wohl auch meistens den Ehepartner. Doch der soziale Umgang in Kurstädten, seien sie auch noch so mondän, ermöglicht dies den Mädchen kaum, nur in den Sommermonaten ist die eine oder andere Cousine zu Gast. Eine von ihnen, Helene Klepetar, erinnert sich 1930 an die Sommer, die sie von 1895 bis 1900 in Aussee verbracht hat: »Der Jugend wurde in Alpenheim ihr volles Recht. Wir turnten, schwammen, ruderten und kraxelten.«[10]

Die Mädchen entwickeln eigene Gedanken und Wünsche, die sie auch durchsetzen: »Als meine jüngere Schwester und ich zu jungen Mädchen heranwuchsen und nach vielem Bitten die Erlaubnis erhielten, Radfahren zu lernen, schlugen Verwandte und Bekannte die Hände über dem Kopf zusammen – es war ja höchst unschicklich, unweiblich, und solche emancipierten Mädchen würden nie einen Mann bekommen«[11], beschreibt Adele sich selbst und Lilli.

Clara verfolgt eine sehr moderne, fast revolutionäre Strategie: Sie erzieht ihre Töchter in der Überzeugung, dass auch Frauen ihrer Gesellschaftsschicht arbeiten sollten – mit oder ohne Ehe. Mädchen sollten sich selbst versorgen können, selbst bestimmen, selbst entscheiden. Für die 1870er- und 1880er-Jahre eine erstaunliche Einstellung, die Clara nicht nur zu Hause propagiert, sondern auch in Zeitungsartikeln und Büchern publiziert.

Nach einem längeren Aufenthalt in Paris Anfang der 1880er-Jahre erscheint 1884 ihr Buch *Eine Wienerin in Paris*, eine Art Reiseführer oder vielmehr eine Gebrauchsanleitung, wie man in diesen Jahren eine Metropole wie Paris zu bereisen hat. Das Vorwort verfasst der Journalist Ferdinand Groß in überaus humorvoller Art und Weise und gibt zu bedenken, dass »ich, die Feder in der Hand, trotz allen Bestrebens mehr an das schöne, tugendreiche Aussee denke als an mein schönes, sündhaftes Paris – an Ihr Aussee, die Perle des Salzkammergutes. Sie können leichten Herzens ein Buch über Paris schreiben, denn nachdem Sie es gründlichst kennengelernt haben, widmen Sie sich nun den Freuden der Erinnerung in Ihrem wunderschönen ›Alpenheim‹, und Sie gedenken der Place de la Concorde, der Champs-Élysées und des Bois de Boulogne, indessen Ihre Blicke den Röthelstein streifen und den Sarstein und den Loser und die Trisselwand und die Kuppen des Dachsteins.«

In all dieser Verklärtheit versteht Ferdinand Groß Claras Beweggründe sehr gut: »Ihr Buch – erröthen Sie nicht! – hat nur eine Frau schreiben können, und zwar eine Frau, die nicht eine Ader vom Blaustrumpf hat, eine Frau, die mit gesunder Vernunft das Leben und die Menschen betrachtet, sich durch Phrasen nicht blenden läßt, den Dingen auf den Kern geht und doch mit ihren Mitschwestern so viel angeborene Fühlung behalten hat, daß sie nur von Dingen erzählt, welche diese interessieren. Es ist ein Buch von einer Frau für Frauen. Was so vielen Fremden entgeht, das haben Sie sicher erfaßt: den innersten Charakter der französischen Gesellschaft. Durch Ihre Schilderung geht ein frischer Lufthauch, der eine Menge alter Vorurtheile hinwegbläst.«

Dieser Lufthauch entpuppt sich eher als Sturm, der durch die Gesellschaft weht: »Umarmen möchte ich Sie – als altem Ehemann dürften Sie mir das wohl gestatten! – für Ihre Objectivität in der Betrachtung der französischen Kindererziehung. Es gehört Muth dazu, wenn Sie mit Hinblick auf unsere Verhältnisse es öffentlich aussprechen: ›Wie viele Frauen vergeuden ihre Zeit am Putztische, in leeren Kaffeegesellschaften, im Tratsch mit der Base und der Nachbarin, kümmern sich weit weniger um ihre Kinder als die Pariser Geschäftsfrau, welche deren Erziehung bewährten Händen anvertraut und sie regelt, welche die besten Jahre ihres Lebens daran setzt, um für ihre Kinder ein Vermögen zu erwerben.‹«[12]

Clara widmet das Buch ihrer Mutter Amalie. Das sagt viel aus, denn viele Kapitel widmen sich dem Kampf für die Frauenrechte, der Kindererziehung, herausragenden Journalistinnen und Salonièren – also starken Frauen, denen früh ihre Benachteiligung als Frau klar geworden ist und die sich auf verschiedene Art und Weise für eine Gleichstellung eingesetzt haben. Interessanterweise finden sich viele Formulierungen und Gedanken in den Publikationen von Claras Tochter Adele wieder – zu Hause wird wohl viel darüber diskutiert, auch wenn sich Adele in späteren Jahren von der Mutter distanziert. Die Bildungsmöglichkeiten verändern sich rasant: Jede dieser Frauen widmet sich im Kontext ihrer Generation diesem Thema, mit Verve und Kampfesgeist.

1892 erscheint *Eva. Naturalistische Studien einer Naturalistin.* Clara Schreiber setzt sich in diesem Buch einmal mehr dafür ein, dass »auch die Frauen der besseren Gesellschaft, der höheren Stände sich activ am Erwerbe der Familie betheiligen«, wie der Rezensent der *Neuen Freien Presse* berichtet. »Für diese also heißt es Platz schaffen und Arbeit finden. Nicht um der Ehe zu entrathen, sollen unsere Töchter erwerbsfähig gemacht werden; die Erwerbsfähigkeit derselben soll die Ehe erleichtern, die Lebensverhältnisse verbessern«, zitiert die Zeitung die Autorin, um dies gleich infrage zu stellen, denn wie könne eine erwerbstätige Frau den Haushalt leiten? Die Vernachlässigung der häuslichen Pflichten »wird bei Frauen der Fall sein, welche das geistige Mittelmaß überragen, bei Anderen schwerlich. Der normale Zustand eines Haushalts ist der, daß der Mann erwirbt, die Frau erhält.« Dass der Mann oftmals auf Basis der Mitgift seiner Frau »erwirbt«, bleibt unerwähnt. »Man legt das Buch mit der Überzeugung aus der Hand, daß sich ihre meisten Wünsche verwirklichen ließen, wenn die Mehrzahl der Frauen, so viel Verstand und Thatkraft besäße, wie die Verfasserin selbst.«[13]

Die 14-jährige Lilli Schreiber, 1888

Tatsächlich gibt Clara in diesem Buch viel von sich preis: Das Kapitel »Mutter und Tochter« beschreibt die Sorge der Mütter, ihren Töchtern in einem geeigneten Umfeld die bestmögliche Ausbildung angedeihen zu lassen. Clara kommt zu dem Schluss, dass sie diese am ehesten in einem Pensionat erhalten können.

Ihre eigenen Töchter werden tatsächlich in Pensionaten erzogen – wir befinden uns in den 1870er- und 1880er-Jahren, in denen es kaum andere Möglichkeiten für Mädchenbildung gibt. Vor allem in Frankreich und Deutschland existieren in diesen Jahren zahlreiche fortschrittliche und moderne Institute. Lilli und Adele besuchen ein Pensionat in Paris, endlich erfahren sie einen systematischen Unterricht, nach dem sie sich so sehnen. Lilli wendet sich der Kunst zu, besucht eine Kunstschule in Florenz, eine weitere in München und studiert an der Kunstgewerbeschule in Wien – eine der wenigen Möglichkeiten, die Mädchen offenstehen. Was meint Lillis Mutter Clara dazu? Sie nimmt den Staat in die Pflicht: »Die Hauptaufgabe des Staates wäre es, durch ein großmütiges Wort die morschen Schranken einzureißen, welche Vorurteile und verrottete Ansichten der Frauenarbeit entgegenbringen.«[14]

Was für ein Kämpferin! Auch die Festlegung auf »typisch« weibliche Berufe wie Lehrerin, Erzieherin oder Krankenpflegerin kritisiert Clara scharf: »Noch immer ertönt das Feldgeschrei: die Frau soll nicht Arzt, sondern Krankenwärterin, Diakonissin werden. Merkwürdig!«[15] Und sie verweist auf Amerika, wo bereits 3000 Ärztinnen ihre Arbeit tun. »Es ist geradezu unbegreiflich, daß vornehme, männliche Geister noch heute vom Katheder herab gegen das ärztliche Studium der Frauen sprechen und alle möglichen und unmöglichen Gründe dagegen anführen.«[16]

Denn es gibt ja zahllose berufstätige Frauen in anderen Gesellschaftsschichten – und so wird klar, dass sich Clara in erster Linie gegen ihre eigene wendet, in der weibliche Erwerbstätigkeit verpönt bleibt. »Wollte man doch endlich aufhören, die Frau zu bemitleiden, wenn sie sich bemüht zu erwerben, wollte man doch aufhören, sie aus Humanität zur Entbehrung selbst zum Hunger zu verurteilen.«[17] Claras innige Verbundenheit mit ihrem Mann bringt sie in ihrer Widmung zum Ausdruck: »Nach 25 Jahren gemeinsamer Arbeit widmet dieses Buch ihrem Gatten die Verfasserin.«[18]

Clara setzt sich früh für die Berufstätigkeit der Frauen ein und geht als gutes Beispiel voran. Darüber hinaus verhilft sie anderen Frauen ebenfalls zu einem Lebensunterhalt. 1880 gründen Josef und Clara Schreiber gemeinsam mit Johann Chlumetzky den Ausseer Hausindustrie-Verein. Dieser verfolgt ein hehres Ziel: Die Armut im Ausseer Tal soll gelindert werden durch Arbeitsmöglichkeiten während des Winters. Der Hintergrund dafür ist aber auch ein ganz anderer: Da die Menschen im Sommer genug für das ganze Jahr verdienen müssen, klagen die Sommergäste »über Teuerung und Ausbeutung der das Thal besuchenden Fremden. So ist das Salzkammergut in argen Verruf gekommen.«[19]

Welche Maßnahmen ergreift nun der Verein? Alte Hausindustrien erfahren Modernisierung, zusätzlich entstehen neue, wie eine Korbflechtschule und ein »Fachzeichenkurs für Gehilfen und Lehrlinge der Baugewerbe«[20], der 1890 von immerhin 107 Schülern besucht wird. Für die weibliche Bevölkerung wird die bereits bestehende »Buntstickerei auf Leinen« vervollkommnet – 102 Arbeiterinnen finden hier Beschäftigung, ihre Tischtücher, Servietten und andere Textilien werden im Sommer im Kurhaus ausgestellt und von den Sommergästen erworben oder vorbestellt. Diese Hilfe zur Selbsthilfe passt ganz in Claras Konzept.

1873 verkauft Josef Schreiber sein Sanatorium und kann aufgrund einer 10-jährigen Tätigkeitssperre – einer Art Konkurrenzklausel – erst 1883 wieder in Aussee ein eigenes Haus führen: das Alpenheim, jährlich geöffnet von 20. Mai bis 1. Oktober. Den Grund dafür erwirbt Josef gemeinsam mit dem Cousin seiner Frau

Dr. Schreibers Cur- und Wasserheilanstalt »Alpenheim« in Aussee. *Illustrirte Fremden-Zeitung*, 20. Mai 1901

Clara, Moritz Drach, dessen Familie Altaussee ebenfalls verbunden bleibt (siehe Kapitel 12).

In den Jahren bis 1883 baut Josef ein zweites Sanatorium für die Wintermonate in Meran auf, um nun mit dem Sanatorium Alpenheim in Aussee wieder durchzustarten. Medizinische und intellektuelle Betreuung gehen Hand in Hand, in der Zwischenzeit hat sich die Anzahl der Sommergäste erhöht. Claras Aktivitäten erweitern sich einmal mehr auf die soziale Ebene, Jahr für Jahr veranstaltet sie Wohltätigkeitsakademien und Jahrmärkte, an denen die Gäste des Alpenheims ebenso mitwirken wie die Sommergäste des Ortes. Schuhe und Kleidung werden an die ansässigen Kinder verteilt. Eine Akademie im Sommer 1893 bringt 400 Gulden an Einnahmen und darüber hinaus ein ambitioniertes künstlerisches Programm: Das Schauspieler-Ehepaar Joseph Lewinsky und Olga Precheisen lesen Grillparzers *Esther*, die Sängerin Antonie Löwy-Hartmann singt Schumann und Grieg. Ihr Mann Siegfried Löwy zählt zu den treuen Chronisten der Theaterszene rund um Ludwig und Zerline Gabillon in Grundlsee (siehe Kapitel 20). Auch ein anderer Sommergast wirkt mit: Der Berliner Musikwissenschafter Dr. Max Friedländer trägt Balladen vor, seine Frau, die Schauspielerin Alice Politzer (siehe Kapitel 5), spielt Klavier. »Eine eigenartige Überraschung bereitete dem Publicum der Wiener Vertheidiger Herr Dr. Heinrich Steger, welcher sich als Pianist von großer Bravour entpuppte.«[21]

Doch neben all diesen wohltätigen Aktivitäten vergisst Clara nicht ihr eigentliches Interesse und Anliegen. So hält sie in Meran einen Vortrag zur Erwerbstätigkeit der Frau: »Über dieses moderne Thema hielt am letzten Mittwoch abends im großen Kurhaussaale vor einem weniger interessierten als neugierigen Auditorium die Doktorsfrau Klara Schreiber einen über eine Stunde währenden Vortrag.« Ein offen antisemitischer Angriff in der Zeitschrift *Der Burggräfler* folgt: »Wir wollen uns nicht weiter darum kümmern, aus welchen Gründen und mit welcher Berechtigung gerade Klara Schreiber (Israelitin) sich mit dem Studium der Frauenfrage befasst und darüber christlichen Frauen vorträgt und sie belehrt, sondern wir wollen nur sagen, daß wir uns mit den in dem Vortrage entwickelten Grundsätzen nichts weniger als einverstanden erklären können.«[22]

Claras Tod kommt überraschend, mit nur 56 Jahren erliegt sie 1905 in Meran einem Schlaganfall. Nachrufe würdigen ihr schriftstellerisches Talent, ihr Engagement für die Rechte der Frauen, ihren Einsatz für die Sanatorien und nicht zuletzt ihre Fähigkeit, interessante Persönlichkeiten zusammenzubringen: »Alles war groß an ihr: Geist, Herz, Gemüt!«[23]

Claras Ansichten sind modern, aber nicht radikal: »Ich bin mir wohl bewußt, zahlreiche Gegner zu finden. Viele der Kämpferinnen für die Frauensache werden mir Engherzigkeit, Beschränktheit, Lauigkeit vorwerfen«, schreibt Clara im Schlusswort zu *Eva*. Sie versucht, Fortschritte zu erzielen, ohne alle Traditionen über Bord zu werfen.

Wie wirkt sich das auf ihre Töchter aus?

Die älteste, Ida, bleibt unverheiratet und lebt bei den Eltern. Vater Josef stirbt 1907, die Sanatorien in Bad Aussee und Meran stehen vor großen finanziellen Schwierigkeiten und müssen verkauft werden. Ida betreibt das Erholungsheim Villa Speranza in der Larochegasse 15 in Wien-Hietzing, bleibt dem Metier des Sanatoriums also in wesentlich kleinerem Rahmen treu. Ein eher unspektakuläres Leben, doch scheint in ihrem Verlassenschaftsakt, der kaum materiellen Besitz aufweist, eine Pflegetochter auf, Johanna Gallia. Diese tritt wiederum als Schriftstellerin in Erscheinung und veröffentlicht am 22. November 1931 in der *Neuen Freien Presse* eine kleine Geschichte in der Rubrik »Das unbekannte Talent«.

Adele übertrumpft ihre Mutter und geht deren Weg mit wesentlich mehr Radikalität weiter. Sie wird zu einer der einflussreichsten Frauenrechtlerinnen Deutschlands und bringt es bis zur Reichsratsabgeordneten.[24] In ihren Erinnerungen spielt die doch sehr eigenwillige Kindheit eine große Rolle. Einerseits lernen die Schwestern Ida, Adele und Lilli schon früh große Künstler kennen und wachsen mit deren Darbietungen auf: »Die Kuranstalt war auch der Mittelpunkt künstlerischer Veranstaltungen, viele junge Talente, die während der Sommerszeit in Badeorten Vorträge und Konzerte abhielten, begrüßten es dankbar, wenn ihnen unser großer Saal zur Verfügung gestellt wurde, meist verbunden mit freundlicher Einladung meiner Eltern.«[25]

Adele genügt es nicht, in Bad Aussee und Meran im Hause der Eltern zu leben und auf den richtigen Ehemann zu warten. Sie schreibt für internationale Zeitungen und macht sich als Journalistin einen Namen. 1897 erhält sie das Angebot, eine Frauenversicherungsgesellschaft in Berlin aufzubauen, und sie wagt den Schritt in die Freiheit: »Es war ein etwas seltsamer Weg für die angehende Novellistin und Schriftstellerin, sich zunächst dem Studium des Versicherungswesens zu ergeben, aber es war ein Weg in die Selbständigkeit, in die Arbeit, in die pekuniäre Unabhängigkeit. Darum wurde er mit Jubel begrüßt.«[26] Sie bleibt einige Jahre bei der Versicherungsgesellschaft, fasst gleichzeitig in der Frauenbewegung Fuß und macht als Journalistin und Schriftstellerin Karriere.

Adele betätigt sich auf vielfache Weise, Kinder liegen ihr besonders am Herzen. Im Jahr 1906 gibt sie das *Buch vom Kinde* heraus, das viele Bereiche von Erziehung, Ernährung, Kleidung und künstlerischem Empfinden berührt. Adele selbst schreibt einen Artikel über die »Kleidung des Kindes«: »Das Wohl des Kindes verlangt, daß die liebe Eitelkeit der Mütter sich Zügel anlege!«[27] Keine reich verzierten, bodenlangen Seidenkleider mehr, sondern »kurze, lose Hänger für die Kleinen beiderlei Geschlechts.« Eine Zeichnung dieser Kleidchen erinnert stark an Reformkleider. »Wieviel Tränen werden vergossen, wieviel überflüssige Strafen und Strafpredigten ausgeteilt, um verdorbener Kleider willen!« Auch in der Behandlung der Geschlechter tritt eine Änderung ein: »Heute beginnt sich die Ansicht Bahn zu brechen, daß die kleinen Mädchen so gut wie die Jungen ihre Körperkräfte stählen und entwickeln dürfen.«[28] Und ein wenig schimmern wohl auch Adeles eigene Kindheitserfahrungen durch: »Ein bedauernswertes Geschlecht bleichsüchtiger, blutarmer, freudloser Mädchen ist unter dem alten System,

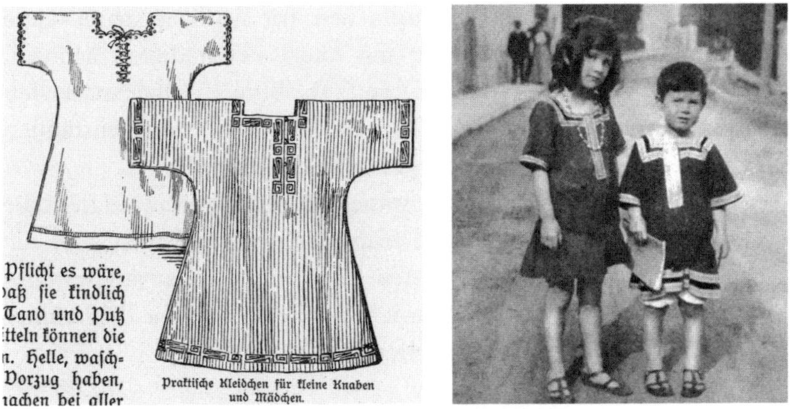

Reformkleider für Kinder, abgebildet im *Buch vom Kinde* und getragen von den Kindern Hofmannsthal

dessen oberster Grundsatz lautete: ›Das schickt sich nicht für Mädchen‹, herangewachsen. Viel Freude bereitet den meisten Kindern das Barfußlaufen, wie viele von uns haben wohl in der Kindheit deshalb mit Neid auf die Dorfkinder geblickt!«[29]

Auch Adeles Schwester Lilli Baitz kommt in diesem Buch zu Wort mit einem Artikel über »Die künstlerische Ausgestaltung der Kinderstube«. Dieser beginnt gleich mit einem Statement: »Die Zeiten, in denen das schlechteste Zimmer der Wohnung zur Kinderstube gewählt wurde, sind vorüber.«[30] Lilli gewährt Einblick in ihre eigene Ausbildungsstätte, die Wiener Kunstgewerbeschule, an der die künstlerische Gestaltung von Kinderzimmern thematisiert wurde. Ihre Lehrer Josef Hofmann und Kolo Moser beteiligten sich an Wettbewerben und gewannen Preise, haben sie doch »schlichte Klarheit der Farben gepredigt«. Lilli steht wie ihre Schwester Adele auf dem Standpunkt, dass die Erziehung der Kinder auf vielfältige Art und Weise geprägt wird – und dazu zählt auch ein künstlerisches und geschmackvolles Umfeld. »Geschmack und ästhetisches Gefühl müssen ebenso erzogen werden wie gute Manieren«, schreibt Lilli, um jedoch auch drauf hinzuweisen, dass dies für Familien aus nicht wohlhabenden Verhältnissen schwierig durchzuführen sei. Doch hat ihr eigenes Kinderzimmer so ausgesehen, wie sie die abschreckende Variante schildert? Ausgestattet mit alten, beschädigten Möbeln, »schlechten schreienden Öldrucken in blinden abgebröckelten Goldrahmen, bei Tombolas gewonnenen Dekorationsgegenständen und all dem Kram, der sonst nirgends hinpassen will«?[31]

Wie auch immer ihr Kinderzimmer ausgestattet war, sie zieht die entscheidende Conclusio: »Die frühesten Erinnerungen sind die lebendigsten, drum laßt die ersten Blicke der Kinder auf Schönes fallen, umgebt die Kinderjahre mit Schönheit, damit sie die Erinnerung daran ein ganzes langes Leben treu begleite.«[32]

Lilli Baitz' Kindervilla (li.) und »Der gute Onkel«, 1907

Lilli und Adele leiden darunter, dass sie zwar in der herrlichen Ausseer Natur aufwuchsen, diese aber nicht auskosten durften: »Die schönste Kinderstube, die unseren Großstadtkindern leider versagt bleibt, liegt draußen, vom hohen, weiten Himmel überwölbt, die nimmermüde See, die grüne, blumenbestreute Wiese, der rauschende Wald im wechselnden Schmuck der Jahreszeiten, die große Freundin Natur, die mit uns jung war.« Ein wahres Trauma, das die Schwestern begleitet. Adele geht noch einen Schritt weiter und sieht in dieser Abschottung eine große Gefahr, Kindern ihre natürlichen Sympathien auszutreiben. »Erst nach und nach, durch den Einfluß dessen, was das Kind täglich um sich sieht und hört, wird die Reinheit des kindlichen Denkens getrübt und wir pflanzen in den Garten der Kinderseele all das Unkraut von Vorurteilen, Standesdünkel, Kasten-, Klassen- und Rassenmißgunst ein, das in der Geschichte der Menschheit gleich einer Giftpflanze wuchert.«[33]

Adeles soziales und politisches Engagement wächst, unermüdlich setzt sie sich für die Rechte benachteiligter Gruppierungen ein und schreibt für internationale Zeitungen. Auch der Erste Weltkrieg hinterlässt seine Spuren: So schreibt sie in ihrer 1918 erschienenen Broschüre *Frauen! Lernt wählen! Revolution und Frauenrecht!*: »Wir Frauen, zu welcher Partei wir auch immer gehören mögen, wir wollen kein neues Blutvergießen, wir wollen keinen Bürgerkrieg, wir wollen keinen neuen Jammer, wir wollen Ordnung, Brot und Freiheit haben.«[34]

Sie gibt die Zeitschrift *Frauenstimmrecht* heraus und verfasst 1917 das Filmdrehbuch *Die im Schatten leben* über das Schicksal unehelicher Kinder – Engagement mit allen künstlerischen Mitteln.

Vortragsreisen führen sie nach Frankreich und Amerika, nun macht sich der intensive Sprachunterricht ihrer Jugend bezahlt: Sie kann polyglott über ihre Erfahrungen referieren.

Am 5. März 1933 verlässt Adele Deutschland und geht in die Schweiz: »Heimatlos – staatenlos, ohne sinnvolle Arbeit verfolgt man mit Grauen die immer grausameren Zustände in dem Lande, dem man Jahrzehnte der Arbeit gewidmet, sieht es versinken in Barbarei. Man beklagt den Verlust der Jugendheimat Österreich, das in den Vernichtungsstrudel hineingerissen wird.«[35]

Sie bleibt in der Schweiz und kann weiter als Publizistin arbeiten – hier fühlt sie sich aus verschiedenen Gründen wohl: »Ich bin kein Asphaltkind, das Salzkammergut, Tirol sind meine Heimat, darum bin ich glücklich, meinen Lebensabend umgeben von Bergen, Seen, Wäldern zu verbringen.«[36] Adeles Lebensabend endet 1957 im Schweizer Herrliberg.

2 »In Salz- und Ham- und Pittsburg auch, da kennt man Baitz bereits«. Die wunderbare Welt der Lilli Baitz

Lerchenreith 110

1902 heiratet Lilli Schreiber 28-jährig den Kaufmann Roman Baitz, sie leben nach dem Rhythmus des Kurlebens abwechselnd in Aussee, Meran, aber auch in Wien. 1905 stirbt Lillis Mutter Clara, zwei Jahre später der Vater. Die Sanatorien, die die Familie so viele Jahre ernährt haben, geraten ins Schwanken. Die finanziellen Probleme treten schon zu Claras Lebzeiten zutage, Clara pflegt offenbar eine recht lockere Art, mit finanziellen Verpflichtungen umzugehen. »Unter diesen Umständen traut sich Mama einfach nicht nach Hause, so fürchtet sie sich vor Papa und seinen Vorwürfen, da sie aber auch kein Geld hat und Papa ihre Ausgaben hier für höchst überflüssig findet, haben wir ihr angeboten, zu uns zu kommen«, schreibt Lilli am 15. Dezember 1904 ihrer Schwester Adele. »Ich verspreche mir kein Vergnügen davon, aber Mama ist so ein armer Hascher, dass sie einem zu leid tut.«[37] Schon zu diesem Zeitpunkt steht das Sanatorium Alpenheim in Aussee kurz vor dem Bankrott,

Roman und Lilli Baitz, um 1903

Auslagengestaltung à la Baitz: Der gestiefelte Kater

die Kinder gehen auf Distanz zur Mutter. Was für eine schwierige Beziehung: Zum einen propagiert Clara immer und immer wieder die Berufstätigkeit der Frau, zum anderen scheitert sie selbst – eine traurige Bilanz am Ende ihres Lebens.

Die Sanatorien müssen verkauft werden, die Schwestern sind nun tatsächlich auf sich allein gestellt. Nun zeigt sich, was die Mutter in ihnen gesät hat. Lilli und Roman übersiedeln 1909 nach Berlin, wo auch Adele lebt. Sie hat sich hier einen Namen als Schriftstellerin gemacht. Sie befassen sich mit einem jungen Phänomen: der Schaufensterdekoration für große Kaufhäuser ganz in dem ihnen eigenen Stil, geprägt von der Welt ihrer Kindheit – dem Ausseerland.

Was für eine Wunderwelt eröffnet sich in vielen erhaltenen Photos: Märchenszenen wie Rotkäppchen, Trachten aus aller Welt, »Weihnachten in der Schihütte« oder »Drei Badepüppchen mit Ball beim Sprungbrett« entführen in verschiedene Jahreszeiten, ein Hutgeschäft wird nachgestellt, Elfen tanzen durch ein Schaufenster,

Die beliebte Teepuppe

im nächsten tummeln sich Giraffen. Vor allem die Weihnachtsdekorationen der Auslagen des berühmten Berliner Kaufhauses Wertheim erhalten Kultstatus und ziehen das Publikum magisch an. Viele Details gilt es zu entdecken, manche der Figuren bewegen sich auch.

Für das Kaufhaus Kaufmann's in Pittsburgh gestaltet Lilli Baitz eine ganze Serie aus der Geschichte Amerikas. Da landet Columbus und trifft auf Indianer, die Boston Tea Party ist in vollem Gange ebenso wie diverse Schlachten – eigentlich eine sehr kriegerische Serie.

Auch Schiffsausstattungen kreieren Lilli und Roman in ihren Werkstätten – eine besondere Dekoration verwandelt 1932 den Speisesaal eines Schiffes der Hapag Lloyd in das *Weiße Rössl.* Ihrer Fantasie sind keine Grenzen gesetzt, sie entwerfen Lampen mit von leuchtenden Turbanen bedeckten Köpfen, dekorieren Tische und wirken bei Filmen mit.

An Bord eines Schiffes der Hapag-Lloyd-Gesellschaft speisen die Gäste in der Kulisse des *Weißen Rössls*, 1932.

In ganz anderem Zusammenhang schaute ich mir den Film *Der Einbrecher*[38] aus dem Jahr 1930 an – ein mäßig guter Film, in dem jedoch gleich zu Beginn ein Puppenmacher einen Torero mechanisch bewegt und den Friedrich-Holländer-Schlager »Lass mich deine Carmen sein« singen lässt – faszinierend. Wenige Tage später lese ich, dass diese Puppen aus der Baitz'schen Werkstätte stammen.

Lilli überlässt nichts dem Zufall, sie beschäftigt sich mit historischen Kostümen, internationalen Trachten, beobachtet genau, fertigt Skizzen an – erst dann wird mit der Produktion der Puppen begonnen.

Im Jüdischen Museum Hohenems findet sich ein ganz besonderes Zeugnis aus Lillis und Romans Leben: Sie schenkt ihrem Mann Roman zu dessen 42. Geburtstag am 24. Februar 1929 ein Tagebuch, das mit einem Gedicht der Puppen an ihn beginnt:

Wir sind vom Reiche der Figur
Eine Deputation
Wir gratulieren unserm Herrn
Im Namen der Nation.

Ich bin vom Wichtelcomité
Der Firma L. R. Baitz
Wir fahren meist auf Übersee
Und das hat seinen Reiz.

Die Wichtel von der Hapag sind
Für dich schon auf der Fahrt
Und sorgen auf dem Schiffe schon
Für einen guten Start.

Und wenn ein König reisen tut
Wird drüber Buch geführt,
Drum wird in dieser Chronik hier
Dein Tagewerk notiert.

Wir sungen auf der weiten Welt
Den Ruhm der Firma Baitz
In Salz- und Ham- und Pittsburg auch
Da kennt man Baitz bereits.

Die Wichtel singen's auf dem Meer
Die Köpfe mit zwei Locken
Im Himmel alle Engelein
Besonders die barocken.

Drei warme Herzen schlagen hier
In diesem Pappgewand
Und heben für den Herrn und Chef
In Treue ihre Hand.

Bring weiter ihm sein Lebenswerk
Viel Freude und Gewinn
Lang leb er noch gesund und froh
Mit seiner Königin.

Lillis Tagebuch dient jedoch als Chronik einer Reise, die Lilli und Roman 1932 bis nach Jerusalem führt. Sie führt akribisch Buch, beobachtet genau und beschreibt die Trachten der Menschen bis in kleinste Details:

18. März Ragusa
Männer in Tracht, blaue Hosen mit Jacken mit roter Stickerei, darunter blaue Weste mit rot und gelb gestickt, bunte sehr hoch hinaufreichende mehrfach um den Leib gewickelte Gürtel und rot oder grün oder gelb. Dunkle Strümpfe und Opanken[39], die wie aus Spagat gemacht aussehen – Ein niedriges Fez rot und ohne Quaste.
Frauen tragen Tracht oder halb Tracht bestehend aus schwarzem faltigem langem Rock, handbreiter Gürtel, eine Art anliegendes Leibchen anscheinend am Hals gestickt mit einer Quaste aus bunter Wolle vor der Brust und ein weißes gestärktes eigenartig gelegtes Tuch am Kopf.

19. März Corfu
Die Frauen machen den schweren Teil der Arbeit. Sie tragen billiges Kattunzeug, Fabriksware und bunte gelbe Tücher um den Kopf. Darunter vielfach eine seltsame Haartracht, aus der ich nicht klug wurde. Ein dicker Wulst mit rotem Band durchflochten, darüber das Tuch, das demzufolge sonderbar vom Kopf absteht. Manchmal ein feines weißes Tuch vom Kopfe über Brust und Hals in weichen Falten rund gelegt. Kittel vorwiegend klein blau kariert, aber auch orange, geflickt bis zur Unmöglichkeit. Aber irgendwo ein bunter Fetzen in rot oder citrone und eine lässige Schönheit der Bewegung. Die Frauen sind schöner, als ich

sie irgendwo gesehen habe, reine Ovale, prachtvolle Augen und dunkle Haare.

26. März Rhodos
Wir trinken Café unter Arkaden nahe dem Hafen, auch hier feiernde Judenfamilien, eine reizende in echten Stoffen gekleidete kleine Königin Esther. Das Lied ist eben aus und viele Mädchen und Kinder, zum Teil in bunten Maskenanzügen kommen heraus. Es ist eigentlich zum ersten Male, dass ich sehe, wie ein jüdisches Fest wirklich sich öffentlich auswirkt.

29. März Haifa
Auf dem Boot kommen wir ins Gespräch mit einem in Haifa lebenden Ehepaar, Professor am Polytechnicum, sie sehr lebhaft, begeisterte Zionisten. Ihre Schilderung der Colonisten ist wohl etwas subjektiviert. Die Alten arbeiten wie die Tiere, den Kindern geht es glänzend, sie haben ihre Betten und werden gepflegt wie die Kinder am Kurfürstendamm. Wenn das wahr wäre, so scheint's mir recht verkehrt, denn die heranwachsende Generation ist bei Colonisten bestimmt, die Arbeit zu leisten und zur Leistungsfähigkeit herangezogen zu werden. Die Jugend muss die Last der Colonisation tragen und die Heimat, die die Eltern gründen, erwerben.
In Nazareth sah ich besonders schöne Frauen. Sie haben eigene Tracht, enge dunkelblau schwarze bestickte geschlitzte Röcke und gleichfarbene tief ausgeschnittene Mieder mit einem buntbestickten Brustlatz im Ausschnitt. Sie gehen wunderschön in stolzer Haltung, da sie alles auf dem Kopf tragen, auch die schweren tönernen Wasserkrüge.

30. März Jerusalem
Es ist etwas Eigenes um solche Stätten wie der Klagemauer, die seit Jahrhunderten die Seufzer und Bitten, Klagen und Elend in ihre Quadersteine eingesogen haben – Wenn das Geistige nicht

vergeht, so muss ein Athem von der Not der Geschlechter die Mauern umwehen.
Bethlehem: Die Bethlehemitinnen tragen eine schöne und seltsame Tracht. Ein schweres mattes gestreiftes Seidenkleid bis zur Erde mit gestickten Zwickeln und einem wunderbar gestickten viereckigen großen Brustlatz und oben engeren, unten weiten Ärmeln. Um den Leib ein Kaschmirtuch und noch gestickte Jäckchen mit kurzen engen Ärmeln, statt Kefie[40] eine hohe rote Fez-ähnliche Kappe mit einem Wulst und darauf genäht all ihr Besitztum in Goldmünzen. Darüber, die Kappe fast ganz bedeckend, ein weißes Tuch, das über die Schultern herabhängt.

Kostümzeichnungen von Lilli Baitz:
Rosl, Tirol, Gilgen

Zu dieser Zeit leben Lilli und Roman Baitz schon lange in Salzburg. Die Zeit nach dem Ersten Weltkrieg erweist sich als nicht einfach, die Werkstätte verbleibt in Berlin, doch zieht sich Lilli aus dem operativen Geschäft zurück und ist nur mehr beratend tätig.

Lilli Baitz' Sonnenhäusl in Bad Aussee

Ihre Cousine Helene Klepetar besucht Lilli in ihrer Werkstätte in Parsch und zeichnet ein zauberhaftes Bild: Entzückende Figuren im Dirndl mit reizenden Gesichtern. Ein Exportschlager der Sonderklasse. »In dem buschigen grünen Parsch bei Salzburg steht ein kleines Haus, das nichts von Jahreszeiten weiß. Dort gibt es zwölf Monate hindurch Eishöhlen und Märchengrotten, Frühlingslandschaften und höfische Prunkgemächer. Die Damen und Herren, die darin lustwandeln, die Fabeltiere, die es bewohnen, sind, wenn auch von Liliputanergröße, gar mannichfach an Zahl, Gestaltung, Zeitalter und Rasse. Und eine Stube gibt es, die ich scherzend die Katakombe nannte, wo der eigens und höchst persönlich angefertigte Kopf seine ebenso individuellen Hände und Füße, den schmiegsamen Leib erhält. Elfen wiegen sich mit schimmernden Flügeln, plumpe Käfer glotzen aus waldscheuen Augen, Wichtel schneiden vergnügte Gnomengesichter.

Als die junge Lilli Baitz eine eifrige Malschülerin war, bastelten ihre geschickten Finger allerlei: Zimmerschmuck, Kleiderzier, Plakate. Einmal entstand sogar ein kleines Krokodil als Scherzgeschenk. Das war der Anfang.

Berlin: Es galt, sich eine Zukunft aufzubauen. Vom Krokodil bis zu den Lilli-Roman-Werkstätten ging der Weg eines Menschenalters. Im Kriege lernte Lilli die Sehnsucht nach ihrer österreichischen Waldheimat. Fort aus der lärmenden Ritterstraße, fort aus dem mechanisierten Geschäftstreiben, dieser Hymne aus Stahl und Stein. In Parsch fand sich ein stilles Haus, und dort barg sie ihre verschwiegene Welt. Tief im Herzen von Österreich blüht eine Kunst, die Österreich kaum kennt. Deutsche, amerikanische, sogar australische Warenhäuser schmücken sich mit den Erzeugnissen der Lilli-Roman-Werkstätten.

Interviewer kommen – sie wehrt lächelnd ab. Eitelkeit ist ihr fremd, sie hasst Schaulust und Aufdringlichkeit. Die Menschendarstellerin ist zugleich Menschenkennerin.«[41]

Zwei Jahre nach der Reise nach Jerusalem stirbt Roman Baitz 44-jährig. Lilli besinnt sich ihrer Wurzeln und kehrt nach Altaussee zurück – hier erbaut sie sich das sogenannte Sonnenhäusl, wo sie mit ihrer Freundin Paula Schmiedl lebt. Auch jetzt bleibt sie weiter für ihre Werkstätten aktiv. 1932 reist Lilli nach Pittsburgh: »Höchstes Genie verkörpert die kleine zarte Person von Mrs. Baitz«, schwärmt Marie M'Swigan in *The Pittsburgh Press* schon am 27. Mai 1930 und weist darauf hin, dass Lilli und Roman die sogenannten Teepuppen kreiert haben, unter denen »Telefone und Lampenfüße versteckt werden können.« Lilli erzählt der Journalistin: »Wir brachten diese Puppen 1919 oder 1920 nach Amerika und erhielten eine Bestellung über 20 000 Stück. Später wurden sie sehr populär und letztendlich alltäglich.« Der Artikel gibt auch Einblick in Lillis Kindheit, spricht sie doch perfekt Englisch – als Kind lernte sie vier Sprachen.

Apropos. Die Teepuppe führt auch wieder nach Altaussee zurück, schenkt doch Arthur Schnitzler im Jahr 1910 eine solche seiner Schwester Gisa Hajek, die ebenfalls eine Villa in Altaussee besitzt.[42]

Im Sommer 1935 besucht Adele Schreiber ihre Schwester Lilli im Sonnenhäusl – Adele lebt zu diesem Zeitpunkt in der Schweiz, nachdem sie 1933 Deutschland verlassen musste. Nach der Machtübernahme durch die Nationalsozialisten in Österreich gerät Lilli

FRIDAY, MAY 27, 1932 — Want Ad Headquarters, Court 4900 — THE PITTSBURGH PRESS

German Designer Visits Pittsburgh

Widow Employs Thirty Workers in Berlin Studio

By MARIE M'SWIGAN

GENIUS of high order is embodied in the tiny person of Mme. Roman Baitz, who is visiting in Pittsburgh today.

Mme. Baitz is first a very fine artist. Then she is an executive who employs 30 craftsmen in her German studio. A widow, she retained the business she and her husband built up during a score of years. Today she has a reputation on two continents.

She is the designer of displays for department store windows and for educational and artistic purposes as well. She has designed the anniversary displays at Kaufmann's since 1927. Those who remember the 10 tableaux of American history in 1927, the series of merchants and the trader ships in 1930, the homely American scenes of last year will not hesitate to assign her a high rank.

• • •

IN ADDITION, she claims that she and her husband invented the ubiquitous "tea caddy doll," the ladies of the frills and flounces who hide telephones and lamp bases and other objects of shameless utility.

"We brought them over in 1919 or 1920," she said. "We received an order from a New York merchant that year for 20,000 of them. Later they became widely popular and indeed vulgar."

Mme. Baitz is the artist who does not look the part. She looks like somebody's mother, the kind you see on candy boxes at Mother's Day. A broad gold wedding ring, 20 years outmoded, shines on her finger. Less than five feet high, frankly grey and without a trace of artificiality, she wears the quiet dress appropriate to her age and dignity. So one recalls with difficulty that she is the designer of masterpieces as brilliant as her "Giovanni de Medici."

She fashions the figures which give life to her tableaux. Then she designs the settings for her 24-inch dolls. Sculptors, costume makers, research workers and other craftsmen carry out her designs.

• • •

Mme. Baitz Shows Figurines, Including Favorite Tableau

Mme. Baitz and two of the figurines she designed. Above is "Giovanni de Medici," she designed for Kaufmann's in 1930. She calls it her favorite work.

Sue urged in a voice that she made hospitable purposely.

"The bet?" Natalie Webber smiled again, as she repeated the words. "Oh, Jimmy said that you would insist that he should stick by the boat and let the other woman go. That you wouldn't allow anyone else in the general scheme and so forth. I said that you would hold out for fair play. Goodbye, my dear! I'm so glad that you side with me."

NEXT: The Telephone Call.

Takes Own Medicine!

Vera Borea, Italian dressmaker in Paris, never turns out a bathing suit without having swum in it herself to make sure it is practical. The same is true of her tennis, skiing and golf clothes. Needless to say, she is as much an all-around sportswoman as she is couturiere.

Die *Pittsburgh Press* berichtet am 27. Mai 1932.

in Gefahr, obwohl sie als Witwe eines Nichtjuden vorerst noch einen gewissen Schutz erfährt. Das Sonnenhäusl kann Lilli ihrer langjährigen Freundin Paula Schmiedl verkaufen – 1941 gestattet die Vermögensverkehrsstelle die Übertragung. Adele und auch Geschäftspartner wie Edgar Kaufmann, der Betreiber des Kaufhauses in Pittsburgh, für das Lilli so viele spektakuläre Auslagen gestaltet hat, versuchen, Lilli außer Landes zu bringen. Lilli besucht Adele sogar in der Schweiz – kehrt aber nach Österreich zurück. 64-jährig möchte sie kein neues Leben anfangen, sondern bei Paula in Bad Aussee bleiben. Diese hat nur den Wunsch und »die innige Bitte, uns alte Frauen, ich bin jetzt 54 Jahre alt, nicht auseinander zu reißen und uns unser stilles, zurückgezogenes Leben zu ermöglichen. Ihren Garten pflegen, still und zurückgezogen sich an der Schönheit der Heimat freuen dürfen, ist alles, was die jetzt 66jährige

Lilli Baitz und Adele Schreiber in Bad Aussee, 1935

erstrebt.«[43] Das Haus will Lilli als Museum für Heimatkunde der Gemeinde vererben – keine Chance.

Am 9. Jänner 1942 wird Lilli verständigt, dass »alle Juden, die auf Grund der Polizeiverordnung vom 1. September 1941 das Judenkennzeichen tragen müssen, ihren Wohnsitz von Oberdonau nach Wien zu verlegen haben. Als letzter Termin für diese angeordnete Übersiedlung wurde der 10. Februar 1942 angeordnet. Ihre Abreise von Ihrem gegenwärtigen Wohnort wollen Sie uns mittels Postkarte anzeigen, damit wir die entsprechende Meldung erstatten können.«[44]

Wenige Tage später, am 20. Jänner, schreibt Lilli an eine gewisse Frau Prediger, die ihr offenbar bereits hilfreich zur Seite gestanden ist: »Dass mich kein Einzelschicksal trifft, weiß ich wohl, doch es scheint mir das Los der Wiener Juden nach dem, was ich da und dort höre, trostlos genug. Wenn der 2. Bezirk kein Lager im Sinne von Baracken ist, so doch wohl das Ghetto, aus dessen Reservoir die Verschiffungen früher oder später erfolgen – steht doch das Ziel, nicht nur Deutschland, sondern Europa judenrein zu machen, unverrückbar fest. Ich ringe danach, Mut, Glauben und Vertrauen zu erkämpfen.«[45]

Paula kann mithilfe des Bad Ausseer Bürgermeisters Hans Wöll Lillis »Übersiedlung« hinauszögern – bis zum 15. August. Lilli hat die Kraft verloren. Am 14. August 1942 nimmt sie sich mit Schlaftabletten mithilfe des Bad Ausseer Arztes Albert Hofer[46] das Leben.

3 In Litzmannstadt ist man Inländerin. Das Schicksal der Aranka Munk

Marktleite 78

Aranka Pulitzers Familie stammt aus dem ungarischen Makó. Sie führt das typische Leben einer höheren Tochter im ausklingenden 19. Jahrhundert. 1882 heiratet sie, durchaus standesgemäß, Alexander Munk, der im äußerst erfolgreichen Holzhandel seines Vaters tätig ist. Zwei Töchter, Maria, genannt Ria, und Lola, komplettieren die Familie. 1913 wird die Ehe geschieden, drei Jahre später erwirbt Aranka Munk eine Villa im ihr vertrauten Bad Aussee. Bereits seit den 1880er-Jahren verbringt sie mit ihrer verzweigten Familie, ihren Eltern und Schwestern die Sommermonate in Aussee, ihre Schwester Irma heiratet Sigmund Politzer-Török, der sich im Jahr 1885 hier ein Sommerrefugium geschaffen hat (siehe Kapitel 5).

Aranka Munks Villa

Alexander und Aranka Munk, um 1885

Die Vorbesitzer von Arankas Villa zählen ebenfalls zu den Sommergästen: 1871 lassen Dr. Heinrich und Virginie Obersteiner[47] die Villa von Jakob Ramsauer erbauen, einem erfahrenen autodidaktischen Baumeister, der sein Wissen um die Materialien und die Witterungseinflüsse mit Stil und Eleganz verbindet und die Gestalt der Villen im Ausseerland bedeutend mitprägt.[48] Heinrich Obersteiner begründet in Wien das Sanatorium Döbling, das für viele Künstler zur letzten Station wird. Sein exzellenter Ruf verhilft ihm zur Stellung als Leibarzt Erzherzog Maximilians, des späteren Kaisers von Mexiko.

Aranka gestaltet die Villa liebevoll aus, versieht die Wände mit aufwändig eingelegten Holzvertäfelungen und lässt auch die passenden Möbel herstellen. Die Krönung ihrer Ausstattung ist das große, helle, farben- und lebensfrohe Klimt-Gemälde ihrer Tochter Ria.

So verbringt Aranka ihr Leben vor allem in Bad Aussee, umgeben von Kunst, Familie und Freunden. Dort hätte es auch enden können, in Ruhe und Würde. Doch es kommt das Jahr 1938. Aranka ist mittlerweile 76 Jahre alt und versteht nicht, dass der Rechtsstaat von einem Tag auf den anderen nicht mehr existiert. Am 16. August 1938 schreibt sie aus ihrer schönen Villa in Bad

Aussee an die Vermögensverkehrsstelle: »Ihr Schreiben von 9. August habe ich erhalten – doch muss ich gestehen, dass ich es absolut nicht verstehe und niemanden hier kenne, der es mir erklärt und mir dabei behilflich wäre.« Freunde und Verwandte können diesen Sommer 1938 nicht mehr im Ausseerland verbringen.

Die Behörde will von Aranka eine genaue Aufstellung ihrer Vermögenswerte. Doch das erweist sich als nicht so einfach.

»Ich bin eine gebürtige Ungarin, habe 1882 nach Wien geheiratet, und sind diese Papiere von ungarischem Gelde noch von meiner Mutter und Großmutter gekauft worden, liegen in Budapest seit vielen Jahren. Ich verstehe von dieser Sache gar nichts. Ich weiß nur, wenn ich all diese Papiere, die so viele Jahre dort liegen, jetzt plötzlich verkaufen muss, ich jedenfalls einen sehr großen Schaden habe. – Warum muss denn das sein?«[49]

Gute Frage. Aranka kann nicht begreifen, dass sie nun der Willkür eines Regimes ausgeliefert ist.

Die Papiere dienen der Sicherheit ihrer zweiten Tochter Lola, »es ist ja alles, was mein armes Kind einmal hat. Für arme Kinder wird so viel getan – erbarmen sie sich meiner Tochter auch.« Lola war in erster Ehe mit Hans Sachsel, einem Buchhändler verheiratet, ihre Tochter Maria stirbt mit kaum vier Jahren 1924 an einer Bauchfellentzündung. Diesen Schicksalsschlag erträgt die Ehe nicht – Lola und Hans lassen sich scheiden. Lolas zweiter Mann Dr. Eduard Kraus kommt aus der Ölindustrie, doch steigt er Anfang der 1930er-Jahre als Finanzier ins Filmbusiness ein. Keine gute Idee wegen der schwierigen wirtschaftlichen Lage, denn dieses Business erweist sich als schwierig und kostenintensiv.

Eduard Kraus zieht die Konsequenz und dreht 1936 das Leuchtgas auf. Er »hat sich die großen Geldverluste bei diesen Unternehmungen, aber auch die ideellen Enttäuschungen, die die Fabrikation dieser Filme mit sich brachte, so zu Herzen genommen, daß er freiwillig aus dem Leben schied,« schreibt die *Film-Zeitung* am 6. November 1936 auf der Titelseite. »Gewiß war die Herstellung von Filmen ohne Deutschland ein Problem, das selbst für alte Routiniers beinahe nicht zu lösen ist.« Einhellig berichten die Zeitungen von Kraus' mangelnden Fachkenntnissen der Filmbranche, der er sich trotzdem mit aller Verve widmet. Zwei Filme floppen, einen dritten finanziert er offenbar mit Lolas Vermögen – ein weiterer Misserfolg. »Kraus, der in dieser tristen Situation sich mit Selbstmordgedanken trug – dreimal hatte er versucht, seinem Leben ein Ende zu bereiten – wurde von seinen Verwandten für einige Zeit in einem Sanatorium bei Wien untergebracht.« Er kommt wieder nach Hause, aber: »Vorgestern nachts schlich sich Kraus aus dem Schlafzimmer, ging in die Küche und drehte die Gashähne auf. Die Frau, die durch die vielen Nachtwachen übermüdet war, hatte es nicht gehört, wie ihr Mann das Zimmer verlassen hatte. Am Morgen fand sie ihn tot auf.«[50]

Wie ist es Lola nach dem tragischen Tod ihres Mannes ergangen? »Als ihr Mann starb, studierte sie mit Auszeichnung Kunstgeschichte – wollte Fremdenführerin werden für die Ausseer, sie darf es nicht ausüben«,[51] schreibt Aranka an die Vermögensverkehrsstelle. Sie bietet an, nach Wien zu fahren und die Behörde aufzusuchen, »und Sie werden mir erklären, was ich tun soll – Ihre ergebene Aranka Munk.«[52]

Am 30. Jänner 1939 erhält Aranka eine Vorladung zur Vermögensverkehrsstelle in Wien und verlässt ihre Villa in Bad Aussee, ohne sie je wiederzusehen. Auch Klimts Porträt von Ria verbleibt in Bad Aussee.

Nun beginnt die bürokratische Nazi-Maschinerie Fahrt aufzunehmen. Die Begehrlichkeiten in Bad Aussee sind groß, der Nachbar Leopold Khals möchte ein 150 Quadratmeter großes Stück von Arankas Grund kaufen – sein diesbezüglicher Brief datiert ebenfalls vom 30. Jänner 1939: »Frau Munk sagte mir den Kauf bereits zu, musste dann aber Bad Aussee sofort verlassen und wir konnten den Kauf nicht abschließen,« schreibt er an die Vermögensverkehrsstelle.[53] Khals wendet sich an Wilhelm Haenel, den Mann, der in Bad Ischl in rasantem Tempo alle als jüdisch geltenden Villen unter seine Treuhänderschaft genommen hat. »Herr Ing. Haenel riet mir ab, mit Frau Munk den Kauf abzuschließen, da es, wie er sagte, durch den VJB [Vermögen jüdischer Besitzer] viel schneller geht, indem der künftige Übernehmer der Villa Munk einfach dieselbe ohne das betreffende Stückchen Grund bekommt.« So einfach hat sich das Herr Haenel vorgestellt, doch »inzwischen änderten sich die Verhältnisse«. Den Willkürlichkeiten des Herrn Haenel wird von der Vermögensverkehrsstelle ein Riegel vorgeschoben – allein sie ist für solche »Geschäfte« Ansprechpartnerin.

Aranka befindet sich zu dieser Zeit in Wien und gerät in die Fänge der Finanzbehörden. Offenbar hat sie keinerlei Überblick über ihr Vermögen und meldet der Vermögensverkehrsstelle nur einen Teil ihres Besitzes und reicht immer wieder weitere Angaben, Konten, Wertpapiere nach.

Am 17. Oktober 1941 stellt Aranka eine Sondervollmacht aus, auf die sich ein Dr. Schirndinger von der Zentralstelle für jüdische Auswanderung Wien später berufen wird:[54]

»Sondervollmacht, mit welcher ich die Zentralstelle für jüdische Auswanderung oder deren Bevollmächtigte, das ist im gegebenen Fall den Auswanderungsfonds, beauftrage, unwiderrufliche Rechtsgeschäfte jeder Art über das gesamte bewegliche und unbewegliche Vermögen, sowie alle Rechte und Ansprüche abzuschließen, Geld und Geldeswert zu beheben und darüber zu verfügen, Erbserklärungen abzugeben, Prozesse anhängig zu machen und Zustellungen aller Art entgegenzunehmen. Ich widerrufe zugleich alle von mir etwa früher erteilten Vollmachten und Verfügungen von Todes wegen, soferne sie dem Inhalt dieser Vollmacht entgegenstehen.«[55]

Zwei Tage später werden Aranka und ihre Tochter Lola aus einer sogenannten Sammelwohnung in der Köstlergasse 10, Wohnung 23 ins Ghetto Litzmannstadt deportiert, wo Aranka eine Woche später, am 26. Oktober, stirbt. Lolas Leidensweg dauert länger: Von Litzmannstadt kommt sie ins Vernichtungslager Chełmno, wo ihr Leben am 9. September 1942 endet.

Nach Arankas »Evakuierung in den Osten«, wie die Nazi-Behörden die Deportation zynisch nennen, entsteht eine groteske Diskussion, wer denn nun die Villa verwaltet und somit à la longue auch finanziell profitiert. Die Zentralstelle für jüdische Auswanderung steht auf dem Standpunkt, dass Aranka sie bevollmächtigt hätte. Am 23. Jänner 1942 – Aranka ist bereits tot – argumentiert Dr. Schirndinger gegenüber der Reichsstatthalterei Oberdonau: »Die genannte Jüdin wurde nach Litzmannstadt umgesiedelt und bleibt demnach Inländerin.«[56]

Inländerin. Ohne Rechte. Und bereits tot.

Stimmt nicht, kontert Friedrich Katzwendl von der Reichsstatthalterei Oberdonau am 25. April 1942: »Die Abschiebung der Juden nach dem Osten hat die gleiche Wirkung wie die freiwillige Auswanderung, d. h. solche Juden verlieren die Staatsangehörigkeit auf Grund der 11. Verordnung zum Reichsbürgergesetz, damit tritt auch der Vermögensverfall ein. Für die Verwaltung ist der Oberfinanzpräsident zuständig, in dessen Bezirk sich der Vermögenswert befindet.«[57]

Zwei Behörden streiten um ein schönes Haus, aber nicht um einen Riesenbesitz. Fazit ist: Die Zentralstelle für jüdische Auswanderung erhält den Zuschlag, die Liegenschaft zu verwerten.

Arankas Besitz ist heiß begehrt. Am 14. April 1942 bewirbt sich die Servier-Kassierin Auguste Rottensteiner um den Ankauf: »Zwei der genannten 5 Wohnräume habe ich seit 1. November 1941 gemietet. Ich beabsichtige das genannte Haus in Bad Aussee zu dem Zwecke käuflich zu erwerben, um mir aus meinen Berufsersparnissen eine Existenz dadurch zu gründen, dass ich die verfügbaren Wohnräume sowohl über die Sommer- als auch über die Wintermonate an Kurgäste vermiete. Da die Genehmigung und Durchführung des eventuellen Ankaufes der Liegenschaft sehr lange Zeit in Anspruch nehmen dürfte und es wohl schade ist, wenn die Wohnräume die ganze Zeit über leerstehen, während viele Erholungssuchende keine Unterkunft finden können, bitte ich mir zu gestatten, schon jetzt auch die weiteren, mir bisher noch nicht zur Verfügung stehenden Räume des Hauses bis auf Weiteres an Sommer- und Winterkurgäste vermieten zu dürfen.«[58]

Das klingt nach einer vernünftigen Idee, doch wem sollen die zusätzlichen Mieteinnahmen denn zugutekommen?

Wenige Tage zuvor meldet sich ein weiterer Interessent, Dr. Otto Hauswirth, »Physiko Therapeut«. Am 3. April 1942 schreibt er: »Eine ehemalige Patientin von mir, die Jüdin Aranka Munk, bot mir nach dem Umbruch mehrmals ihre Villa in Bad Aussee zum Preis von 20 000 RM an. Ich wollte aber mit ihr nichts weiter zu tun haben und ging darauf nicht ein. Nun höre ich, dass sie nach Polen abgeschoben ist und frage nun bei Ihnen an, ob ich die Villa derzeit samt allem Inventar von Staate erwerben kann, und zu welchem Preis, falls das Objekt überhaupt noch zu haben ist.«[59] Ein wahrlich loyaler Therapeut.

Am 28. Mai 1943 erhält jedoch das Ehepaar Hermann und Ruth Maria Kobbe den Zuschlag, sie übernehmen auch einen Teil des Inventars. Der Rest geht an das Erholungsheim für Finanzbeamte, Alpenhof. Der Gauleiter beschwert sich darüber am 16. November 1943 beim Oberfinanzpräsidenten Oberdonau: »Dieser Verkauf hat begreiflicher Weise nicht nur unter den im Ausseer Land untergebrachten Volksgenossen aus dem Westen und Norden des Reiches, die durch Terrorangriffe feindlicher Flieger um Hab und Gut gekommen sind, sondern auch unter der ortsansässigen Bevölkerung große Missstimmung – teilweise sogar Erbitterung – hervorgerufen, da sich manche jungvermählte Frontkämpfer selbst den notwendigsten Hausrat nicht beschaffen können.

Ich muss – besonders auch in meiner Eigenschaft als Gauleiter – nicht nur aus stimmungspolitischen Gründen – auf eine den Bedürfnissen der minderbemittelten Bevölkerungskreise Rechnung tragende Verfügung über Möbel und Hausrat aus Judenbesitz dringen und mißbillige daher die Zuweisung solcher Mangelwaren an wohl ausgestattete Heime, die zumeist nur während einer kurzen Zeit des Jahres benützt werden.«[60]

Das Inventar erfährt eine genaue Katalogisierung – es werden mehrere Ölgemälde angeführt, doch nichts weist auf Klimts Porträt von Ria hin. Mehr interessieren den Gaukonservator Oberdonau,

Dr. Juraschek, einige »für die Volkskunstsammlung in Bad Aussee äußerst wichtige Stücke«, wie er dem Oberfinanzpräsidenten Dr. Eurich am 8. Juli 1942 mitteilt: »1. Bauernmöbel, Hinterberger Arbeit mit Schnitzerei und Bemalung und der Jahreszahl 1746. Ein zugehöriges Stück dieser Art steht bereits im Heimathaus Bad Aussee, sodaß das Stück der Villa Munk als wichtige Ergänzung hierzu an das Heimathaus abzugeben wäre. Schätzwert RM 100. 2. und 3. Kleine Gmundner Krüge, einer von 1720 mit Frau und Habaner-artigen Blumen um 1720, der andere um 1740 mit Hasendarstellungen. Auch diese beiden Krüge sind für die Sammlungen des Heimathauses in Bad Aussee, die reiche Bestände an Keramik besitzen, von äußerster Wichtigkeit. Schätzwert für beide Krüge zusammen RM 100. Ich beantrage daher den Verkauf der vorgenannten 3 Stücke an die Gemeinde des Marktes Bad Aussee.«[61]

Dies wird mit 1. Dezember 1942 vom Oberfinanzpräsidenten Wien bestätigt.[62]

Schon am 11. August 1942 schätzt der Wiener Architekt Lorenz Maringer das Interieur: »Bemerkt wird, dass sich in der Villa eine große Anzahl von wertvollen Möbeln (eingelegte und furnierte Möbel) befinden, welche zu den diversen Lambrien passen und zur selben Zeit hergestellt wurden, ferner sind diverse wertvolle Teppiche, Ölbilder, ein Klavier (Stutzflügel), Tafel- und Kupfergeschirr sowie Beleuchtungskörper, einige Kunstgegenstände etc. vorhanden und sind diese Gegenstände einer separaten Bewertung zu unterziehen. Beim Verwalter Hanns Schiestl befinden sich zwei versperrte Koffer, vermutlich Wäsche und Kleider enthaltend.«[63]

Und dann gibt es noch einen französischen Aubusson-Teppich, der dem Direktor der Gemäldegalerie Dresden ins Auge springt – im »Gau Oberdonau und Niederdonau« hat niemand eine Ahnung, um was es sich hier überhaupt handelt. So schreibt der Oberfinanzpräsident Oberdonau an den Oberfinanzpräsidenten Niederdonau am 21. April 1943: »Auf meine Anfrage an eine Teppichfirma, was unter einem Aubosson-Teppich zu verstehen sei, wurde mir mitgeteilt, dass es sich nur um eine Firmenbezeichnung handeln kann.«[64]

Der Teppich wird im Heimathaus »bestens eingemottet«[65] aufbewahrt. Der Möbeltischler Hugo Petter schätzt den Teppich – was bei der Gemäldegalerie Dresden Skepsis auslöst: »Mit verbindlichstem Dank bestätige ich Ihr Schreiben vom 3. September mit der abschriftlich beigefügten Schätzung des Herrn Bau- und Möbeltischlers Hugo Petter in Bad Aussee als gerichtlich beeideter Sachverständiger vom 7. August 1943.

Sachlich erlaube ich mir dazu zu bemerken, dass es für Herrn Petter bei seiner sonstigen Tätigkeit wahrscheinlich schwierig gewesen sein dürfte, ein Gutachten für den in Verwahrung des Heimathauses in Bad Aussee befindlichen großen Aubusson-Teppich zu erstatten, da er ja nicht als Fachmann dafür angesehen werden kann. Jedenfalls handelte es sich nicht um eine türkische oder irgendeine orientalische Handarbeit, sondern um einen Webteppich französischer Provenienz. Der festgestellte Schätzwert von RM 25 000 ist bei einer Behördenschätzung als ganz unverhältnismäßig hoch zu bezeichnen. Da sich jedoch die Preise auf dem gegenwärtigen Berliner Kunstmarkt in ähnlicher Höhe für derartige Objekte bewegen und mir sehr daran gelegen ist, nunmehr endlich diese langwierige Angelegenheit zu einem raschen Abschluss zu bringen, erkläre ich mich mit der Übernahme des Aubusson-Teppichs zum Preise von RM 25 000 einverstanden und bitte heute den Herrn Reichsminister und Chef der Reichskanzlei, da es sich um eine Erwerbung für die Zwecke des Führers handelt, Ihnen diesen Betrag auf Ihr Postscheckkonto Wien Nr. 51 überweisen lassen zu wollen. Der Referent für den Sonderauftrag Linz Dr. Gottfried Reimer«[66]

Doch was geschieht mit dem Klimt-Gemälde? 1940 lässt sich der Kunsthändler Wolfgang Gurlitt in Bad Aussee nieder und kommt zu dem Klimt-Gemälde. Seine Sammlung verkauft er 1953 dem Linzer Lentos-Museum, erst 2010 wird Rias Porträt der Familie restituiert.

Doch wer ist Ria?

4 »Oder hat ›die kleine Munk‹ wiedermal nicht gut aufgepaßt?« Ria Munk

Marktleite 78

Ria Munk erfährt die typische Erziehung eines Mädchens ihrer Generation: Nach Jahren einer sehr einseitigen Bildung heißt es: Warten. Auf den richtigen Mann, auf die Leitung eines eigenen Haushaltes, auf Kinder. Begeben wir uns in das Jahr 1910 und ins Leben der 23-jährigen Ria. Bis zu diesem Zeitpunkt erscheint sie hin und wieder in den Gesellschaftsspalten der Wiener Zeitungen. Sie eröffnet den Industriellenball, besucht das Karnevalsfest der Künstlergenossenschaft, tritt beim Schützenkränzchen im Künstlerhaus als Ausseerin auf und widmet sich beim Weihnachts-Puppenbazar Wohltätigkeitsagenden im Puppenladen »Zum guten Kaiser«. Die Sommermonate verbringt Ria bei ihrer großen Familie in Bad Aussee, gemeinsam mit Cousins und Cousinen, Onkeln und Tanten.

In den Jahren um 1900 beginnen die Mädchen, aus diesen vorgegebenen Strukturen auszubrechen. Sie lesen Bücher, die wohl außerhalb des anerkannten Kanons liegen, und besuchen die 1910 eröffnete Urania, die Lichtbildvorträge internationaler Kapazitäten verschiedener Bereiche nach Wien bringt. Es herrscht Aufbruchstimmung, plötzlich ergeben sich viele Möglichkeiten, Neues zu erfahren, zu hören, zu lernen. Gerade Mädchen, deren Bildung hinter der der Buben zurücksteht, nützen diese faszinierenden Möglichkeiten.

Im Wintersemester 1910/11 hält Laurenz Müllner, Professor für christliche Philosophie, ein Seminar zum Thema »Praktische Philosophie« und eine Vorlesung zur Philosophiegeschichte des Mittelalters. Eine junge Studentin kann den Beginn des Semesters kaum erwarten: Ria Munk. Einige ihrer Briefe haben sich in Müllners Nachlass erhalten und machen neugierig auf dieses Lehrer-Schülerin-Verhältnis. Aus Bad Gastein schreibt Ria am 23. August 1910:

»… ein Toilette-Tisch, auf dem zwischen Blumen und Parfüm Ihr Konterfei prangt« – der verehrte Laurenz Müllner

»Hier ist's wirklich tödlich langweilig; heute Früh fuhren meine letzten Wiener Freunde weg, mit denen ich sehr viel verkehrte, jetzt bin ich ganz verlassen, habe nur mehr einige flüchtige Bekannte hier, die mir aber nicht convenieren. Mein bisheriges Vergnügen bestand darin, mir von einem unserer besten Advokaten den Unterschied zwischen Civil- und Strafprozess erläutern zu lassen, und ähnlichen Scherzen. Nun glaube ich mich zu entsinnen, von Ihnen in der Vorlesung über den hl. Augustinus gehört zu haben, dieser sei der erste gewesen, der den Begriff Person als Einzelwesen in Bezug auf Jesus Christus angewandt habe. Oder hat ›die kleine Munk‹ wiedermal nicht gut aufgepaßt?«

Dies klingt jedenfalls nicht nach einer jungen Frau, die sich wartend zu Hause langweilt, sondern nach Anregungen und Diskurs giert. Dies aus sich selbst zu schöpfen, erweist sich aber als nicht so einfach: »Ich habe momentan gar keine Lust zum Lesen, so vollgesogen bin ich mit Indolenz und Langeweile, wie ein nasser Schwamm, der kein Wasser mehr aufzunehmen vermag. Meine einzige geistige Arbeit ist Patiencen legen. Ich sehne mich schon sehr aus dieser gräßlichen Lethargie und Dumpfheit heraus. Werde ich auch heuer die Vorlesungen besuchen können, ohne als außerordentliche Hörerin inskribiert zu sein? Es ist so umständlich. Ach Herr Professor, eben fällt mir ein, warum kommen Sie mit dem lieben guten Fräulein nicht zu uns herüber? Es wäre so schön. Geht es nicht, wenn Sie mit der Bahn fahren. Sie sind ja so matinal. Dann zeige ich Ihnen Gastein und einen Toilettetisch, auf dem zwischen Blumen und Parfüm Ihr Konterfei prangt.«[67]

Eine gewisse Verehrung ist Ria nicht abzusprechen. Und wieso weiß Ria, dass Müllner »matinal«, also ein Morgenmensch, ist? Meine Neugierde wächst und führt mich in ein völlig neues Universum. Laurenz Müllner, ein Priester, unterrichtet an der Universität Wien Theologie, wechselt jedoch an die philosophische Fakultät. Er muss ein unglaublich charismatischer Lehrer sein, dessen Kolleg um 8 Uhr Früh – also tatsächlich sehr matinal – heiß begehrt ist. »Laurenz Müllner, dessen Pflichtkolleg aus dem Grau juridischer Vorlesungen wie eine grüne Oase herausstach«[68], zieht Studenten und Studentinnen an – zweitere dürfen seit 1897 an der philosophischen Fakultät studieren. Doch Ria hat keine Matura und ist daher auf den Status der außerordentlichen Hörerin reduziert.

Müllner steht in einem stetigen Diskurs mit der ihn umgebenden Jugend und fordert von dieser auch schriftlich Stellungnahmen und Meinungen ein. Ria in ihrer sommerlichen Lethargie wird offenbar von ihm ermahnt, denn am 31. August 1910 schreibt sie: »Als Motiv meiner Schreibfaulheit habe ich bereits im letzten Briefe eine durch übermäßige Langeweile hervorgerufene Trottulose angegeben. Ach, nach einem Aufenthalte in Gastein gibt es <u>leider</u> nichts zu berichten, nur Unterlassungssünden. Jetzt habe ich mir einige podagratische Mummelgreise aufgezwickt, mit denen ich Bridge spiele. Meistens liege ich den ganzen Tag zu Bette und schlafe weiter. Bitte also, bis Sie mich wiedersehen, keinerlei geistige Ansprüche an mich zu stellen, da ich zu einem vollkommen verblödeten Individuum (persona nur nach dem römischen Rechte) herabgesunken bin, als welches ich Sie in Ehrfurcht begrüße.«[69]

Doch wer ist das oben erwähnte liebe gute Fräulein? Es erweist sich als die Schriftstellerin Marie Eugenie delle Grazie, eine faszinierende Persönlichkeit. Müllner nimmt sie als junges Mädchen ins Haus – natürlich gibt es Gerede. Der Schriftsteller Hans Müller, der viele Jahrzehnte später federführend an der legendären Operette *Im weißen Rössl* mitschreibt, kommt als junger Student ins Hause Müllner, Marie Eugenie öffnet ihm – »Sie galt als Müllners Nichte und Majordomus, war aber wohl weniger und mehr: des Expriesters illegitime Lebensgefährtin. ›Ah, ein Hörer! Endlich!‹ rief sie, mit jenem freundlichen, herzhaften Lächeln, das auch einen verzeichneten Mund adelt, verjüngt und verschönt. ›Wie wird mein Onkel sich freuen! Unter allen Gästen sind ihm seine Schüler am liebsten.‹«[70] Dort trifft Müller auf eine illustre Gästeschar: Fürstin Pauline Metternich, Viktor Adler, Eduard Sueß, Bertha von Suttner, der legendäre Klavierpädagoge Theodor Leschetizky, die junge Burgtheaterschauspielerin Lotte Medelsky, die Schriftsteller Hermann Bahr und Stefan Zweig.[71]

Das zauberhafte Haus von Laurenz Müllner und Marie Eugenie delle Grazie

Ein wahrer Salon also, den Müllner und delle Grazie halten – die Samstagnachmittage in ihrem Haus gelten als legendär: »An Samstagnachmittagen ward im Hause des Theologieprofessors für praktische Philosophie mehr geleistet als in Seminaren oder anderwärtigen wissenschaftlichen Verbänden; es war der eigenartigste Kreis, den man sich denken konnte; alle Weltanschauungen, alle Disziplinen, alles, was in Kunst sich betätigte, sammelte sich in Laurenz Müllners gastfrohem und geistreichem Heim.«[72]

Auch die Journalistin Clotilde Benedikt schildert ihre Eindrücke: »Ich war bei einem Jour bei Müllner – ähnlich genußvolle Stunden wird man in Wiener Salons kaum mehr erleben. Als Professor an der philosophischen Fakultät hat Müllner Hunderten von Hörern jedes Alters und Standes – trotz der frühen Morgenstunde drängten sich Greise und Backfischchen, Fürsten und Arbeiterführer in seine Vorlesung – in die Öde ihres Lebens unschätzbare Werte der Kunst und Wissenschaft getragen.«[73]

Hier bekommt Ria Munk geistige Anregungen vielfältiger Art und kommt auch in Kontakt mit Marie Eugenie delle Grazie, die sie in jedem ihrer Briefe mit großer Hochachtung grüßen lässt.

Viele Erinnerungen an Laurenz Müllner haben sich erhalten – eine positiver und wertschätzender als die andere: »So legte er vor allem Gewicht darauf, eigenartige und wertvolle Menschen um sich zu versammeln und sie zu einem Kreise zu vereinigen, der aber nach außen niemals hermetisch verschlossen war, sondern stets die Aufnahme neuer Talente begünstigte.«[74] Hans Müller charakterisiert den Lehrer weiter: »Er ›las‹ nicht; er war, stritt und gab. Viel später einmal gestand mir Hofmannsthal, von keinem Lehrer, Richter oder Priester seiner frühen Zeit bestimmendere Eindrücke empfangen zu haben.«[75] Und der Schriftsteller Richard Kralik erinnert sich viele Jahre nach Müllners Tod an ihn als »eine helle, klare, offene, eindeutige Lichterscheinung«.[76]

Dass Müllner wenig Zeit hat zu publizieren, liegt auf der Hand. Vielmehr macht Marie Eugenie delle Grazie klar, »was seines Lebens Glück und Freude ausgemacht hat: vor allem die innere

Zufriedenheit, mit der ihn seine Lehrtätigkeit erfüllte, die Gewißheit, ganze Generationen im Dienste der Ideale erzogen zu haben, die seines Lebens Sterne waren. Und die Jugend fühlte das! Wohl selten hat es ein Lehrer, der das geistliche Gewand trug, verstanden, Söhne [und wohl auch Töchter] aller Stände und Bekenntnisse und Sprachen in so großer Zahl um seinen Lehrstuhl zu versammeln; der unruhigen und nur allzu leicht mißtrauenden Jugend jenes sichere und innerlich beglückende Gefühl zu geben, nicht nur von einer starken, sondern auch wirklich kundigen Hand geführt zu werden – durch die Hölle aller Zweifel hindurch, aber immer den Weg der Wahrheit und Wahrhaftigkeit!«[77] Marie Eugenie verfügt in ihrem Testament als Anweisung für ihre Aufbahrung: »An mein Herz sind die in einem Briefumschlag ruhenden Haare meines Freundes Dr. Laurenz Müllner zu legen, die sich in meinem Sparkassabuch in der Handtasche im Wäscheschrank befinden.«[78] Sie verfügt, im selben Grab wie Müllner begraben zu werden, »das ich im Dezember 1911 mit meinem Gelde für uns beide gekauft. Die beiden Leichname dürfen nie getrennt werden.«

Diesem so geliebten Mann teilt Ria ihre innersten Gedanken, ihre Probleme mit, denn sie weiß, er nimmt diese ernst und gibt ihr geistige Nahrung. Am 10. August 1910 schreibt sie wie einem engen Freund: »Der Sturm schluchzt mir ein Lied vor, doch Text und Melodie hat er mir gestohlen. Mit kalten Fingern greift die Nacht mir eisig in das Herz. Ich möchte weinen, weinen – kann nicht, hab keine Tränen. Ich möchte – haha, hol's der Teufel, reiß'n ma der Welt an Haxen aus. Ich gehe zur Tagesordnung, besser Unordnung über. Heute nach 2wöchentl. Vorbereitungen, gepackt. Ma chère maman höchst ungnädig gestimmt, fürchtet in Gastein Mangel an Trouble. Danke, daß Sie mich angehört, nun will ich zu Bette, bald kommt der Tag!«[79]

Der ehemalige Priester geht in seiner Funktion als Beichtvater völlig auf.

Im Frühling 1911 verfällt Ria in eine starke Melancholie. Wieder ist der Beichtvater gefragt: »Gebrochen und zermürbt wie ich nun bin, bleibt mir nur ein Weg offen zur Flucht aus diesem unerträglichen Dasein. In Ehren sterbe, wer in Ehren nicht weiter zu leben vermag«, schreibt sie am 6. Februar – und zwei Monate später gesteht sie: »Der Sonnenschein dringt nicht hinein in mein erstarrtes Herz und das Lachen, das junge Glück meiner Umgebung schmerzt und verletzt wie Peitschenhiebe.« Dieser Brief stammt vom 10. April 1911.

»Einer der eigenartigsten, wohl auch eigenwilligsten jungen ›deutschen Phantasten‹, Hanns Heinz Ewers«

Am 2. Mai besucht Ria einen Vortrag an der Wiener Urania. Ein neuer Mann tritt in ihr Leben: der Schriftsteller Hanns Heinz Ewers. Er gilt als verrucht, dem Okkultismus zugewandt, als Reisefeuilletonist welterfahren. In Wien spricht er über »Fakire und Bajaderen«: »Über diese indischen Erlebnisse plauderte nun gestern einer der eigenartigsten, wohl auch eigenwilligsten jungen ›deutschen Phantasten‹, Hanns Heinz Ewers. Herr Ewers vereinigt auf das anziehendste in seiner ungezwungenen, bald burschikos-humorvollen, bald dichterisch-schwärmerischen Art das Studentische mit ernstem Künstlertum. In seiner launigen und gleich darauf wieder farbenglühenden Darstellung wurden uns die Anregungen und lustig-poetischen Abenteuer seiner Indienreise ungemein lebendig. Über die Fakire, die mohammedanischen Büßer, die Herr Ewers mit Humor betrachtet hat, wußte er sehr viel Schnurriges zu berichten.«[80]

Zwei Tage später hält Ewers einen weiteren Vortrag zum Thema Satanismus, der vor allem bei der konservativen Zeitung *Das Vaterland* weniger gut ankommt: »Um die aus Hexenprozessen zusammengelesenen Scheußlichkeiten über den Satanismus, über Hexensabath und Teufelsmessen zu hören, ladet man doch nicht ein Publikum ein, das zu einem Drittel aus noch sehr jungen Damen besteht! Der Vortragende entschuldigte sich am Beginn seiner Vorlesung in einem recht schlecht angebrachten ironischen Ton, daß er Dinge werde sagen müssen, die man heutzutage in guter Gesellschaft nicht mehr zu sagen pflegt.«[81]

Nach seinen Vorträgen in Wien reist Ewers nach Miramare, um dort ein schwülstiges Werk zu verfassen: *Die Alraune. Geschichte eines lebenden Wesens*, die ein wenig in Frank Wedekinds Skandalstück *Lulu* fischt, dessen Qualität aber nicht erreicht. Die zum Leben erweckte Alraune erweist sich als männervernichtendes Wesen. Der Schriftstellerkollege Hugo Bettauer wird das Buch am 3. Dezember 1911 für die Zeitung *Die Zeit* rezensieren: »Hanns Heinz Ewers hat in dieses Buch seine ganze überreiche Phantasie geschüttet und mit wahrhaft faunischem Behagen in Grauenhaftigkeiten geschwelgt.«

Ria Munk hat Feuer gefangen. Mit ihrer Mutter Aranka und Personal reist sie ebenfalls nach Miramare, um dann gemeinsam mit Ewers den Sommer auf der mondänen Insel Brioni zu verbringen. Am 9. Juli 1911 erwähnt die *Brioni-Inselzeitung* die Anwesenheit von Ewers wie von Aranka Munk samt Tochter, am 27. August folgt ihr Mann Alexander samt der zweiten Tochter Lola für einige Wochen.

Ria und Hans verloben sich auf Brioni, die Mitgift ist beträchtlich – alles wirkt perfekt. Zehn Jahre später wird Ewers in seinem

Theaterstück *Das Mädchen von Sharlott* das Zustandekommen anders schildern. Ewers bezeichnet sich selbst als »Der Unverantwortliche« – was für eine Ironie. Ria heißt »Die Tote«, die jedoch mit dem Unverantwortlichen kommuniziert und ihm in seiner Phantasie mitteilt: »Verlobung? – Oh, ja! Meine Mutter kam zu dir – sprach auf dich ein, stundenlang. Du sagtest am Ende: Ja! – Nur um sie loszuwerden. Sie ließ Karten drucken, versandte sie, bestimmte den Tag der Hochzeit – erzählte dir von meiner Mitgift, von allen schönen Dingen, die sie mir geben würde. Ein Haus in Wien, ein Schloß am Karer See. Autos, Kleider, die große Perlenschnur. Du sagtest: Ja, ja, ja!«[82] Eine literarisch verpackte Erinnerung. Oder Rechtfertigung?

Die Situation spitzt sich zu: Laurenz Müllner erkrankt schwer und begibt sich zur Erholung nach Meran. Hanns Heinz Ewers geht beruflichen Verpflichtungen in Deutschland nach – Ria bleibt in Wien zurück.

Müllner stirbt am 28. November – was für ein enormer Verlust für die von ihm so hochgeschätzte Jugend! Für Ria. Für Marie Eugenie.

Und Ewers löst die Verlobung.

Am 28. Dezember erschießt sich Ria Munk. Wie hatte sie Müllner geschrieben? »Sie zeigten mir das sonnige Land der Freiheit, ich sah es winken und glaubte den Fährmann gefunden, der mich hinüberführt, da schlug die Tür meines Kerkers krachend zu und finsterer denn je ist es um mich.«[83] Ohne ihren Fährmann erscheint das Leben sinnlos.

Rias Mutter Aranka möchte ihr Gedenken hochhalten und lässt ihre Tochter dreimal von Gustav Klimt malen. Arankas Schwestern Serena Lederer und Jenny Steiner zählen zu den wichtigsten Förderinnen des Malers und so liegt ein Auftrag an ihn nahe.

Das erste Gemälde zeigt Ria auf dem Totenbett – vermutlich gemalt nach einem Foto. Zwei weitere Porträts von Ria entstehen, das erste entspricht nicht Arankas Vorstellungen und wird von Klimt zum Gemälde »Die Tänzerin« weiterentwickelt. Das dritte

Gustav Klimt, Ria Munk III

Gemälde entsteht während des Ersten Weltkrieges und nimmt als Gemälde »Ria Munk III« einen besonderen Stellenwert in seinem Werk ein. Zu diesem Zeitpunkt ist die Ehe von Aranka und Alexander Munk bereits zu Ende – ob Rias Tod damit in Zusammenhang steht, gehört ins Reich der Spekulationen.

Rias Porträt bekommt in Arankas Villa in Bad Aussee im Stiegenhaus einen Ehrenplatz – dort wird es von jedem Besucher gleich gesehen. Ria blickt fröhlich und zufrieden auf Familie und Freunde und bleibt so ein Teil der großen Familie in Bad Aussee.

5 Von Alberti-Irsa nach Bad Aussee. Ein Familienclan

Rentmeistergütl, Obertressen 19
Kramergasse 187
Marktleite 211
Marktleite 196

Vor einigen Jahren machten mein Mann und ich auf einer unserer Forschungsreisen im ungarischen Ort Alberti-Irsa halt, um uns dort auf die Spuren der Familie Politzer zu begeben. Mitten im Ort fanden wir plötzlich ein Denkmal von Adam Politzer, »orvos« steht darauf. Dies bedeutet Arzt und weist auf einen der bedeutendsten Ohrenärzte der zweiten Hälfte des 19. Jahrhunderts hin.[84]

Auch eine zweite Büste entdecken wir auf dieser Reise: Mitten im Ort Makó finden wir Joseph Pulitzer, den Stifter des legendären Pulitzer-Preises. Doch wer ahnt schon, dass dieser berühmte amerikanische Journalismus-Preis seine Wurzeln in einem kleinen ungarischen Ort hat?

Die Geschichte der Familie Politzer wirkt etwas unübersichtlich, denn oftmals heiraten Politzers in die Familie Pulitzer ein, was zu gewissen Verwirrungen führt. Auf unserer Reise nach Alberti-Irsa versuchen wir, auf dem dortigen jüdischen Friedhof ein wenig Klarheit in die familiären Zusammenhänge zu bringen, begleitet vom lauten Tröten einiger wohlbeleibter Truthähne im benachbarten Hinterhof. Dieses Geräusch samt dem ewigen Gebell diverser Hunde wird mir immer in Erinnerung bleiben.

Der Ohrenarzt Adam Politzer

Aber zurück zum Ohrenarzt Adam Politzer und seinen Brüdern Sigmund und Gustav. Sie alle verbringen die Sommerfrische in Bad Aussee. Adam macht den Anfang und erwirbt 1881 das sogenannte Rentmeistergütl. Zu diesem Zeitpunkt ist er bereits ein angesehener, ja berühmter Universitätsprofessor für das noch junge Fach der Ohrenheilkunde, in dem er Bahnbrechendes erforscht und Studenten aus der ganzen Welt nach Wien lockt. In einem Nachruf heißt es treffend: »Auf seinem Gebiete war er Pfadfinder.«[85] Doch nicht nur die Forschung beschäftigt ihn, sondern auch die Kunst, die er »in den Dienst der Wissenschaft stellte, wie die von ihm verfertigten Bilder in seinen ›Beleuchtungsbildern des Trommelfelles‹ beweisen, die, 1865 erschienen, heute noch ihresgleichen an Schönheit und Vortrefflichkeit suchen.«

Ein vielfältig begabter Mann also.

In Bad Aussee verbringt er mit seiner Familie viele Sommer – einer wird von einem tragischen Ereignis überschattet. Adams Enkel, der 16-jährige Walter Friedländer, macht sich im August 1906 mit der Schriftstellerin Adele Schreiber (Kapitel 1) zu einer Bergtour auf. Die beiden kennen einander aus Berlin. Sie brechen früh auf und wählen eine nicht allzu schwere Partie – und doch stürzen sie ab. Walter ist sofort tot, Adele erleidet einen Beinbruch und überlebt. Die Zeitungen berichten voller Anteilnahme und verweisen auch auf Walters Eltern: Seine Mutter Alice ist Adam Politzers Tochter, sein Vater Max Friedländer ein angesehener Franz-Schubert-Forscher in Berlin. Mit Walter verlieren sie ihr einziges Kind.

Aus Politzer wird Alberti

Auch Adams Bruder Gustav ist zu diesem Zeitpunkt in den Sommermonaten in Bad Aussee ansässig. Er arbeitet – ebenso wie sein Bruder Sigmund – erfolgreich in Budapest als Bankier. Gustavs Sohn Ervin ändert seinen Nachnamen in Alberti – und auch er erwirbt für seine junge Familie eine Villa. Ervin betätigt sich im Kohlehandel, einem Metier, das wie so viele andere durch die neuen Grenzen und Zölle nur unter erschwerten Bedingungen funktioniert. 1933 gibt er im *Prager Tagblatt* Einblick in die Schwierigkeiten, ausgelöst

Villa Alberti

durch verschiedene Faktoren: Wirtschaftskrise, verminderte Kaufkraft der privaten Haushalte und ein »abnormal milder Winter«[86]. Trotzdem bleibt Ervin Alberti positiv: »Was nun die nahe Zukunft betrifft, ist unwahrscheinlich, daß mit einem weiteren Rückgang des Konsums oder der Preise gerechnet werden muß. Kohle war stets ein empfindliches Barometer der Volkswirtschaft. Es ist meine Überzeugung, daß dieses Barometer zwar noch lange kein ständig schönes Wetter signalisieren wird, daß sich aber Ungarn weder vor einem Erdbeben, noch vor einem Gewitter zu fürchten hat.« Fünf Jahre später ist das Erdbeben mitsamt Gewitter da.

Was passiert mit Ervin Albertis Villa? »Aus einer Eingabe geht hervor, daß sich der Kulturbeauftragte des ehem. Gauleiters und Reichsstatthalters Eigruber sowie das Reichspropagandaministerium besonders für das Zustandekommen des Zwangsverkaufs der genannten Liegenschaft an Arno Lehmann eingesetzt hat.«[87] So heißt es in einem Schreiben der oberösterreichischen Landesregierung vom 10. Oktober 1947. Doch wer ist Arno Lehmann, der so einflussreiche Unterstützer hat? »Bildhauer und Keramiker«[88] gibt er im Kaufvertrag vom 29. November 1943 an – bewilligt wird der Verkauf erst am 10. Juni 1944. Den vereinbarten Kaufpreis von 47 000 Reichsmark zahlt das Kriegsschädenamt in Berlin, denn Lehmann ist ausgebombt. Und man erfährt noch mehr über ihn: »Er zählt zu den bekanntesten Kunstkeramikern des Reiches und bedeutet gerade seine ständige Ansiedlung im Salzkammergut für die Zukunft eine wesentliche Bereicherung des hier bodenständigen keramischen Schaffens. Er hat bereits viele Aufträge ausgeführt und will in Aussee eine neue Produktionsstätte einrichten.«[89] Dies berichtet der Landrat Gmunden dem Reichsstatthalter in Oberdonau am 26. Oktober 1943. Bis zu diesem Zeitpunkt steht die Villa leer – fünf Jahre. »Ich weise darauf hin, daß durch diesen ungenützten Zustand die Spinnstoffsachen wie Möbel und Betten sehr stark dem Verfall durch Mottenfraß und Nichtlüftung ausgesetzt sind. Dieser Zustand wird von der umwohnenden Bevölkerung als unverständlich angesehen und erregt Mißfallen«[90], schreibt das Büro des Reichsstatthalters an die Unterabteilung IVc am 19. März 1943. Diesen Zustand können auch die Nazi-Behörden nicht hinnehmen, ein bürokratisches Hin und Her folgt. Dies gibt dem Reichsstatthalter die Möglichkeit zu einer allgemeinen Einschätzung der Situation: »Die Wiedereingliederung der Ostmark ins Reich fand also den Grundbesitz gerade in diesem schönen Alpengebiete in den Händen vorübergehend zu Reichtum gelangter jüdischer Einwanderer. Diese flüchteten zum Teil ins Ausland, zum Teil leisteten sie aus anderen Gründen nichts zur Erhaltung der Gebäude, die größtenteils zu verfallen drohen.«[91] Wie man doch die Tatsachen verdrehen kann!

Ervin, seine Frau Lujza und ihr Sohn Istvan leben in Budapest in vermeintlicher Sicherheit. Im März 1944 besetzen die Deutschen Ungarn, Adolf Eichmann beginnt sofort mit einem Sonderkommando, die jüdische Bevölkerung auszuschalten. Ervin wird verhaftet und am 23. Juni 1944 als Häftling Nummer 76 146 ins

Konzentrationslager Mauthausen gebracht. Auf der Häftlings-Personal-Karte werden auch seine Sprachkenntnisse vermerkt: Ungarisch und Französisch, etwas Englisch. Als Beruf ist »Fabrikant« angegeben.[92] Ervin überlebt das Konzentrationslager. Seine Frau Lujza hingegen, die wenige Wochen vor ihrem Mann, am 5. Mai, verhaftet worden ist, stirbt am 13. November 1944 in Auschwitz.

Die Villa in Bad Aussee erhält Ervin Alberti 1948 zurück und verbringt noch wenige Sommer in Bad Aussee. Drei Jahre später verkauft er sie.

Nico Dostal taucht auf

Adam und Gustav Politzers Bruder Sigmund heiratet Irma Pulitzer – hier also ist eine dieser verwirrenden Eheschließungen. Sie erwerben 1885 eine Villa in der Marktleite 211. Irmas Schwester Aranka Munk besitzt ebenfalls eine Villa in Bad Aussee (Kapitel 3). Sie hat noch zwei Schwestern: Serena Lederer und Jenny Steiner. Sie alle zählen zu den großen Förderinnen Gustav Klimts und somit der Wiener Moderne. Auf dem Gemälde »Zuschauerraum im alten Burgtheater« aus dem Jahr 1888/89 verewigt Gustav Klimt seine Gönner – und vor allem Gönnerinnen: Abgebildet sind die Pulitzer-Schwestern Aranka, Serena und Irma, Alexander Munk, Sigmund, Gustav und Adam Politzer. Auch Zerline Gabillon findet sich auf diesem Gemälde (Kapitel 20).

Die große Familie verbringt jahrzehntelang die Sommermonate in Bad Aussee. Nach dem Tod von Sigmund und Irma erben ihre Zwillingssöhne Viktor und Paul die Villa, doch wird verabsäumt, den Besitz in Bad Aussee im Grundbuch eintragen zu lassen – das wird nach dem Krieg zu Problemen führen. 1938 nehmen die idyllischen Sommer ein Ende.

Viktor und Paul, die inzwischen den magyarisierten Familiennamen Török tragen, leben wie ihr Cousin Ervin Alberti in Budapest in trügerischer Sicherheit, bis die Nationalsozialisten die Macht übernehmen. Paul stirbt am 19. Mai 1944, die näheren Umstände sind unbekannt. Über Viktors Tod berichtet seine geschiedene Ehefrau Maria: »Mein ehemaliger Gatte Viktor Török wurde im November des Jahres 1944 letztmalig im Hofe der Albrechtskaserne in Budapest als Gefangener der Pfeilkreuzler, von denen er am 20. 10. 1944 zu Schanzarbeiten herangezogen wurde, gesehen. Seitdem ist er verschollen. Viktor Török wurde mit Beschluss des Budapester Zentralbezirksgerichtes per 15. 1. 1945 für tot erklärt.«[93]

Maria selbst ist in die USA geflüchtet, die Villa in Bad Aussee wird enteignet. Am 24. März 1943 wird im Grundbuch ein neuer Eigentümer eingetragen: der Komponist Nico Dostal.

Hermann Schiestl, Schneidermeister in Bad Aussee, ist »Veräußerungstreuhänder in der Zwangsjudensache« und er veräußert »aufgrund des Kaufvertrages vom 5. 3. 1943 an den Komponisten Nikolaus Dostal die gegenständliche Liegenschaft im Flächenausmaß von 4515 m^2 samt der wertvollen Villa um RM 26 000 sowie das außerordentlich kostbare altertümliche Inventar gemäß dem Kaufvertrag angeschlossenen Verzeichnis um RM 8462. Der wahre Wert der Liegenschaft betrug zum Zeitpunkt des Kaufes ohne Inventar mindestens RM 50 000. Aus dem dem Kaufvertrag angeschlossenen Inventarverzeichnis und den darin enthaltenen Einzelpreisen ergibt sich gleichfalls, dass das kostbare antike Inventar geradezu zu Schleuderpreisen an Nikolaus Dostal veräußert wurde.«[94]

Maria Török gibt in ihrem Rückstellungsantrag Aufschluss, wie gering die Aussagekraft der erstellten Inventare der Villen ist. »Der in der Liste genannte ›Ecktisch mit Aufsatzkasterl‹ ist ein prachtvolles, eingelegtes Möbelstück aus dem 18. Jahrhundert mit zahlreichen Geheimfächern gewesen. Ich bin im Besitze der Fotografie dieses antiken Möbelstückes. Unter ›diversen Büchern‹ wurden um RM 25 zahlreiche unersetzliche Erstausgaben veräußert.

Der zweitürige Zirbelschrank, der um RM 120 von Nikolaus Dostal veräußert wurde, stammte aus dem 17. Jahrhundert, war prima erhalten und mit echten Beschlägen versehen. Auch davon

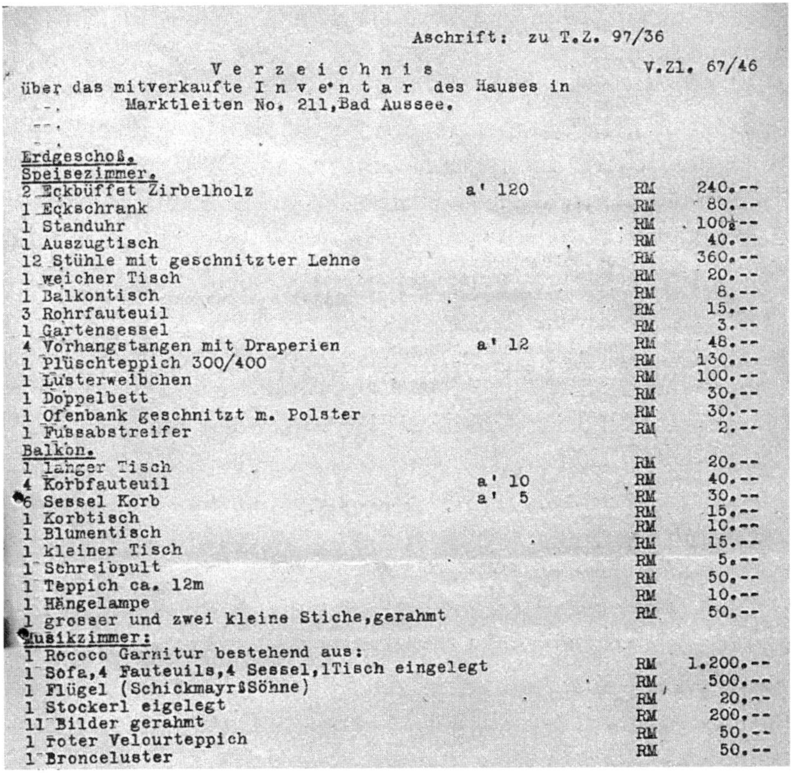
Aschrift: zu T.Z. 97/36

V e r z e i c h n i s V.Zl. 67/46
über das mitverkaufte I n v e n t a r des Hauses in
Marktleiten No. 211, Bad Aussee.

Erdgeschoß.

Speisezimmer.

2 Eckbüffet Zirbelholz	a' 120	RM	240.--
1 Eckschrank		RM	80.--
1 Standuhr		RM	100.--
1 Auszugtisch		RM	40.--
12 Stühle mit geschnitzter Lehne		RM	360.--
1 weicher Tisch		RM	20.--
1 Balkontisch		RM	8.--
3 Rohrfauteuil		RM	15.--
1 Gartensessel		RM	3.--
4 Vorhangstangen mit Draperien	a' 12	RM	48.--
1 Plüschteppich 300/400		RM	130.--
1 Lusterweibchen		RM	100.--
1 Doppelbett		RM	30.--
1 Ofenbank geschnitzt m. Polster		RM	30.--
1 Fussabstreifer		RM	2.--
Balkon.			
1 langer Tisch		RM	20.--
4 Korbfauteuil	a' 10	RM	40.--
6 Sessel Korb	a' 5	RM	30.--
1 Korbtisch		RM	15.--
1 Blumentisch		RM	10.--
1 kleiner Tisch		RM	15.--
1 Schreibpult		RM	5.--
1 Teppich ca. 12m		RM	50.--
1 Hängelampe		RM	10.--
1 grosser und zwei kleine Stiche, gerahmt		RM	50.--
Musikzimmer:			
1 Rococo Garnitur bestehend aus:			
1 Sofa, 4 Fauteuils, 4 Sessel, 1Tisch eingelegt		RM	1.200.--
1 Flügel (Schickmayr&Söhne)		RM	500.--
1 Stockerl eigelegt		RM	20.--
11 Bilder gerahmt		RM	200.--
1 roter Velourteppich		RM	50.--
1 Bronceluster		RM	50.--

Verzeichnis des von Nico Dostal miterworbenen Inventars der Villa Török

besitze ich eine Fotografie. Der heutige Wert der von Herrn Nikolaus Dostal zwar übernommenen, jedoch weiterverkauften Gegenstände, sowie der nicht mehr vorhandenen, im Kaufvertrag übernommenen Inventargegenstände beträgt rund RM 25 000.«[95]

Maria Töröks Anspruch steht vorerst auf tönernen Füßen, da ihr Mann niemals als Eigentümer im Grundbuch vermerkt wurde – dies macht sie angreifbar. Dostals Anwalt Hans Gürtler weist darauf hin, dass »sich eine gewisse Frau Maria Török gemeldet und Restitutionsansprüche geltend gemacht hat. Sie bediente sich dabei einer Bestätigung der amerikanischen Militärregierung, wonach sie Eigentümerin der Liegenschaft sei. Erwähnenswert ist in diesem

Zusammenhang, dass Frau Török aus dem verwalteten Haus Möbel wegbrachte, nach einiger Zeit wieder einige zurückstellte und auch sonst über das Inventar verfügt.«[96] Doch stellt sich alles als rechtens heraus: Im gemeinsam verfassten Testament von Sigmund und Irma Politzer ist der folgende, anrührende Wunsch vermerkt: »Unsere besondere Fürsorge bildet die Zukunft unseres Sohnes Paul Rudolph Török auf jede uns mögliche Weise sicherzustellen, da er, zufolge seiner ihm angeborenen Leichtgläubigkeit sehr leicht in die Macht seelenloser, seine Güte missbrauchender Leute gelangen kann.«[97] Die Villa in Bad Aussee erben zu gleichen Teilen Viktor und Paul: »Unser Wunsch ist es des Ferneren, dass außer Viktor und Paul Rudolph auch unsere übrigen drei Kinder mit ihren Familien abwechselnd in der Villa wohnen können.«[98]

Viktor verfasst am 27. Juli 1944, wenige Monate vor der Machtübernahme durch die Pfeilkreuzler im Oktober, ein Testament, in dem er seine geschiedene Frau Maria als Alleinerbin einsetzt.[99]

Am 1. Dezember 1949 kommt es zu einem bedingten Vergleich: Dostal muss 10 000 Schilling zahlen, da jedoch die Verlassenschaft von Sigmund und Irma noch anhängig ist,[100] kommt es erst am 26. Juli 1951 zu einem endgültigen Vergleich zwischen Maria Török und Nico Dostal.

In seiner Autobiografie *Ans Ende deiner Träume kommst du nie* geht Nico Dostal nur knapp auf diesen Sachverhalt ein: »Nun gab es für uns nur noch eines: den Berliner Bombennächten zu entfliehen. So erhielten wir dann Unterkunft in Bad Aussee in der Steiermark, wo schon zahlreiche namhafte Bombenflüchtlinge seßhaft waren.«[101] Darauf folgt eine Anekdote über die Geburt seines Sohnes Roman in Bad Ischl. »So saßen wir in dem Ausseer Haus dieses letzte Jahr halbwegs sicher. Es waren da meine erste Frau mit ihrer alten Mutter, mein Schwiegervater mit seiner Wirtschafterin, meine Lillie mit unserem Söhnchen, die alte Wirtschafterin Marie und ich.«[102] Dann kommen die Amerikaner. »Einer dieser GIs hatte in der Brusttasche immer mindestens sechs wunderbare, mir begehrlich ins Auge fallende Zigarren stecken. Da ich schon lange keine

Wenig blieb vom alten Glanz: Villa Török in den 1970er-Jahren

gute Zigarre mehr geraucht hatte, näherte ich mich dem Mann mit meinen ach so schwachen Englischkenntnissen: ›Please, have you a cigar for me? I play in my house for you on the piano.‹ Er sagte: ›Okay, go on.‹ Und so spazierten die abgelösten Sechs mit mir ins Haus. Im Musikzimmer angekommen, klebten sie erst einmal ihren Kaugummi an den Türrahmen, nahmen Platz, wo sie einen fanden, das Gewehr zwischen den Beinen und auf dem Gewehr den Korkhelm. Nun spielte ich ihnen amerikanische und deutsche Schlager und Melodien aus Operetten vor. Dann stand der GI mit der Zigarre auf, holte drei Stück aus seiner Tasche, steckte mir eine in den Mund und gab mir Feuer. Ich rauchte genüßlich und machte Musik. Und die Welt schien für diesen Augenblick wieder in Ordnung zu sein. Musik verbindet, macht friedlich.«[103]

Maria Török, die mittlerweile in Arkansas lebt, und Nico Dostal schließen 1951 nach langen juristischen Diskussionen und Verhandlungen einen Vergleich, die Villa geht in Marias Besitz über. Ein Jahr später trennt sie sich von ihrem Besitz.

6 Kunstsammler versus Schulgründer. Das Ramgut

Obertressen 18

Jella Oppenheimer führt direkt ins Zentrum der Wiener kunst-, musik- und literaturaffinen Gesellschaft. Ihr Vater Eduard Todesco, der das gleichnamige Palais vis-à-vis der Hofoper erbaut, zählt zu den erfolgreichsten Industriellen des späten 19. Jahrhunderts, ihre Mutter Sophie, geborene Gomperz, unterhält einen berühmten Salon, ebenso ihre Tante Josephine von Wertheimstein. Ihr enger Freund, der scharfsinnige Dichter Eduard von Bauernfeld, rühmt die gebildeten Damen dieser Gesellschaftsschicht mit einem Seitenhieb: »Jedes Licht hat seinen Schatten – jede Frau hat ihren Gatten.«[104] Die Herren des Hauses beschäftigen sich damit, Industrien aufzubauen, zu erweitern und Imperien zu schaffen. Die Damen haben Zeit und Muße für Kunst und Kultur – und für das Knüpfen wichtiger Verbindungen, die wiederum den Herren zugutekommen.

Mit noch nicht 18 Jahren heiratet Jella im Jahr 1872 Ludwig Oppenheimer, zwölf Jahre älter, Großgrundbesitzer und Mitglied des Herrenhauses des österreichischen Reichsrats. Zwei Jahre später kommt ihr einziges Kind Felix zur Welt. Die Ehe hält nicht, 1883 folgt die Scheidung.[105]

Das herrschaftliche Ramgut

1895 erwirbt Jella das sogenannte Ramgut in Bad Aussee. Vorbesitzer ist der wirkliche kaiserlich-russische Geheimrat Michael von Cramer, der sich um humanitäre Angelegenheiten der evangelischen Kirche verdient gemacht hat. Sie lässt das Dachgeschoß vom Münchner Jugendstilarchitekten Gabriel von Seidl ausbauen – die senkrechten Fenster und Gaupen zeugen noch heute davon.

Briefkarte und Exlibris

Das Ramgut entwickelt sich zu einem sommerlichen Treffpunkt der Gesellschaft – Künstler und Industrielle genießen die offene Atmosphäre auf diesem Besitz. Leider führt Jella die Gästebücher nur sehr lückenhaft, doch die erhaltenen geben einen guten Eindruck der Gäste. Verwandte wie Johannes, später John, und seine Schwester Eva Kallir erinnern sich an die Sommer auf dem Ramgut. Eva Kallir schreibt mir, dass sich ihre Eltern, der Kunsthändler Otto Kallir-Nirenstein und Fanny Löwenstein, auf dem Ramgut kennengelernt haben.[106] Hugo von Hofmannsthal zählt zu den wichtigsten Freunden, viele Briefe bezeugen die enge Verbindung. Doch auch der Schriftsteller Jakob Wassermann aus Altaussee ist gern gesehener Gast (Kapitel 18).

Jellas Vermögen ist groß, 1910 zählt sie zu den vermögendsten Frauen der Monarchie[107] mit einer großen Kunstsammlung.[108] Nach

Das Ramgut, 1927

dem Ersten Weltkrieg jedoch lassen Kriegsanleihen, Inflation und die nicht sehr sachgemäße Verwaltung des Vermögens dieses schwinden. Sie muss ihre Hälfte des Palais Todesco an die Bundesländerversicherung verkaufen und erhält im Gegenzug ein Wohnrecht für ihre Wohnung im dritten Stock.

Das Ramgut wird in den 1930er-Jahren immer wieder an Gäste vermietet, 1935 schenkt Jella den Besitz ihrem Enkel Hermann Oppenheimer aus Felix' Ehe mit Mysa Gräfin Demblin – ein kluger Schachzug, wie sich später zeigen wird.

Jellas Sohn Felix lässt sich in keine Kategorie einordnen – zu vielfältig gestaltet sich seine berufliche Laufbahn. Nach dem Jus-Studium arbeitet er vier Jahre im Handelsministerium, doch erweist sich diese Tätigkeit als zu wenig inspirierend.

Bis zum Ersten Weltkrieg widmet sich Felix einer Gesellschaft, die Arbeiterwohnungen errichtet – im 20. Wiener Gemeindebezirk stehen diese auch heute noch. Er publiziert,[109] setzt sich für günstige Kredite ebenso ein wie für die Errichtung von Sozialversicherungen – ein Mann mit großem sozialem und gesellschaftspolitischem Engagement.

Ein weiteres Betätigungsfeld wird zu einem Lebensthema: Bereits 1912 zählt Felix zu den Gründern des Österreichischen Staatsgalerievereins – hinter der spröden Bezeichnung verbirgt sich ein moderner Gedanke, können die staatlichen Kunstsammlungen

Ludwig und Jella Oppenheimer zur Zeit ihrer Verlobung

Felix Oppenheimer

doch nur erhalten werden, »wenn die Bürger selber durch tätige Anteilnahme an ihrem Ausbau mitarbeiten«[110]. Auch diese Institution bleibt von den Folgen des Ersten Weltkriegs nicht verschont: Die kaiserlichen Sammlungen werden verstaatlicht, der Verein nennt sich nun unter federführender Mitwirkung Felix Oppenheimers »Verein der Museumsfreunde in Wien« und »dehnt seine Wirksamkeit auf alle staatlichen Kunstsammlungen aus«, wie im Tätigkeitsbericht aus dem Jahr 1924 zu lesen ist.

Ein großes Unterfangen in schwierigen Zeiten. Felix setzt sich unermüdlich für Ausstellungen, Kunstwerke und deren Vermittlung ein. Vorträge und Führungen zählen bald zum Standardangebot der Museen. Dies führt auch wieder ins Ausseerland, denn Hugo von Hofmannsthal, der auf dem Oppenheimer'schen Ramgut ein Zimmer zur Verfügung hat, hält den ersten Vortrag nach dem Krieg und spricht über »Die Mission des Vereines«. Noch ein weiterer Sommergast spielt eine bedeutende Rolle: Camillo Castiglioni (Kapitel 26) spendet dem Museumsverein eine beträchtliche

Summe.[111] Auch Felix Oppenheimer selbst widmet dem Verein im Jahr 1916 Makarts »Kompositionsentwurf für den Vorhang im Wiener Ringtheater«.[112]

Am 14. Februar 1938 hält Felix Oppenheimer als Präsident des Vereins in der Albertina einen Vortrag zur »Popularisierung der öffentlichen Sammlungen«,[113] die er als gelungen ansieht. Er weist jedoch auf ein Problem hin, das jahrzehntelang für Diskussionen sorgt: die Öffnung der Museen in den Abendstunden für die arbeitende Bevölkerung. Denn dafür benötigt man künstliches Licht. »Auch zur Schaffung einer guten künstlichen Beleuchtung in den wichtigsten Musealräumen wäre manches Opfer gerechtfertigt, und man wäre des Dankes vieler Leute sicher, die dann nach einem vielleicht nicht körperlich anstrengenden, aber entnervend gleichförmigen Tagesberuf eine Stunde vor erlesenen Kunstwerken verbringen könnten.« Vermittlungsformate, die uns heute als selbstverständlich erscheinen, kommen aufs Tapet. »Auch sollten zu gewissen Stunden knapp gehaltene Führungen unentgeltlich veranstaltet werden, wenn man es nicht vorzieht, in jedem Saal eine Art ›Catalogue raisoné‹ der gezeigten Bilder anzuschlagen.«

1946 erinnern österreichische Zeitungen an Felix Oppenheimers Engagement für die Museen: »Was dieser Verein geschaffen hat, verdankt er vor allem der tatkräftigen Leitung und dem tiefen Kunstverständnis seines Gründers Felix Oppenheimer, der 1938 ein Opfer des Faschismus wurde. Damals ging der Mitgliederstand auf 10 Prozent seines früheren Bestandes zurück. Seine hervorragende Tätigkeit konnte der Verein unter dem Faschismus nicht fortsetzen.«[114]

Nach der Machtergreifung durch die Nationalsozialisten legt Felix all seine Ämter sofort nieder – seine Welt ist zusammengebrochen. Mysa verbringt den Sommer 1938 mit Felix auf dem Ramgut – dann ist auch diese Idylle vorbei. In Wien müssen sie aus dem Palais Todesco ausziehen, erhalten jedoch eine Ersatzwohnung in der Prinz-Eugen-Straße. Bis diese fertig ist, übersiedelt Mysa zu einer Cousine, Felix zieht zu seiner Mutter – ins Palais Todesco.

Sein psychischer Zustand ist katastrophal. Wenige Tage nach dem entsetzlichen Novemberpogrom sieht Felix keinen anderen Ausweg und springt am 15. November 1938 aus dem Fenster des Palais Todesco.

Felix' Freund Leopold Andrian schreibt 1947 an Filip Schmidt-Dengler, dass sich sein Freund Felix Oppenheimer 1938 umgebracht habe, um die Stellung seiner christlichen Frau und seiner Kinder gegenüber den »Nazi-Bestien zu erleichtern«.[115]

Zuvor muss Felix sein Vermögen deklarieren und legt dezidiert fest: 3000 RM jährliche Rente für seine Frau, 2400 RM jährliche Rente für seinen schwer kranken Sohn Felix-Ludwig, 1200 RM jährliche Rente für die Kammerjungfer seiner Frau, Amalie Hönl, und 1200 RM jährliche Rente für den Diener Josef Bunat: »Der Genannte ist am 13. Juli 1863 geboren, daher derzeit 75 Jahre alt und steht seit 50 Jahren ununterbrochen in meinen Diensten.«[116]

Was passiert mit dem Ramgut? Es gehört Hermann Oppenheimer – und wird nicht enteignet. Warum? Hermann ist in den 1920er-Jahren nach Ungarn gegangen und hat die Staatsbürgerschaft angenommen, gilt also für die Nazis als Ausländer. Sein Besitz kann nicht so ohne Weiteres enteignet oder beschlagnahmt werden. Hermann arbeitet als Verwalter eines Gutes im oberösterreichischen Timelkam, dort findet auch seine Großmutter Jella Zuflucht und stirbt 1943.

Felix' Witwe Mysa verbringt nach dem Krieg viel Zeit auf dem Ramgut, wo in den 1960er-Jahren ein neuer Geist einzieht: Hermann vermietet den Besitz an den ehemaligen SS-Offizier Wilhelm Höttl, der im Jahr 1952 in Bad Aussee ein Gymnasium begründet hat und das Ramgut nun als Internat verwendet. Höttls Lebensgeschichte[117] liest sich wie ein Spionageroman – und entspricht doch der Realität. Als überzeugter Nationalsozialist der ersten Stunde macht er Karriere und bringt es bis zum Rang eines SS-Obersturmbannführers. Doch seine wahre Berufung liegt in der Spionage. Zuerst für die Nazis. Er denunziert, verrät, liefert aus. Und wechselt rechtzeitig die Seite. Die Amerikaner bedienen sich seines Wissens und seiner Kontakte, bei den Nürnberger Prozessen sitzt er nicht auf der Anklagebank, sondern sagt als Zeuge aus – auch gegen Ernst Kaltenbrunner, in dessen Namen er mit den Amerikanern verhandelt hat.[118] Höttls Leben spielt sich zwischen den verschiedenen Geheimdiensten ab, doch nach außen hin führt er ein bürgerliches Leben in Bad Aussee als Gründer und Betreiber diverser höherer Schulen und als Schriftsteller im Verlag seiner Frau. Doch bricht dieses System zusammen, als bekannt wird, dass viele der Lehrer keine Lehrbefähigung haben und von Höttl »versorgt« werden. Die Schule verliert das Öffentlichkeitsrecht und geht 1964 in Konkurs. Auf dem Ramgut führt Wilhelm Höttl bis 1980 eine Maturaschule weiter. Hermann Oppenheimers Töchter beenden den Mietvertrag in den 1980er-Jahren und verklagen Höttl wegen Diebstahls – vieles aus der Villa ist verschwunden.[119] Der Prozess verliert sich im Nichts.

André Heller erinnert sich an seine dortige Schulzeit – und an den Moment, in dem Direktor Höttl ihn seinen neuen Schulkameraden vorstellte: »Das ist der Heller, setzt euch nicht neben ihn, der hat böses Blut.«[120]

7 Ein kämpferischer Rechtsanwalt. Robert Weishut

Lerchenreith 2

Rechtsanwalt Albert Weishut besucht im Jahr 1915 seine Schwester Leopoldine Taussig in Altaussee – ihre Familie verbringt im Haus Puchen 109 schon seit einigen Jahren den Sommer. Ein schwerer Sommer für Albert, dessen beide Söhne Franz und Robert in den Krieg eingerückt sind und um die er sich sorgt – zu Recht: Sein Sohn Franz fällt 1916 auf dem südwestlichen Kriegsschauplatz.

Am 10. August 1915 bricht Albert mit Leopoldines 12-jähriger Tochter Susanne zu einer Tour auf den Loser auf. »Das Mädchen kehrte gegen 2 Uhr nachmittags allein zurück und erzählte unter Tränen, sie habe Blumen gesucht, den Onkel plötzlich verloren und ihn zu ihrem Entsetzen nicht wiederfinden können. Obwohl nun der Loser als eine nicht gefährliche Partie gilt, bemächtigte sich der Verwandten große Besorgnis, da der Berg bei einem etwaigen Versteigen tückische Stellen mit steil abfallenden Gebirgswänden aufweist.«[121] Das Wetter verschlechtert sich, ein Gewitter zieht auf, Nebelschwaden senken sich auf den Ort. »Eine Expedition, die ausgerüstet wurde, machte sich auf die Suche, und es gelang auch noch am selben Tage, Dr. Weishut zu finden – allerdings leider als Leiche.« Zwei Tage später weiß die *Neue Freie Presse* mehr: »Dr. Weishut bemerkte eine Abkürzung des Weges. Er schickte seine Nichte auf dem markierten Steig weiter und benützte selbst den Seitenweg. Das Mädchen hörte nach einer Weile ein Hallorufen des Onkels, dann wurde es still.«[122]

Heinrich Steger, ebenfalls Rechtsanwalt, dessen Familie eine Villa in Altaussee besitzt, hat den Abend vor der Loser-Besteigung mit Albert Weishut verbracht: »Um ein paar Tage der Erholung zu gewinnen, war er kürzlich in das herrliche Tal von Alt Aussee gekommen und hat daselbst leider das jähe Ende seines Erdenwaltens gefunden.«[123]

Wenige Tage später beschwert sich ein Sommergast über fehlende Hinweisschilder in den Bergen. »Dieser Übelstand wird von allen Ausflüglern stark empfunden, und warum in dieser Richtung gespart wird, ist umso seltsamer, da die Auslagen ziemlich gering sind und, wie man sieht, leicht ein großes Unglück über eine Familie gebracht werden kann.«[124]

Alberts Verdienste als Hof- und Gerichtsadvokat werden in vielen Nachrufen gewürdigt: »Er gehörte zu jenen stillen Advokaten, in deren Schoß große finanzielle Transaktionen abgewickelt werden, von denen aber in der breiteren Öffentlichkeit nur selten die Rede ist. Dr. Weishut vertrat viele hervorragende Unternehmungen und war unter anderem auch Rechtsfreund der Südbahn. Der Unfall ist umso tragischer, als Doktor Weishut, der ein Alter von 60 Jahren erreicht hat, sich einer geradezu jugendlichen Frische und Gesundheit erfreute. Er war ein passionierter, ausdauernder Fußgänger und hat dieser Vorliebe, die ihn das Leben gekostet hat, sehr eifrig gehuldigt.«[125]

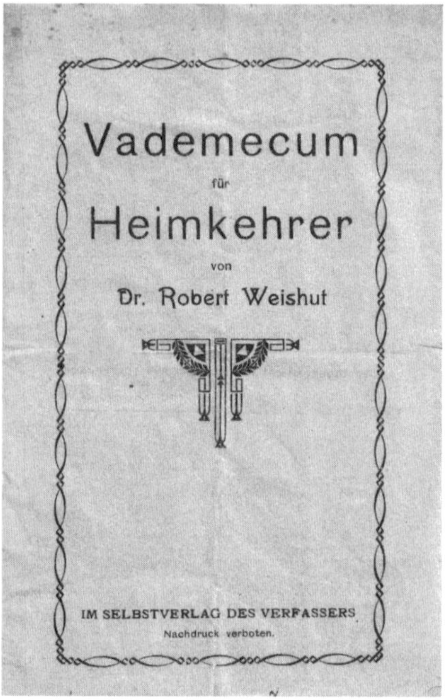

Alberts Sohn Robert kehrt aus dem Ersten Weltkrieg zurück. In einer schmalen Broschüre *Vademecum für Heimkehrer* schreibt er sich am 8. April 1919 in Altaussee all seine Enttäuschung wutentbrannt von der Seele. Als heimgekehrter Soldat fühlt er sich im Stich gelassen – von der Gesellschaft, der Politik. Seine Abrechnung mit dem »Hinterland« treibt ihn an: »Von jedem Urlaube brachte man die Empfindung mit, daß dieses Hinterland nicht mit Handschuhen anzufassen, sondern mit Handgranaten zu behandeln sei.«[126] All diejenigen, die es sich richten konnten, nicht einrücken zu müssen, klagt er an. Und er fordert Erleichterungen für die Heimkehrer, um sich zu erholen, adäquate Arbeit zu finden, aber vor allem eines: Anerkennung. »Haben sie doch unter Aufopferung und Gefährdung dessen, was die Gemeinschaft zu schützen übernommen hat: Leben, Gesundheit, körperliches Wohlbefinden, Bequemlichkeit, die Gemeinschaft geschützt!«[127] Und sein Schlussplädoyer weist schon in seine berufliche Zukunft: »So werde ich als Rechtsanwalt – außer Unbemittelte – nur Frontsoldaten und deren Hinterbliebene vertreten.«[128] Diesen Vorsatz hält er zwar nicht ganz ein – so vertritt er auch Jakob Wassermann in dessen Scheidungsprozess (Kapitel 18) –, doch das kämpferische Engagement begleitet seine gesamte Laufbahn, ja sein ganzes Leben.

1920 zeigt sich Robert Weishut bei der Rechtsanwaltskammer selbst an. Warum? Er hat seine Kanzleiangestellten am Gewinn der Kanzlei beteiligt – dies verstößt jedoch gegen die »advokatische Standesehre«, wie das *Salzburger Volksblatt* am 10. Juli 1920 informiert. Weishut steht jedoch auf dem Standpunkt, »die Beteiligung der Angestellten an dem Reingewinn der Kanzlei sei eine sozialpolitisch gerechtfertigte Maßnahme«. Ein sozial denkender Anwalt. Doch dies sieht die Rechtsanwaltskammer nicht so und fordert Weishuts Bestrafung, »weil durch einen solchen Vorgang die Rechtsanwaltskanzlei zu einem erwerbsmäßigen Unternehmen herabsinke«. 1927 stellt Robert seine politische Überzeugung klar: »Seit Anfang 1917 bin ich in die Rechtsanwaltsliste eingetragen, habe seit meiner Großjährigkeit (1911) sozialdemokratisch gewählt, bin seit 1926 organisiert und daher kein November-Sozialist.«[129]

1921 heiratet Robert Weishut Charlotte Meaney aus Irland. Wo hat er sie kennengelernt? Das Testament seines Vaters Albert gibt Aufschluss. Dort heißt es in einem Kodizill aus dem Jahr 1911: »Ich vermache Miss Charlotte Meaney ein gebührenfreies Legat von eintausend Pfund Sterling als Anerkennung ihrer selbstlosen Unterstützung meiner Gattin.« Drei Jahre später ändert er die Summe in 100 Pfund Sterling.[130] Charlotte, im Testament als Kinderfräulein bezeichnet, bekommt 1916 3300 Kronen ausgezahlt – zu diesem Zeitpunkt lebt sie in Budapest. 1919 kommt sie nach Wien zurück und eröffnet einen Gemischtwarenhandel im 3. Bezirk. Robert heiratet also mit 34 Jahren sein um sieben Jahre älteres Kindermädchen.

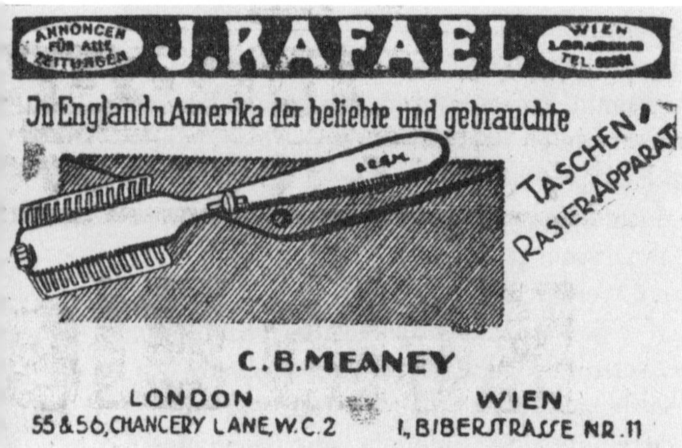

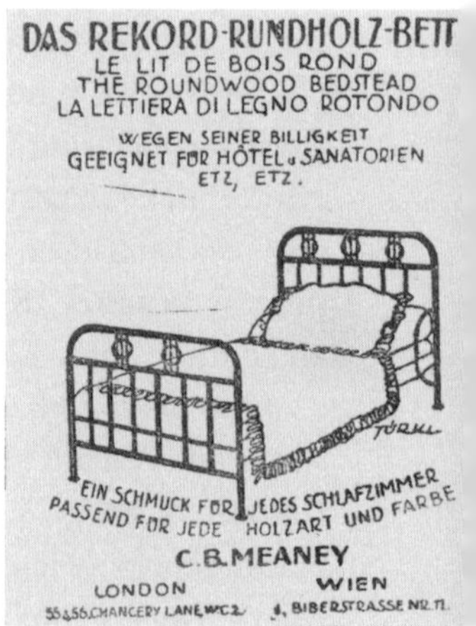

Reklame von Robert Weishuts Frau Charlotte Meaney im *Neuen Wiener Tagblatt*, 1921

Im Jänner 1922 übersiedelt Robert Weishut seine Kanzlei von Wien nach Altaussee – in Wien hat er die Kanzlei in der Widerhofergasse 3 im 9. Bezirk. Auf seinem Briefkopf findet sich der Zusatz: »Nächst dem Versorgungshaus«. Ein Hinweis auf seine starke Solidarität mit den Ärmsten der Stadt.

Auch in Bad Aussee widmet er sich den kleinen Leuten – aber auch dem ununterbrochenen Kampf gegen ein aus seiner Sicht ungerechtes Rechtssystem. Seit dem Jahr 1923 ist er fünfmal wegen Ehrenbeleidigung angeklagt worden. »Seine unaufhörlichen Angriffe gegen Gerichte und Richter sind gerichtsbekannt.«[131] Immer wieder wird er verurteilt, zu Geld- wie auch zu Haftstrafen. Doch dies kann ihn nicht beirren, und er zieht in die nächste Schlacht. 1925 richtet sich diese gegen das Kreisgericht Leoben gleich mit einem Rundumschlag, »indem er dem Kreisgerichte und der Anwaltschaft sowie einigen Senatsmitgliedern eine nachlässige, bösartige und unanständige Judikatur zum Vorwurf machte«.[132] Den Gerichtsvorsteher von Bad Aussee, Theodor Heyn, bezichtigt er »in wiederholten Beschwerden der Parteilichkeit, Voreingenommenheit und Nachlässigkeit«. Dafür muss Robert Weishut zehn Tage ins Gefängnis. Auch das beirrt ihn nicht. 1928 verklagt er den Präsidenten des Disziplinarrates der steiermärkischen Rechtsanwaltskammer wegen Ehrenbeleidigung, nachdem zuvor seine Selbstanzeige abgewiesen wurde. »Man spreche geradezu schon von ›Weishutiaden‹«, klingt es aus der Rechtsanwaltskammer.[133] 1932 sind bereits 15 Disziplinarverfahren anhängig.

»Bei einem heute vor dem Bezirksgericht Bad Ischl stattgefundenen Zivilprozeß kam es zu erregten Szenen, die politische Ursachen hatten«, berichtet die Zeitung *Der Tag* am 20. September 1931. Robert Weishut als Vertreter des Klägers lehnt den Rechtsanwalt der Beklagten ab: Dr. Franz Konrad sei Kreisleiter der Heimwehr Bad Ischl und erscheine »verdächtig des Verbrechens des Hochverrats«. Dies bezieht sich auf den eine Woche zuvor stattgefundenen sogenannten Pfrimer-Putschversuch, bei dem der Landeshauptmann der Steiermark, Walter Pfrimer, mithilfe der Heimwehr die Macht an sich reißen wollte.

Im Jahr 1933 steht Weishut selbst wegen Veruntreuung vor Gericht und wird zu zwei Jahren schweren Kerkers verurteilt.[134]

Er gerät in wirtschaftliche Schwierigkeiten – 1915 hat er von seinem Vater 200 000 Kronen geerbt, doch die wirtschaftliche Lage nach dem Krieg und die Inflation haben davon nichts übrig gelassen. Die Familie entschließt sich daher, 1933 den restlichen Besitz, den Albert angeschafft hat, zu versteigern: »Versteigerung der Villeneinrichtung und der Gemälde aus dem Nachlasse des Herrn Dr. Albert Weishut, und Kunstsammlungen, Teppiche, Antiquitäten, Möbel usw. aus hocharistokratischem und anderem Besitze: 11. bis 16. Dezember 1933«.[135]

Sechs Jahre zuvor stellte sich seine finanzielle Situation offenbar noch besser dar: Doch warum erwirbt Robert Weishut 1927 ausgerechnet das herrschaftliche Teichschloss? Wie passt dieses Anwesen zu einem so feurig kämpfenden sozialdemokratischen Rechtsanwalt? Es besteht aus einem Wohngebäude, einem Gärtnerhaus, einem Garagen- und Stallgebäude, einem Garten- und einem Vogelhaus, all dies eingebettet in einen Park mit altem Baumbestand, insgesamt 12 000 Quadratmeter.

Er belastet es immer wieder mit Pfandrechten, bereits 1927 mit 8500 US-Dollar für Julius Steger, dem Bruder von Alberts Freund Heinrich Steger. Julius wandert bereits jung in die USA aus, arbeitet erfolgreich als Schauspieler und Filmregisseur und hilft Robert mit einer Unterstützung in der stabilen Währung. In den kommenden Jahren folgen weitere Belastungen, Roberts Situation erweist sich auch aus politischen Gründen als äußerst schwierig. Dies verschlimmert sich noch im Jahr 1938: Robert wird in Bad Aussee sofort verhaftet, nach Graz und später ins Konzentrationslager Buchenwald verlegt, aber im April 1939 wieder entlassen. In diesem Jahr endet auch seine Ehe mit Charlotte, und am 9. Mai 1939 meldet sich Robert nach Shanghai ab.

Sein Anwesen wird, wie alle als jüdisch geltenden Liegenschaften in Bad Aussee, am 23. November 1938 beschlagnahmt und von der deutschen Reichspost benützt. Diese habe »im Jahre 1938 im Zuge der Verlegung des neuen Fernkabels Graz–München im damals beschlagnahmten Teichschlössel Fernmeldeanlagen eingebaut und diese Anlagen seither ständig erweitert. Sie hat das Teichschlössel und seine Nebengebäude innen und außen instandgesetzt

Das Teichschloss, um 1909

und zum Teil auch für ihre Zwecke umgebaut. Es war von allem Anfang an ihr Bestreben und ihre Absicht, diese Liegenschaft ausschließlich für dienstliche Zwecke zu erwerben.«[136] Ab 1939 befindet sich im Teichschlössel eine »Telegraphendienststelle«, die »voraussichtlich für immer, zumindestens jedoch für längere Zeit untergebracht bleiben wird«.[137]

Am 3. September 1941 findet eine Zwangsversteigerung statt, Schätzwert ist 64 598 Reichsmark, geringstes Gebot 32 299 Reichsmark – »Zubehör ist nicht vorhanden«.[138] Was passiert mit den Möbeln? Den Zuschlag bekommt die deutsche Reichspost.

1947 kehrt Robert Weishut als gebrochener Mann nach Bad Aussee zurück – was er in den Jahren in Shanghai gemacht hat, bleibt im Dunkeln. In keiner der dortigen Exilzeitschriften findet sich eine Erwähnung. Nun bemüht er sich um die Restitution seiner Besitzungen. Zwei Jahre später bekommt er das Teichschlössel wieder zurück – doch ohne Mobiliar. 1951 wird Robert Weishut entmündigt, zu groß erweisen sich die psychischen Folgen der vergangenen Jahre. Am 12. März 1957 verkauft er das Schlössel an den ehemaligen SS-Obersturmbannführer und Spion Wilhelm Höttl (Kapitel 6), der es in seine Schule integriert.[139] Drei Tage später wird Robert Weishuts Entmündigung aufgehoben. Er bleibt in Bad Aussee und lebt bis 1972 – in einer Wohnung von Eduard Beyerer (Kapitel 8).[140]

8 »… hat seine Zugehörigkeit zur NSDAP nicht missbraucht«. Die Karriere des Eduard Beyerer

Diese Geschichte berührt viele Villen – unrühmlich. Doch erzählt sie auch von einem Leben, das nicht singulär ist, sondern das 20. Jahrhundert in all seinen Facetten beschreibt.

1892 kommt Eduard Beyerer in Bad Aussee zur Welt, sein Vater ist Tischler. Eduard gibt später immer an, die Matura gemacht und in Graz fünf Semester Jus studiert zu haben. In Wahrheit war er nur drei Semester inskribiert, beginnend mit dem Wintersemester 1911/12.[141] Wenige Jahre später bricht die vertraute Welt zusammen. Der 22-jährige Eduard erlebt den Ausbruch des Ersten Weltkrieges, muss einrücken und erlebt wie Millionen anderer junger Männer den Schrecken, das Trauma dieses Krieges. Statt zu studieren, sich zu etablieren und eine Karriere zu planen, sitzen all diese jungen Männer in Schützengräben, sind Gasangriffen ausgesetzt und bangen um ihr Leben.

Nach dem Ende des Krieges kann nicht an die Zeit davor angeknüpft werden – es fehlt an Geld, an Struktur, an Kontinuität. Eduard setzt sein Studium nicht fort, er wird bis 1921 Buchhalter und Korrespondent bei der von Verwandten geführten Firma Viertbauer, Textil en gros, in Salzburg. Dann arbeitet er für zwei Jahre als Sekretär und Buchhalter im Hotel Richmond Montreux, geht danach nach Ägypten, um bis 1928 in Alexandrien tätig zu sein, und wechselt dann für vier Jahre als Übersee-Vertreter der Firma Ehrich und Grötz nach Berlin. Was ihm bleibt, sind vielfältige Fremdsprachenkenntnisse. 1932 endet auch dieses Dienstverhältnis, zu schwierig erweist sich die wirtschaftliche Situation. Eduard Beyerer kehrt nach Bad Aussee zurück, »um mir dort eine Dauerstellung schaffen zu können, was mir aber infolge der unterdessen eingetretenen schlechten Wirtschaftslage nicht gelang.«[142]

Doch eröffnet sich hier eine neue Möglichkeit: »Im Februar 1933 trat ich der NSDAP-Ortsgruppe Bad Aussee als Mitglied bei und bestand meine Tätigkeit hauptsächlich in der Propaganda und Werbung von Mitgliedern. In der Verbotszeit war ich vorübergehend Ortsgruppen-Stellvertreter und versah auch den Nachrichten-Verbindungsdienst. Infolge meines offenen Bekenntnisses war ich überall als Nationalsozialist bekannt und sollte einige Male als Geisel in das Anhaltelager Wöllersdorf gebracht werden, doch konnte ich mich immer wieder durch Versteck oder Flucht auf die Alm dieser Verhaftung entziehen.«[143]

1934 beteiligt er sich an Kampfhandlungen im Umfeld des Mordes an Bundeskanzler Dollfuß. »Nach Zusammenbruch des Putsches wurde mit Rücksicht auf die stattgefundenen Kämpfe bei Klachau und Mitterndorf und die damit verbundenen Todesopfer besonders streng gegen die Nationalsozialisten vorgegangen. Ich selbst wurde als Erster verhaftet und dem Landesgerichte Leoben eingeliefert. Dort wurde gegen mich wegen Hochverrat und Sprengstoff Anklage beim Militärgericht erhoben, doch mangels Beweises freigesprochen. Die Haft dauerte von 25. Juli 1934 bis 14. September 1934. Nach meiner Entlassung betätigte ich mich im Neuaufbau der Partei wieder weiter. Da ich als radikaler Nationalsozialist allgemein bekannt bin, konnte ich mit Rücksicht auf meine Bestrafung in Österreich absolut keine Anstellung finden und fristete mein Leben bei meiner alleinstehenden Mutter, die selbst nichts zum Leben hat und teilweise, so gut es nur geht, von der Partei unterstützt wird.«[144]

1934 tritt Beyerer aus der katholischen Kirche aus – ein Schritt, der heute als Privatsache erscheint, doch in den 1930er-Jahren gilt dies auch als politisches Statement: »Los von Rom« lautet die Devise der nationalen Kreise. Beyerer wird evangelisch – solange es opportun ist. Zwei Jahre später geht er nach Deutschland, gilt dort als Wirtschaftsflüchtling und erhält Unterstützung. Doch die große Karriere eröffnet sich auch dort nicht, daher kehrt er im Jänner 1937 wieder nach Österreich zurück.

Bereits am 1. Mai 1933 stellt er ein Aufnahmegesuch an die NSDAP Österreich. »Das Aufnahmegesuch des Genannten konnte infolge des im Juni 1933 erfolgten Verbotes der NSDAP Österreichs der Reichsleitung der NSDAP nicht mehr zugeleitet werden. Der Genannte wird daher bei der Abwicklungsstelle der Landesleitung Österreich der NSDAP als Mitgliedsanwärter in Vormerkung geführt.«[145]

Eduard Beyerer gilt als »Alter Kämpfer« und wird demnach in Parteikreisen privilegiert behandelt. Nach dem »Anschluss« schlägt endlich seine große Stunde. Als Kurdirektor in Bad Aussee bekleidet er ein respektables Amt, doch entdeckt er als neues Betätigungsfeld das eines Treuhänders – irgendwer muss sich ja um die Abwicklung der enteigneten Villen kümmern. Nach heutigem Stand meiner Forschungen taucht Beyerer in zumindest 24 Fällen als Treuhänder auf. Er lässt sich auch einen eigenen Stempel anfertigen – es ist ein großes Business. Nach dem Krieg wird er in einem Begnadigungsgesuch an den Bundespräsidenten Renner den Spieß umdrehen:

»Beyerer gibt an, er sei im Jahr 1938 der NSDAP beigetreten und sei in der Folge als Sekretär der Kurkommission zum Propagandaleiter der Ortsgruppe bestellt worden – wegen seiner bekannten Beziehungen zu Juden habe er jedoch einen schwierigen Stand gegenüber dem Ortsgruppenleiter und Bürgermeister gehabt und sich deshalb vom ersten Tag an passiv verhalten. Er habe in dieser Zeit das vorhandene jüdische Eigentum soweit als möglich geschützt, Übergriffe, Diebstähle sofort zur Anzeige gebracht und die Interessen der jüdischen Besitzer gewahrt – die steten Reibungen mit seinen Vorgesetzten haben ihn veranlasst, sich Ende 1940 zur Wehrmacht zu melden.«[146]

Nach dem anfänglich so großen Stolz auf das frühe nationalsozialistische Engagement folgt 1948 die Abkühlung – Beyerer erweist sich als eines der vielen Fähnchen im Wind. Er wird als belastet eingestuft und bis 17. Juni 1947 in Glasenbach interniert – das eigentlich als Umerziehungslager begründet wurde, doch treffen dort die unverbesserlichen Nazis zusammen und schmieden neue, alte Pläne. In der Lagerkartei ist vermerkt, dass Beyerer »seit Mai 1940 SS Angehöriger und seit 1. 6. 1933 SA Angehöriger«[147] gewesen sei.

Eduard Beyerer,
um 1933

Beyerer erweist sich als systemelastisch – plötzlich ist alles anders. Bereits am 15. November 1945 kehrt er in den Schoß der katholischen Kirche zurück. Er führt aus, »dass er nur nominell in der Zeit von 1938 bis 1945 Propagandaleiter der Ortsgruppe Bad Aussee gewesen sei. Seine Tätigkeit hatte sich lediglich auf manuelle Dienstleistung erstreckt, wie Überwachung der Propagandaschaukästen, Ausschmückung von Sälen und so weiter, und zwar in der Zeit von 1938 bis 1940. Ende 1940 ist er zur Wehrmacht eingerückt und wurde erst im Jahre 1943 krankheitshalber von der Wehrmacht entlassen. Nach seiner Entlassung habe er zwar noch nominell als Propagandaleiter gegolten, hätte aber die Tätigkeit eines solchen nicht mehr ausgeübt. Von allem Anfang an habe er sich dem Regime gegenüber passiv verhalten, sei ein aufrechter und bewusster Österreicher und niemals Träger der nationalsozialistischen Ideologie gewesen.«

Die jüdischen Liegenschaften zu verwalten, kann wohl kaum als passive Betätigung angesehen werden.

Weiter ist in einer Stellungnahme des Bundesministeriums für Handel und Wiederaufbau im Jahr 1950 zu lesen: »Sogar mit oppositionell eingestellten Kreisen habe er Verbindung aufgenommen und mit dem damaligen Chef der Widerstandsbewegung Gen. Maj. Valentin Tarra eng zusammengearbeitet, Aktionen des Sicherheitsdienstes und der Gestapo, soweit es ihm möglich gewesen sei, verhindert und die Führer der Widerstandsbewegung hievon in Kenntnis gesetzt. Er habe der Widerstandsbewegung auch Pistolen, Granaten und Handgranaten geliefert und habe dadurch mit der Waffe in der Hand in den Reihen der alliierten Armee gekämpft.«[148]

In der umfangreichen Literatur zum Widerstand im Ausseerland rund um Valentin Tarra scheint der Name Beyerer nicht auf – und den Hinweis auf die alliierte Armee lässt das Ministerium auch nicht gelten.

1950 reicht Beyerer also ein Begnadigungsgesuch beim Bundespräsidenten ein – die Begründung entspricht dem common sense. Er »hat seine Zugehörigkeit zur NSDAP nicht missbraucht«, behauptet die Behörde. »Laut Bericht der Bezirkshauptmannschaft Liezen und der Generaldirektion für öffentliche Sicherheit kann auf seine positive Einstellung zur unabhängigen Republik Österreich geschlossen werden.«[149]

Der Wind hat sich gedreht.

»Vom Tage seiner Entlassung habe er mit allen Kräften gegen das Naziregime gearbeitet und sei sofort mit dem damaligen Chef der Widerstandsbewegung in Verbindung getreten und habe aktiv die Bestrebungen der Widerstandsbewegung soviel als möglich gefördert – seiner aufgrund verschiedener Anzeigen bei der Partei drohenden Verhaftung sei er nur durch den Zusammenbruch entgangen.«[150]

Als Zeugen kommen die Direktoren der Knaben- und Mädchenschule in Bad Aussee, geleitet vom ehemaligen SS-Obersturmbannführer Wilhelm Höttl, und der Leiter der damaligen Widerstandsbewegung zu Wort. Und was bleibt? »Sein Leumund ist laut Äußerung des Bürgermeisteramtes Bad Aussee gut.«[151] Bis zu seinem Tod im Jahr 1968 lebt Eduard Beyerer weiter in Bad Aussee.

9 Eine Sommerfrischenliebe. Helene Hammerschlag und Sebastian Isepp

Altaussee 118

Wie finden ein Maler aus Nötsch im Gailtal und eine Bankierstochter aus Wien zueinander? In der Sommerfrische.

Helene Hammerschlag, Jahrgang 1899, verbringt viele Sommer mit ihrer weitverzweigten Familie in Altaussee – Cousins und Cousinen bieten ein fröhliches und unbeschwertes Umfeld, das von liberalem Geist geprägt ist. Helene besucht, wie ihre Schwestern und Cousinen, die berühmte Schule von Eugenie Schwarzwald, die ihre Sommer ganz in der Nähe am Grundlsee verbringt (siehe Kapitel 24). Ihr Vater Paul Hammerschlag gilt als einflussreicher Bankier mit großer Liebe zur Musik: Er zählt zu den Gründern der Wiener Konzerthausgesellschaft.

Zur selben Zeit besucht Sebastian Isepp aus Nötsch in Kärnten, Jahrgang 1884, das Gymnasium in Marburg, 200 Kilometer von seinem Geburtsort entfernt. Wo er dort wohl untergebracht ist? War es eine Offiziersfamilie oder beherbergten ihn hohe Beamte? Denn in Marburg erfährt Isepp höchstwahrscheinlich die weltmännische Prägung, die Theodor Herzmansky an ihm bemerkt:

»Der spiritus agens der Nötscher Malergemeinde war Sebastian Isepp. Es war mir immer ein Rätsel, wie aus einem Alpendorf mit 30 Häusern ein so weltmännischer, hochkultivierter, ja überzüchteter, im liebenswürdigsten Sinne des Wortes dekadenter Künstleraristokrat hervorgehen konnte. Seine müden Augenlider erhoben sich kaum über die traurigen, opalgrauen Augen, aber sein seltenes Lächeln war dann um so faszinierender. Sein Kunstverstand war vielleicht nur zu scharf und unbarmherzig, und deshalb gestattete er es sich selbst nicht, ein Künstler der zweiten Linie zu bleiben und gab es auf, wo zehntausende Maler und Bildhauer unentwegt weitermachen bis zu den Professorentiteln und Präbenden, und all das schamlos wuchernd mit einem Bruchteil seines – von ihm selbst vergrabenen – Talents. … Er war ein unentbehrliches Mitglied des Kreises um Hofmannsthal. In guter Laune und guter Gesellschaft begleitete er sich selbst stundenlang auf der Laute zu altfranzösischen Liedern, die er mit seiner samtweichen Stimme unvergleichlich interpretierte.«[152]

1903 kommt Sebastian Isepp nach Wien und studiert an der Akademie der bildenden Künste, bereits ein Jahr später wird er Mitglied der Secession. Kaum in Wien angekommen, gehört Sebastian Isepp dem künstlerischen Kreis rund um den Architekten Adolf Loos, den Maler Oskar Kokoschka und den Komponisten Egon Wellesz an – sie alle vereint die Tätigkeit an der Schule der innovativen Eugenie Schwarzwald. Auch Helene Hammerschlag tritt 1912 ihrer Schule bei. Ihre Mitschülerin Alice Herdan wird später den Schriftsteller Carl Zuckmayer heiraten.

Zu diesem Zeitpunkt hat Sebastian Isepp bereits einige Male in Wien ausgestellt, 1909 erstmals in der Secession, zwei Jahre später finden sich in der Ausstellung des Hagenbundes bereits 24 seiner Bilder. Bertha Zuckerkandl, die große Mäzenin und Salonnière, wird auf den aufstrebenden Künstler aufmerksam. Viele Jahre später wird ihr Schwager Viktor Zuckerkandl die beliebte Sängerin Helene Isepp am Klavier bei dem einen oder anderen Liederabend begleiten.

Was für ein dichtes Netz an Verbindungen!

Der Erste Weltkrieg bedeutet eine gewaltige Zäsur. Sebastian Isepp muss an die Front, trotz vieler Interventionen, ihn doch besser als Kriegsmaler zu beschäftigen. Auch Eugenie Schwarzwalds Mann Hermann versucht, Sebastian vor der Front zu bewahren, ohne Erfolg. Seine ohnmächtige Verzweiflung über den Krieg fasst Hermann Schwarzwald in seinem Gedicht *An Wastl Isepp* zusammen:

Und schieß ich nicht selber, so schießen die andern,
Drum lieg ich verborgen im Graben in Flandern,
So wills das Verhängnis: in Ruh, ohne Zorn
Nehm ich, was mir vorkommt, gelassen aufs Korn.

Ihr Feinde, ihr Brüder! In Frankreich, in Flandern
Schießt, hoff ich, bald nie mehr der ein auf den andern.
Dann nehmen wir alle was andres aufs Korn,
Gemeinsam sei allen gerechter Zorn.

In Frankreich, in Rußland, in Deutschland, in Flandern
Wer kennt nicht den richtigen Feind dort, den andern?
Selbstsucht wie in England, wie in Rußland Gewalt,
Habgier und Betrug haben überall Gestalt.

Drum werden aus Feinden wir Brüder in Flandern,
So führen gemeinsam den Krieg wir, wir andern,
Bis übrall der höllische Satan erstickt,
Der uns in Wahnsinn und Schande geschickt.«[153]

Sebastian Isepp wird an die italienische Front abkommandiert, wo er verschüttet wird. Ein traumatisches Ereignis, das sein Freund Hugo von Hofmannsthal später in seinem Stück *Der Schwierige* aufgreift, und Sebastian Isepp in der Hauptfigur Hans Karl Bühl verewigt: »Da waren solche Stunden, gegen Abend oder in der Nacht, der frühe Morgen mit dem Morgenstern – Helen, Sie waren da sehr nahe von mir. Dann war dieses Verschüttetwerden, Sie haben davon gehört – Das war nur ein Moment, dreißig Sekunden sollen es gewesen sein, aber nach innen hat das ein anderes Maß. Für mich war's eine ganze Lebenszeit, die ich gelebt hab'.«[154]

Ist es ein Zufall, dass die Angebetete im Stück und die reale Ehefrau denselben Vornamen tragen?

Nach dem Ende des Krieges kehrt Isepp nach Wien zurück, der Freundeskreis trifft wieder zusammen – in Wien und in Aussee. Emmy Wellesz, die Frau des Komponisten, zeichnet ein interessantes Bild Isepps: »Wir machten ihn mit Hofmannsthal bekannt, der besonderen Gefallen an ihm fand. Auch zu Gerty [von Hofmannsthal] und den Kindern stand er bald in einem so nahen Verhältnis, daß er beinahe als Familienmitglied angesehen wurde. Es war eine eigentümliche Aura um ihn. Aus seiner Kärntner Heimat war er als Absolvent der Akademie unmittelbar in die intellektuelle Bohème geraten, die ihn aber völlig unberührt ließ, obwohl er dort äußerst beliebt war. Bei anscheinender Einfachheit durchschaute er heiter-distanziert Menschen und menschliche Verhältnisse; und er besaß einen untrüglichen Kunstverstand.«[155]

Der Krieg aber hat seine Spuren hinterlassen: Sebastian Isepp wendet sich von seinem eigenen künstlerischen Schaffen ab und widmet sich der Restaurierung großer alter Meister. Er betreut die Kunstsammlung von Antoine Seilern und avanciert zum angesehenen und gefragten Chefrestaurator des Kunsthistorischen Museums.

Christiane, die Tochter von Hugo und Gerty von Hofmannsthal, notiert in ihrem Tagebuch: »Heute hatte ich eine große Freude. Ich war bei der Gerty Landesberger, da war plötzlich der Isepp auch da und zog aus seiner Tasche die heiligen 3 Könige heraus und schenkte sie mir. Es war zu nett von ihm. Er hat sie angemalt, mit viel Gold und einen schönen blauen Himmel gemacht und es ist entzückend. Dann hatte ich ein langes Telephongespräch mit Egon

Villa Hammerschlag während der Bauarbeiten

Oskar Kokoschka,
Sebastian Isepp, 1951

Wellesz, der auch reizend war. So ist das ganze Aussee wieder beisammen.«[156]

Das »ganze Aussee« verbringt die Sommer gemeinsam – Helene Hammerschlag und Sebastian Isepp kommen einander näher und heiraten 1925. Zwei Jahre später erwirbt Helenes Mutter Bertha Hammerschlag ein Grundstück in Altaussee und lässt eine Villa errichten als Sommerdomizil für die ganze Familie. Doch stehen auch Reisen auf dem Programm, Sebastian Isepp begleitet Hugo von Hofmannsthal im Sommer 1929 nach Italien – und dieser gibt in einem Brief an den Diplomaten Carl Burckhardt eine wunderbare Beschreibung des Künstlers: »Isepp ist eine unwahrscheinlich angenehme Gesellschaft. Alle diese komplizierten Ingredienzien: die bäuerische und doch vornehme Herkunft, die sorglosen Jugendjahre als armer Künstler und hübscher junger Mann, die grausigen Schrecken von fünf Isonzoschlachten, Mut und Ausdauer und physische Angst bis fast zur Zerrüttung – Musikalität, ein zartes unendlich geübtes Auge, heute auch schon ein großes Wissen um die Kunst – ein Etwas von Bohème und ein Etwas von Weisheit – das Ganze ist wie ein unglaublich raffiniert gemischtes und dabei sehr leichtes Getränk.«[157]

Sebastian und Helene bekommen zwei Kinder, Helene macht sich als Sängerin einen Namen. Am 24. Februar 1938 berichtet der Kritiker Paul Stefan in der Zeitung *Die Stunde* über ihre neue Karriere, zum ersten Mal tritt sie als Sängerin auf, begleitet von Viktor Zuckerkandl: »Man möchte Helene Isepp gern bald vor weitere Aufgaben gestellt sehen.« Wenige Tage später, am 8. März, begeistert sich das *Neue Wiener Tagblatt* an der »hohen Musikalität, dem stark empfundenen Vortrag und den geistigen Qualitäten« der Sängerin. Fünf Tage später verstummt der Applaus des Wiener Publikums.

Die Familie flüchtet per Flugzeug nach London – am Flughafen warten Gerty und ihr Sohn Raimund von Hofmannsthal. Sebastians guter Ruf als Restaurator ermöglicht ihm, seine Karriere fortzusetzen, auch mithilfe Antoine Seilerns, der ebenfalls in England Zuflucht findet. Helene tritt weiterhin als Sängerin auf und wird zu einer gefragten Gesangslehrerin. Eine ihrer Meisterschülerinnen wird Janet Baker, die in vielen Interviews ihre Dankbarkeit bekundet. 1942 lässt sich die Familie in Oxford nieder, wo auch Egon und Emmy Wellesz und Gerty von Hofmannsthal leben – die Freunde aus Altaussee bleiben vereint.

Das Sommerdomizil in Altaussee wird enteignet und 1949 an Bertha Hammerschlag restituiert, die den Besitz 1952 verkauft.

10 »Ich kann die Fülle meiner Erinnerungen oft nicht ertragen.« Paul und Irene Hellmann

Puchen 60

Ein Ehepaar, das alle Eigenschaften seiner Gesellschaftsschicht verkörpert. Das sind Paul und Irene Hellmann, geborene Redlich. Ein gut gehendes Unternehmen, kultivierte Elternhäuser, eine sorgfältige Ausbildung – und Sommerfrische in Grundlsee und Altaussee. Und doch zeichnet sie etwas aus: eine besondere Liebe zur Musik, zu Kunst und Literatur. Schriftsteller und Musiker gehen im Hause Hellmann ein und aus. Wobei »Haus« Hellmann nicht ganz richtig ist, sind es doch Häuser: eine herrschaftliche Wohnung in der Wiener Günthergasse hinter der Votivkirche und die Villa der Familie Redlich in Altaussee. Darüber hinaus lässt Paul doch von der jungen Architektin Liane Zimbler[158] ein zweites Haus errichten, um ungestört musizieren zu können. »Das Haus war voll von Musik«, erinnert sich die englische Schriftstellerin und Politikerin Mary Hamilton später.

Paul besitzt eine Sammlung von Stradivaris, auf denen er liebend gern musiziert. Und er genießt das Wiener Musikleben fast schon etwas übertrieben, wie sich sein gleichnamiger Enkel erinnert: »Paul war unersättlich in Bezug auf Musik und Theater und wollte keine Premiere von Bedeutung verpassen. Manchmal führte dies dazu, dass er nach dem ersten Teil eines Konzerts hastig den Raum verließ, um gerade noch rechtzeitig den letzten Akt einer Oper in einem anderen Theater zu sehen.«[159]

Zu den Freunden der Familie Hellmann zählen Jakob Wassermann (Kapitel 18), Arthur Schnitzler, Richard Beer-Hofmann, Egon Wellesz und Hugo von Hofmannsthal. Mit diesem verbindet Irene Hellmann eine ganz besondere Freundschaft, wie eine große Anzahl an Briefen belegt. Auch Richard Strauss, dessen genialer Librettist Hofmannsthal ist, gehört zu den Freunden. Er widmet Irene das Lied *Schlechtes Wetter* auf ein Gedicht von Heinrich Heine – ob da die Ausseer Witterung als Inspiration gedient hat?

Paul Hellmann an seinem 40. Geburtstag, 19. April 1916

Richard Strauss bewundert Irene Hellmann, 1917.

Von Hofmannsthal ist der Weg zu Max Reinhardt nicht weit, gemeinsam schmiedet man Pläne für sommerliche Festspiele in Salzburg – nach dem Ende des Ersten Weltkrieges ein wichtiges Zeichen der Zuversicht und Hoffnung für das darniederliegende Land. Paul Hellmann versucht mit Erfolg, potenzielle Finanziers

Paul Hellmann fotografiert seine Freunde Richard Strauss und Hugo von Hofmannsthal für die *Moderne Welt*, 1919.

Alltag bei Hellmanns in der Sommerfrische, um 1919

für dieses Projekt zu begeistern und zählt so zu den wichtigsten Proponenten des ambitionierten Plans. Heute erinnert sich kaum mehr jemand an ihn und sein engagiertes Wirken. Junge Künstler erfahren in den schwierigen Zeiten Unterstützung. »›Sie können sich das Elend, in dem alte Bekannte leben, kaum vorstellen‹, schreibt Hugo von Hofmannsthal an Irene Hellmann. ›Manchmal trinkst du Tee mit Leuten und dann merkst du, dass sie seit Monaten von Kartoffeln leben.‹ Eine Packung Tee, Kaffee oder Reis sei in dieser Situation ein willkommenes Geschenk, fügt er hinzu. ›Es ist ein Rätsel, wie der Mittelstand noch leben kann‹, sagt er.«[160]

Wie kommt die Familie von Irene Hellmann überhaupt nach Altaussee? Irenes Schwester, Martha Redlich, laboriert im Jahr 1891 an einer Lungenkrankheit, der Arzt rät zu einem Aufenthalt in den Bergen. Die Familie wählt Aussee und bleibt. 1893 erwirbt Irenes Vater Adolf die Villa, die Irene nach dem Tod der Mutter im Jahr 1908 erbt.

Irene führt in Wien und Altaussee ein großes Haus, zu ihren Gästen zählt auch Mary Hamilton: »Mit ihrem herzförmigen

Bernhard, Ernst und Ilse Hellmann, 1912

Gesicht, schwarzen Haaren und großen, weit auseinanderstehenden blau-grauen Augen war sie eine slawische Schönheit und hatte eine Eleganz, die damals in Wien weiter verbreitet war als in Paris.«[161] Irene hat eine Leidenschaft, die sie mit vielen Damen ihres Umfeldes teilt: Sie schreibt Briefe, seitenlang und täglich. Ihre Korrespondenz muss Stunden und Aberstunden in Anspruch genommen haben, denn ihre Partner antworten ebenso ausführlich – und dies führt zu langen Diskussionen und regem Gedankenaustausch.

Mary Hamilton berichtet von einem gemeinsamen Abend im Hause Jakob Wassermanns: »Es gab ein großes Wohnzimmer, eine Seite bestand ganz aus Fenstern, die auf den See hinausgingen; sie waren offen, der Raum war dunkel; der Vollmond spiegelte sich auf dem Wasser und auf dem verschneiten Gipfel des Dachsteins. Wir blickten hinaus, während das Busch-Quartett Franz Schuberts Quartett *Der Tod und das Mädchen* spielt. Danach tranken wir große Mengen von Pfirsich-Bowle. Singend wanderten wir, Arm in Arm, im Mondlicht nach Hause. Jede trug ein Dirndl: Irene sah bezaubernd aus in dieser Tracht, die sie schon als Kind getragen hatte.«[162]

Die drei Kinder Bernhard, Ernst und Ilse wachsen heran. Bernhard, ein begeisterter Zoologe, fühlt sich als ältester Sohn bemüßigt, die väterliche Firma zu übernehmen – seine Liebe zu Tieren wird später noch extreme Blüten treiben. Er geht nach England und lässt sich dann in Rotterdam nieder. »Als liebender Sohn seiner Eltern opferte er eine wissenschaftliche Karriere für die Firma seines Vaters«, urteilt Bernhards Schulfreund, der Verhaltensforscher Konrad Lorenz.

Ilse zieht es nach England, wo sie als Fürsorgerin arbeitet und später gemeinsam mit Anna Freud tätig ist. Nur Ernst bleibt in Österreich, widmet sich einer Landwirtschaft in Niederösterreich und heiratet 1928 die »hochblonde Annemarie Küpper«, wie sich der Vater Paul Hellmann erinnert. Sie hat keine jüdischen Wurzeln – das wird noch von Bedeutung werden.

Die Zwischenkriegszeit mit ihren wirtschaftlichen Schwierigkeiten fordert auch von Paul Hellmann Tribut, seine Geschäftserfolge lassen nach, er versucht sich als Versicherungsvertreter, die Familie muss sich einschränken. Aus den elf Gesellschaftsräumen werden sechs, nur Altaussee bleibt unberührt – auch wenn Irene und Paul immer wieder im kleineren Musikhaus wohnen und das große Haus Gästen überlassen. »Trotz unserer Sparsamkeit bekommen wir immer mehr finanzielle Sorgen«, schreibt Irene ihrer Nichte Gretel[163] im Jahr 1936. »Paul ist wie immer engelhaft und arbeitet, aber ohne materiellen Erfolg. Niemand lässt sich hier mehr versichern.« Die Zeiten der großen Soireen und Konzerte sind vorbei. »Bei den Hellmanns ist es still geworden und wir selbst sind ruhig«, schreibt Irene.[164]

Und dann kommt der März 1938. Paul und Irene, die eines der wichtigsten Festivals Österreichs an vorderster Front mitbetrieben haben, gelten nichts mehr. Alles wird ihnen geraubt: das Materielle gleichermaßen wie ihr Ansehen, ihr Status – ihr Leben. Und sie wissen es. »Ich fürchte, dass nur wenige Leute vermuten, welche schrecklichen Konsequenzen das in den kommenden Tagen und Wochen haben wird.«[165]

Paul gerät in die Fänge der Nazis, schildert Mary Hamilton: »Eines Tages wurde Paul, der operiert worden war und weit davon entfernt war, stark zu werden, ohne irgendeine Warnung oder Erklärung in ein Konzentrationslager gebracht; durch die Intervention seines Arztes – eines Freundes oder eines sauberen Nazis – wurde er später nach Hause zurückgebracht, um dort zu sterben.« Pauls gleichnamiger Enkel erfährt von seiner Cousine Christiane, die sich in Australien Christine nennt, weitere Details: »Nach dem, was sie von ihren Eltern hörte, hatte Christine, die Tochter von Ernst und Annemarie, eine klarere Vorstellung von dem, was passierte, als ich. Sie weiß, dass zwei SA-Mitglieder Paul auf der Straße verhafteten, als er aus einer Telefonzelle trat. Er wurde nicht in ein Lager gebracht, sondern in eine Kaserne, die vorübergehend von der Gestapo benutzt worden war. Dort musste er mit dem Rücken zur Wand auf dem Boden sitzen und den Satz wiederholen, den seine Vernehmer vorhergesagt hatten: Ich bin ein dreckiger Saujud. Nach den Erfahrungen anderer ist es sicher, dass er geschlagen wurde und keine Chance hatte, sich zu waschen oder zu rasieren. Dass er nach ein paar Tagen entlassen wurde, lag nicht nur an seinem Arzt. Annemarie hatte einen so wichtigen Anteil daran, wer in die Kaserne ging, in der Paul festgehalten wurde. Zu diesem Anlass hatte sie, wie sie später sagte, sich so arisch wie möglich hergerichtet: Ihr sorgfältig geschnittenes blondes Haar betonte sie mit einem blauen Hut, und ihre große Gestalt trug ein gleichfarbiges Kleid. Am Bestimmungsort angekommen, sagte sie zu einem der anwesenden Soldaten: ›Ich glaube, Sie haben einen Fehler gemacht, dieser Mann ist mein Schwiegervater.‹«

Eine mutige Tat Annemaries. Denn ein Besuch ihrer Schwiegereltern führt zu Problemen mit den Nachbarn. »Wir haben unerwünschte Leute in deinem Garten gesehen«, schreiben diese. Und ergänzen: »Hast du nichts von Dachau gehört?« In der Familie wird darüber nicht gesprochen. »Es war eine Kultur der Stille«, erinnert sich Ernsts Tochter Christiane. »Die Tatsache, dass ein Familienmitglied verhaftet wurde, gehörte nicht zu den Gesprächsthemen.«

Ernst und Annemarie flüchten mit ihrer kleinen Tochter Christiane, benannt nach Hugo von Hofmannsthals Tochter, über England nach Australien. In Indien wird das Ehepaar getrennt interniert, wie Christianes Mann Fred Blanks erzählt.[166]

Paul und Irene sollen ihre Wohnung verlassen – können aber durchsetzen, weiterhin dort zu leben. Doch von den vielen Räumen, in denen einst die kulturelle Elite ein- und ausgegangen ist, bleiben nur mehr zwei. »Wir werden uns so klein wie möglich machen«, resigniert Irene.

Die Villa und das Musikhaus in Altaussee werden am 23. November 1938 beschlagnahmt, am 8. Dezember 1938 stirbt Paul nach seiner Operation an einer Lungenembolie. »Seit Paul mich verlassen hat, führe ich kein wirkliches Leben mehr«, schreibt Irene verzweifelt. »Es ist, als wäre ich längst gestorben. Nur die Vorstellung, dass er nicht mehr kämpfen muss, bietet manchmal ein wenig Trost.«

Wenige Wochen später kann sie Wien endlich verlassen. »Ich fühle mich, als wäre ich im vergangenen Jahr zehn Jahre älter geworden«, schreibt sie. Irene findet Zuflucht bei ihrer Tochter Ilse in London, wo auch ihr Sohn Ernst lebt. »Mama ist jetzt seit vierzehn Tagen hier«, schreibt diese. »Es war ein schrecklicher Moment, sie allein und verschleiert vom Flugzeug kommen zu sehen, Ernst und ich werden das nie vergessen.« Doch nach wenigen Wochen erträgt Irene ihr Leben in einer beengten Souterrain-Wohnung nicht. Außerdem will sie dem letzten Wunsch ihres Mannes entsprechen und endlich mit ihrem Sohn Bernhard das Leben verbringen. Sie packt also ihre wenigen Koffer und reist nach Rotterdam. Welch fatale Entscheidung!

Anfangs genießt Irene die Anwesenheit der Familie – auch wenn die Ehe Bernhards mit dessen Frau Clarissa unter einem Unstern steht. Deren Sohn Paul erinnert sich: »Ein häuslicher Grund für Spannungen war die Menagerie, die Bernhard in ihrem neuen Zuhause hielt. Mit kleinen Schildkröten, den Murmeltieren, dem großen Aquarium und sicherlich mit Pels, dem roten Chowchow, konnte sich meine Mutter versöhnen, aber sie war weniger begeistert von dem Terrarium mit Eidechsen und Wanderechsen. Ernsthafte Einwände hatte sie gegen die Voliere mit Fledermäusen und Kolibri, einen Teil des Dachgeschosses nahm entgegen Clarissas Abneigung ein fliegender Fuchs ein. Das Vogelfutter zog Mäuse an und die anderen Tiere verhinderten, dass Bekannte uns besuchten.« Ein wenig anregendes Leben. »Mein Leben ist völlig sinnlos und bedeutungslos«, schreibt Irene kurz vor dem deutschen Einmarsch an die Nichte Gretel. Sie ist nahe daran, sich das Leben zu nehmen. »Ich stehe jetzt für das große Nichts. Erzähl es niemandem, denn das ergibt keinen Sinn. Meine einzige Hoffnung ist, dass der liebe Gott mich nicht völlig verlassen wird.«

Doch die Nazis holen Familie Hellmann in Holland ein. Irene kann nicht bei ihrem Sohn bleiben und zieht zu einer Familie, die ihr ein Zimmer zur Verfügung stellt. »Manchmal sehe ich mich als Wanderer auf einer unbekannten, kahlen Landstraße. Es ist mir so fremd wie am Tag meiner Ankunft, bis auf ein paar Emigranten kenne ich niemanden. Aber wie kannst du dich jetzt mit einem Dach über deinem Kopf über dein eigenes Schicksal beschweren, jetzt wo es einen unermesslichen Schrecken in der Welt gibt?«

Das Einzige, was Irene aufrechterhält, ist die Korrespondenz mit ihrer Familie – eine seit Jahrzehnten vertraute Tätigkeit, die eine vermeintliche Sicherheit und Nähe vermittelt. Doch die Anzahl der Briefe nimmt ab. »Man macht alles möglich für mich, trotzdem bin ich grenzenlos einsam. Es gibt niemanden zum Reden, ich bekomme wenig Post, auf der Hausorgel sind viele Kirchenlieder, im Bücherregal sind hauptsächlich theologische Schriften.«

»Ich habe oft große Angst vor der Zukunft«, schreibt sie. »Der Teufel regiert die Welt und hat vor nichts Angst. Ich mache mir sehr viele Sorgen. Berichten zufolge ist es in Prag noch schlimmer als in Wien. Viele Bekannte von uns sitzen jetzt dort, es scheint, dass sie in die Falle gegangen sind. Was kann ich dir über mich erzählen? Mein Herz ist gebrochen, das Leben ist freudlos, das Gefühl, dass ich meine Kinder belaste, ist unerträglich.«

Und doch versucht Irene, einen kleinen Beitrag für die Gesellschaft zu leisten. »Ich bin schon ein bisschen als Lehrer bekannt, ich mache Übersetzungsarbeit und manchmal helfe ich auch Kindern in der Nachbarschaft«, erzählt sie Ilse, um dies gleich abzuschwächen: »Und die Leute werden nicht glücklich mit einer alten Person mit Brille und einem steifen Fuß sein.« Und sie bringt es auf den Punkt: »Leere Geldbörse, krumme Füße, müde Augen.«[167]

Die Prioritäten verschieben sich gewaltig: »Wenn alte Menschen sterben, reagierst du jetzt anders als vorher: ihr Tod gibt dir ein Gefühl der Erleichterung, weil du weißt, dass sie das Leid, das auf uns ruht, nicht mehr ertragen müssen.« Träume setzen Irene nochmals zu. »Ich kann die Fülle meiner Erinnerungen oft nicht ertragen«, schreibt sie ihrer Tochter. »In der Nacht sehe ich alle Bilder vor mir, dann reise ich wieder in der Zeit, als deine Brüder noch jung und voller Temperament und Geist waren.«

Nur mehr die Erinnerungen bleiben und machen Irene glücklich, doch zugleich auch unendlich traurig. »Wenn ich nicht ein paar Fotoalben hätte, würde ich denken, dass ich weg bin«, sagt sie. Diese Gedanken an glücklichere Tage bewahren sie nicht vor unendlichem Leid. Ihr Sohn Bernhard, versteckt bei Bauern, wird verraten, am 23. März 1943 für wenige Tage in Westerbork inhaftiert. Am 2. April stirbt er im Gas des Vernichtungslagers Sobibor.

Ein Jahr später wird auch Irene verhaftet. Sie wird am 22. Februar 1944 ebenfalls in Westerbork inhaftiert und am 3. März nach Auschwitz deportiert. Dort endet ihr Leben am 6. März – dem 9. Geburtstag ihres geliebten Enkels Paul, benannt nach ihrer großen Liebe.

Die beiden Villen in Altaussee werden im November 1938 durch die Gestapo beschlagnahmt. »Der Besitz liegt an der Seeklause nächst dem Altaussee in ruhiger, schöner Umgebung und bietet einen prächtigen Überblick auf die umliegenden Berge, vor allem auf die Dachsteingruppe«, ist im Schätzungsgutachten aus dem Jahr 1940 zu lesen.[168] »Er besteht aus einer geräumigen Villa auf sanft geneigtem Wiesenhang und einem wenige Schritte entfernten

Zuhaus, das für die Unterbringung von Gästen errichtet wurde. Auch ein Tennisplatz, sehr vernachlässigt, ist vorhanden.« Vergangener Glanz, den auch das Inventar widerspiegelt: Ein Service für 24 Personen gehört ebenso dazu wie Zuckerdosen der Wiener Werkstätte.[169]

Die große Villa erwirbt 1941 die 1936 gegründete »Grund und Boden GmbH Köln«: Sie erhält den Vorzug, »weil sie das Haus als Gefolgschaftsheim für die Angestellten zu verwenden beabsichtigt und daher eine länger dauernde Benützung der Baulichkeiten für Erholungszwecke gewährleistet, als dies bei einem Einzelbesitzer der Fall sein könnte«,[170] entscheidet der Reichsstatthalter Oberdonau am 3. April 1941. Die kleine Musikvilla kauft Oda Kleibel, Direktor der Siemens-Werke in Wien. 1948 erhalten Ernst Hellmann, der nun in Australien lebt, und seine Schwester Ilse in London die Villen in Altaussee zurück.

11 Klein-Wien in Australien. Familie Gallia

Puchen 76

Helene und Katharina Gallia, genannt Lene und Käthe, sind Zwillinge. Auf Fotos nicht zu unterscheiden, gleich angezogen, gleich frisiert. Ihr Vater Moritz betreibt – wie Theodor Kremenezky (Kapitel 16) – ab den 1870er-Jahren erfolgreich die Gasglühlicht AG, ein Unternehmen zur Erzeugung von Glühbirnen. Die Mutter Hermine führt zu Hause ein strenges Regiment – all das ist nachzulesen in Tim Bonyhadys lesenswerter Familienbiografie *Wohllebengasse.*[171] Die Zwillinge haben zwei ältere Geschwister, Ernst und Gretl – alles sehr bürgerlich, wohlbehütet, die Bildung folgt den üblichen Wegen: Die Mädchen widmen sich Kunst und Musik, die in der Familie eine besondere Rolle spielen. Doch ändern die Zwillinge den Plan: Sie maturieren 1917 am Gymnasium in der Rahlgasse nahe der Mariahilferstraße. »Von 1918 bis 1922 war ich als ordentliche Hörerin an der philosophischen Fakultät der Universität in Wien inskribiert, und zwar für Chemie als Hauptfach«, schreibt Lene in der Beilage ihrer Rigorosendokumente.[172]

Hermine Gallia mit ihren Töchtern Lene, Käthe und Gretl, 1917

Vier Semester absolvieren die Schwestern praktische chemische Übungen an der Universität, weitere vier Semester arbeiten sie unter Leitung von Professor Sigmund Fränkel im Laboratorium der Ludwig-Spiegler-Stiftung in der Alserstraße 53, ein außergewöhnliches Forschungsinstitut. 1904 gründet der Textilindustrielle Ludwig Spiegler, Spezialist für physiologische Chemie, dieses moderne Laboratorium. Spieglers Persönlichkeit spiegelt die Ideen der Zeit wider: Er engagiert sich für Volksbildung, für die Verbesserung der medizinischen Versorgung und setzt dies als sozialdemokratisches Gemeinderats- und Landtagsmitglied in Wien auch auf politischer Ebene um. Ein Umfeld also, in dem auch weibliche Studenten arbeiten können.

Käthes und Lenes Dissertationen haben beide den Titel »Über die Produkte prolongierter tryptischer Verdauung des Caseins« – ob es sich um eine gemeinsame Arbeit handelt oder zwei verschiedene Aspekte betrachtet werden, bleibt unklar. Die Beurteilung der Dissertation in Käthes Akten zeigt die Mühsal der Forschung: »Die Ergebnisse sind ziemlich dürftig, aber von Interesse.«[173]

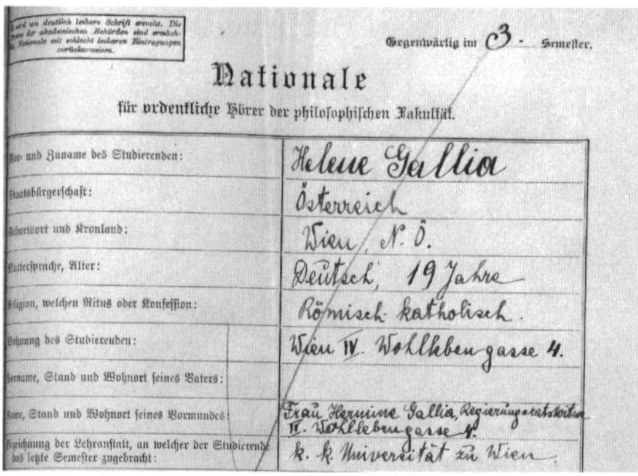

Gegenwärtig im 3. Semester.

Nationale

für ordentliche Hörer der philosophischen Fakultät.

…und Zuname des Studierenden:	Helene Gallia
…atsbürgerschaft:	Österreich
…urtsort und Kronland:	Wien, N. Ö.
…ttersprache, Alter:	Deutsch, 19 Jahre
…igion, welchen Ritus oder Konfession:	Römisch-katholisch.
…ohnung des Studierenden:	Wien IV. Wohllebengasse 4.
…name, Stand und Wohnort seines Vaters:	
…me, Stand und Wohnort seines Vormundes:	Frau Hermine Gallia, Regierungsratswitwe IV. Wohllebengasse 4.
…zeichnung der Lehranstalt, an welcher der Studierende das letzte Semester zugebracht:	k. k. Universität zu Wien.

Lene Gallias Inskription für das dritte Semester, 1919

1909 erwerben die Eltern Moritz und Hermine Gallia eine Villa in Altaussee – Hermine liebt es, Chronistin zu sein. Neben einem Opern-, Theater- und Konzertbuch, in dem sie jeden Besuch akri-

Villa Gallia

bisch notiert und mit Kommentaren versieht, führt sie in Altaussee passenderweise eine Wetterbuch genannte Chronik, in der sie weniger die Witterung festhält als die Alltagsereignisse. Die Angewohnheit, diverse Chroniken zu führen, geht auf ihre Tochter Gretl über. In deren Nachlass finden sich nicht nur Hermines Bücher, sondern auch ihre eigenen.[174]

Hermine verbringt mit den Kindern Monate in Altaussee, Moritz pendelt – so wie dies in allen Familien üblich ist. Tim Bonyhady berichtet von wahren Abenteuern, die das Ehepaar gleich im ersten Sommer erlebt. »Angeseilt an zwei Bergführer überqueren sie einen Gletscher und erreichten beinahe den Dachsteingipfel.«[175] Die 13-jährige Gretl schreibt 1909 begeistert in ihr Tagebuch: »Unsere Villa!«[176] Zwei Jahre später erwirbt Moritz ein Auto der Marke Gräf und Stift – man kann sich vorstellen, welches Aufsehen dieses in Altaussee erregt. Gretl schreibt beglückt über »unsere 1. Automobiltour« von Altaussee nach Bad Ischl in die Konditorei Zauner – damals dauert die Fahrt mehr als eine Stunde.

Der Sommer 1914 beginnt wie gewohnt in der Altausseer Idylle, doch vernachlässigt Gretl diesmal ihr Tagebuch. Erst im Herbst berichtet sie rückblickend von diesem Sommer, der die Welt radikal verändert. »Ein Skandal! Nichts von den 5 Wochen Aussee, von unserer plötzlichen Abreise von Aussee und unserer Ankunft in Wien gleich nach der Mobilisierung.« Auch ihr Bruder Ernst rückt sofort ein, der Erste Weltkrieg hat die Familie im Griff. Im August 1918 stirbt Moritz, Hermine erbt seine Firmenanteile an der Gasglühlicht AG und der Firma Hamburger & Co. Doch das Ende des Krieges bringt ein böses Erwachen mit sich, denn die gezeichneten Kriegsanleihen verfallen.

Lene arbeitet in einer Fabrik als Chemikerin, doch 1926 werden die Zwillinge, die einander so nahestehen, auseinandergerissen. Lene stirbt mit nur 27 Jahren in Altaussee »nach langer, schwerer Krankheit«, wie auf der Parte vermerkt ist. Hermine ist überzeugt, dass sich Lene bei ihrer Arbeit als Chemikerin vergiftet hat[177] – und zwingt Käthe aus diesem Grund, nicht weiter in ihrem Metier zu arbeiten. Diese fügt sich dem Willen der Mutter und übernimmt die Leitung der Graetzin-Licht-Gesellschaft, wie die Gasglühlicht AG nun heißt. Das Gaslicht hat durch den Aufstieg der Elektrizität an Bedeutung verloren, also sattelt die Firma um: Gas zum Kochen lautet das neue Geschäftsmodell – und Käthe verkauft nun Gasöfen. Ob sie sich das so vorgestellt hat? In der Rubrik »Der neuzeitliche Haushalt« im *Neuen Wiener Tagblatt* schaltet sie 1931 einen Artikel als Reklame: »Braten ohne Fett – Backen ohne Aufsicht und Turmkochen auf Junkers- und Ruh-Gasherden mit Gratiskostproben jeden Donnerstag 3 Uhr bei Graetzin. III, Invalidenstraße 3«[178]. Was bedeutet Turmkochen? Tatsächlich das, was man vermutet: Mehrere Töpfe werden übereinandergestellt und gleichermaßen erhitzt.

Hermine stirbt 1936 und muss den Zusammenbruch ihrer Welt nicht mehr erleben. Diese Welt besteht auch aus einem intensiven und frühen Engagement für die Wiener Werkstätte, als deren Präsident Moritz Gallia viele Jahre lang fungiert. Vor allem Josef Hof-

Gustav Klimt,
Hermine Gallia

mann hat es der Familie angetan: Ihre große, repräsentative Wohnung in der Wohllebengasse im 4. Bezirk gestaltet Hofmann als Gesamtkunstwerk inklusive Silber, Besteck und diversen Dekorationsstücken. Was für ein großartiger Auftrag für einen Architekten, der sich gleichermaßen als Künstler versteht!

Auch der Secession fühlt sich die Familie verbunden und unterstützt aufstrebende ebenso wie etablierte Künstler. Und so entsteht ein Porträt von Hermine Gallia, gemalt von Gustav Klimt.

Es kommt das Jahr 1938. Gretl, ihre Tochter Annelore und Käthe müssen das Land verlassen. Doch was tun mit der Wohnungseinrichtung, den Gemälden? Es geschieht ein wahres Wunder. Sie deklarieren alles und bitten um Ausfuhrgenehmigung. Für die nationalsozialistischen Behörden geht es um Möbel und irgendwelche Gemälde – und sie erteilen die Bewilligung. Alles wird verpackt – Tim Bonyhady beginnt sein Buch *Wohllebengasse* mit einem bezeichnenden Satz: »1938 war ein gutes Jahr für die Möbelpacker.«[179] Doch nur wenigen Familien gelingt es, unbehelligt eine ganze umfangreiche Wohnungseinrichtung mitzunehmen.

Die Villa in Altaussee umfasst dies nicht. Sie bleibt, wie sie ist – und das erweist sich als beachtlich, denn die Begeisterung für architektonische Gesamtkonzepte war nicht nur auf Wien beschränkt: Das Speisezimmer, der Salon und das Herrenzimmer waren komplett vom Möbelatelier Jaray ausgestattet, einer Firma, die zu den erfolgreichsten Ateliers Wiens zählte: Räume des Kunsthistorischen Museums wurden ebenso gestaltet wie der Hofsalon am Bahnhof Bad Ischl, die Firma war auch am Umbau des Zuschauerraumes des Theaters an der Wien und an der Ausstattung der neuen Hofoper beteiligt. Ein renommiertes Atelier also, dem für diese drei Räume in Altaussee freie Bahn erteilt wurde.

Die Einrichtung entsprach dem Historismus und erinnerte ein wenig an Hans Makart: Da gab es einen grünen Plüschdiwan mit Teppichüberwurf, einen Marmortisch, zwei Gobelinbilder, einen Flügel der angesehenen Firma Schneider, Fauteuils und Stockerln, bezogen mit rotem Plüsch, diverse Standuhren. Die Möbel des Herrenzimmers waren mit grauem Samt bezogen, dafür gab es hier einen roten Spannteppich.

Woher ich das so genau weiß? Fotos haben sich nicht erhalten, diese wären außerdem nur in Schwarz-Weiß. Doch die Nationalsozialisten in ihrer Akribie erstellen ein detailreiches Inventar, aus den Beschreibungen ergibt sich der Eindruck einer sehr gediegenen, dicht dekorierten und behäbigen Ausstattung. Auch die Vitrinen und Kästen öffnen die Nazis und finden ein umfangreiches Glasservice, rot geblümtes Porzellan, ein Kaffeeservice, einen Samovar und zehn Unikate der Wiener Werkstätte, wie extra angemerkt wird. Das Küchengeschirr ist »überkomplett«, auch Bettzeug und Wäsche sind reichlich vorhanden[180] – ausgerichtet auf ein gastfreies

Haus mit drei Gästezimmern und vielen Besuchern, die aus der näheren Umgebung vorbeikommen.

Am 5. September 1939 wird zwischen dem Anwalt der Gallias, Stephan Lehner, und Franz Aigner aus Linz ein Kaufvertrag geschlossen, der Kaufpreis beträgt 40000 Reichsmark, wovon 30000 Reichsmark auf den Besitz und 10000 Reichsmark auf das Inventar entfallen. Eine Liegenschaft von etwa 5000 Quadratmeter, die Wohnfläche der Villa beträgt 162 Quadratmeter. »Der Käufer erwirbt dieses Objekt zum Teil als Ersatzobjekt für seine Liegenschaft in Urfahr, Ottensheimerstraße 4, Gasthaus zum ›schwarzen Rössl‹, welche er im Zuge des Brückenbaues dem Brückenamt in Linz abtreten musste und begehrt dementsprechend Befreiung von der Bezahlung einer Vermögensübertragungsgebühr im vorliegenden Fall. Wien, 30. Mai 1939«.[181] Die Villa soll zu einer Fremdenpension umgestaltet werden.

Den Kaufpreis erhalten die Gallias natürlich nicht: Das Finanzamt belastet die Liegenschaft und begründet dies in kompliziertem Beamtendeutsch: »Auf Grund dem 1/3 Anteil der Margarete Herschmann wird auf Grund des vollstreckbaren Rückstandsausweises des Finanzamtes Landstraße Wien das Pfandrecht zur Hereinbringung der vollstreckbaren Judenvermögensabgabeforderung des Deutschen Reiches von 13938 RM und der Kosten von 48,30 RM einverleibt.«[182]

Franz Aigner verkauft die Villa 1942 weiter: »Josef Wick, Tischlermeister Linz, beabsichtigt, von Aigner Franz die Liegenschaft Altaussee 76 (Puchen), ehemals Eigentum des Juden Gallia, um 80000 RM zu erwerben. Wie ihm bekannt sei, habe Aigner nicht nur das Haus vollkommen instand gesetzt und wesentlich verbessert (angeblich 40000 RM verbaut), sondern auch die tadellose Einrichtung aus Linz nach Bad Aussee mitgenommen und die alten Einrichtungsstücke des Juden entfernt. Der Preis von 80000 RM bedeutet eher einen Verlust für Aigner.«[183] Das Rückstellungsverfahren im Jahr 1950 endet mit einem Vergleich, die Villa verbleibt im Eigentum der Familie Wick.

Gretl, Annelore und Käthe etablieren sich langsam, aber sicher, in Australien: Käthe findet Arbeit in ihrem erlernten Metier als Chemikerin, bei Gretl macht sich die typische Ausbildung der höheren Tochter bezahlt: Sie erteilt vorerst Gesangsunterricht und gibt dann lange Jahre Unterricht in den diversen Fremdsprachen, die sie einst von Gouvernanten erlernte. Alte und neue Welt beginnen, sich zu vermischen. Gretl, Annelore und Käthe bleiben zusammen und mieten eine Wohnung in Cremorne, einem nördlich von Sydney gelegenen Vorort. Doch wie passt die Wohnungseinrichtung einer großbürgerlichen Wiener Wohnung mit zahlreichen hohen Räumen in eine Wohnung in Sydney? Gar nicht. Einiges muss verkauft werden, darunter der Stutzflügel – doch zum Glück gibt es noch ein Pianino. Manche der Hofmann-Möbel passen auch nicht in die neue Wohnung, doch ist der Markt für diese speziellen Möbelstücke in Australien nicht gerade ideal. So leben sie also in einer Wohnung, vollgestopft mit Erinnerungen an Wien, mit schwarzen Möbeln von Josef Hofmann und Hermines Klimt-Porträt. Klein-Wien in Australien.

12 Der Wienerwald in Massachusetts. Familie Drach

Lichtersberg 61, 71, 72 (heute nicht mehr erhalten)

Drei Villen, hoch über dem Ort Altaussee, besaß die Familie Drach. Ein Sanatorium wollte sie dort ursprünglich einrichten, doch verlegten sie diesen Plan nach Edlach an der Rax.

Verlobungsfoto von Louis Rosen und Käthe Drach, 1917

Moritz Drach ist erfolgreicher Holzunternehmer. Er verbringt mit seiner Frau Irma und den Kindern Arthur, Fritz und Käthe die Sommerfrische in Altaussee, bis ein schrecklicher Schicksalsschlag diesem Ort die Leichtigkeit einer unbeschwerten Sommerfrische nimmt. Moritz' Tochter Käthe Rosen schluckt am 27. April 1923 eine Überdosis Veronal, ein damals weitverbreitetes Schlafmittel. Sie wird noch ins Spital nach Bad Ischl transportiert, wo sie stirbt.

Was ist geschehen? Sie gilt als das schönste Mädchen Wiens und heiratet ganz comme il faut den Sohn eines Geschäftspartners ihres

Vaters, Louis Rosen. Ein Jahr später kommt ihre Tochter Marietta zur Welt – und die Ehe ist am Ende. Das Kind verbleibt in der Obhut des Vaters, Käthe reist durch Europa, von Altaussee an die Côte d'Azur und nach Wien. Sie hat die Liebe ihres Lebens gefunden – in Altaussee. Chlodwig Hohenlohe. Ein deutscher Prinz. In Märchen, Operetten oder im Film mag solch einer Beziehung eine Zukunft beschert sein, nicht jedoch in der Realität.

Chlodwig verspricht ihr die Ehe – doch seine Familie akzeptiert diese Verbindung nicht – aus ihrer Sicht eine Mesalliance. Die Beziehung zerbricht, Käthe sieht nur mehr einen Ausweg.

Die Wiener Gesellschaft diskutiert über dieses tragische Ende, und die Medien mischen mit, jedoch nicht sensationslüstern, sondern vielmehr von Mitleid mit einer Portion Gesellschaftskritik begleitet. Käthes Schicksal wird als bedauernswert angesehen: »Frau Käthe Rosen ist es schon aus dem Grund, weil sie trotz der glücklichen äußeren Lebensumstände im gewissen Sinne doch ein Opfer unserer Zeit ist.« So lautet die Analyse der Zeitung *Die Stunde* am 3. Mai 1923. »Geld allein macht nicht glücklich«, lautet der Titel und trifft auf Käthe vollkommen zu. Als geschiedene Frau mangelt es ihr nicht an Verehrern aus allen Gesellschaftsschichten. »Denn Schönheit und Reichtum gepaart, sind eine genügende Entschuldigung, um auch eine festverankerte Familientradition fallen zu lassen und nicht immer vermag man ein verblaßtes Wappenschild unter so glücklichen Verhältnissen mit neuem Glanz zu überziehen.«

Zwei Welten prallen aufeinander. »Erst der junge Prinz Chlodwig Hohenlohe schien der richtige, der ›kommende Mann‹. Der junge Prinz ist ein Enkel des einstigen deutschen Reichskanzlers Fürsten Hohenlohe. Aber in dieser Familie ist eben die Tradition so fest verankert, daß keines ihrer Mitglieder es wagen würde, sich über sie hinwegzusetzen. Man heiratet ›standesgemäß‹ oder gar nicht. Das republikanische Regime hat daran nichts geändert. Es wäre sogar vielleicht besser, wenn alle bei ihrer Tradition blieben, wenn die einen niemals hinab-, die anderen niemals hinaufsteigen

Marietta, gemalt von Wilhelm Viktor Krausz, um 1924, und gemeinsam mit ihrem Großvater Moritz Drach

wollten. Dann hätte wohl auch die schöne und anmutige Frau Käthe Rosen ihr Leben nicht auf so traurige Art beschließen müssen.«

Ihre Tochter Marietta ist zu diesem Zeitpunkt vier Jahre alt – und hat wohl zu ihrer Mutter wenig Beziehung. Doch bleibt dieses Trauma, die Mutter so früh zu verlieren, bestehen. Ihr Vater und alle Großeltern sowie das Personal, das sich um sie kümmert, bleiben wichtige Bezugspersonen und vermitteln Marietta ein Gefühl der Geborgenheit und der Heimat.

Meine Suche nach Mariettas Nachkommen führt mich zu ihrem Sohn Joe Poras und ihrer Enkelin Marlo Poras. Wir treffen uns via Zoom – in Wien, Boston und Brooklyn. Viele Fragen werden auf beiden Seiten gestellt und fast ebenso viele Antworten gefunden. Fotos wechseln von Amerika nach Wien. Und auch in die andere Richtung, denn in österreichischen Zeitungen finden sich zahlreiche Abbildungen von Käthe. Auf manchen sticht ihre Schönheit ins Auge, andere bestätigen dies nicht so sehr. Ausstrahlung macht wohl manches wett.

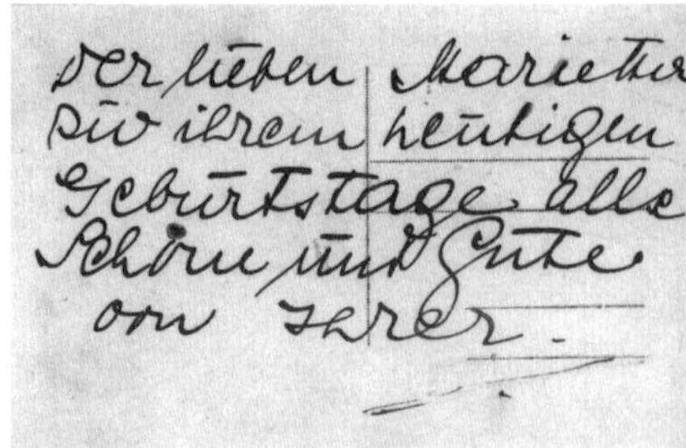

Der lieben Marietta
zu ihrem heutigen
Geburtstage alles
Schöne und Gute
von Ihrer

Geburtstagskarte der Operettendiva Louise Kartousch an Marietta Rosen

Marlo, die Filmemacherin ist, gibt mir Einblick in eines ihrer Projekte über ihre Großmutter Marietta: Eine schöne, elegante Dame erzählt von ihrem Leben in der alten Welt, von behüteter Kindheit in Wien und Edlach, von Altaussee und den tragischen Erinnerungen, von ihrer Mutter und vor allem ihrem Vater. Von den Großeltern und der geliebten Kinderfrau. In Wien wächst sie in einer Villa neben dem Türkenschanzpark auf, an der ich sehr oft vorbeifahre mit dem wehmütigen Gedanken, ob es vielleicht noch eine Rettung für das schöne Gebäude gibt, das mittlerweile dem Verfall preisgegeben ist.

Mariettas Onkel Arthur Drach und ihr Vater Louis Rosen führen in die Gesellschaft rund um Operetten- und Filmstars. Louis Rosen ist nach seiner Scheidung von Käthe lange mit der Soubrette Louise Kartousch liiert – ein Porträt von Louise mit einer herzlichen Widmung an Marietta befindet sich noch immer im Besitz der Familie. In meinem Buch über die Villen in Bad Ischl habe ich Louise Kartousch ein ganzes Kapitel gewidmet. Das erste halbe Jahr ihrer kurzen Ehe verbringen Louis und Käthe Rosen im Hotel Sacher, da ihre Wohnung noch nicht fertiggestellt ist. Louis ist mit Anna Sacher befreundet, nach deren Tod im Jahr 1930 »erbt« er ihren Chauffeur und einen Mops, wie sich Marietta später erinnert.[184]

Arthur Drach bestreitet Autorennen mit dem Filmstar Liane Haid und fungiert als Trauzeuge des beliebten Tänzers Hans Unterkircher mit Mely Berehinak, die in zweiter Ehe den erfolgreichen Filmregisseur Willi Forst heiraten wird. Arthur hat Zeit und Muße, denn er »konnte sich bisher nur wenig den Geschäften widmen, da der Vater kein Zipfelchen seiner Macht aus den Händen gab«, schreibt *Die Stunde* am 5. März 1927.

Marietta in ihrem Wienerwald in Massachusetts

In Marlos zweitem Film ist Marietta bedeutend älter, interessanterweise spricht sie nun mit wesentlich stärkerem österreichischem Akzent. Sie steht mitten im Wald und deutet auf ein Schild: »Wienerwald« ist darauf zu lesen. Wir befinden uns mitten in Massachusetts, wo Marietta und ihr Mann Harry Poras ein großes Grundstück erwarben – mit dem Geld, das sie sich mühsam aus der Rückstellung des Sanatoriums Edlach erstreiten konnten. Trotz all der Schwierigkeiten mit den österreichischen Behörden: Ihr neuer Besitz trägt den Namen Wienerwald. So stark bleiben die Beziehungen zu den Wurzeln.

Am 8. Jänner 2021 erhält Mariettas Enkelin Marlo die österreichische Staatsbürgerschaft. Spät, aber doch. Sie holt ihre Papiere im Konsulat in New York ab, beim Verlassen erfüllt sie ein seltsames Gefühl, denn nach den Ereignissen am Washingtoner Kapitol zwei Tage zuvor herrscht eine eigenartige Stimmung. Ihr erster Gedanke ist, die Umgebung zu filmen, die Atmosphäre festzuhalten. Und sie weiß nicht ganz genau, ob Freude, Überraschung oder Verwirrung überwiegen. Sie erhält die Staatsbürgerschaft zurück – ohne irgendwelche bürokratischen Hürden. Noch weiß sie nicht recht, was sie nun mit dem wiedergewonnenen Recht anfangen soll. Doch gleichzeitig wächst ihr Wunsch, tiefer in die Familiengeschichte einzutauchen, zu verstehen, wer ihre Vorfahren eigentlich waren.

Und dies führt zurück nach Altaussee. Zur Villa Panorama, Villa Lilli, Villa Adele.

1879 erwirbt der bereits etablierte und angesehene Kurarzt und Sanatoriumsbetreiber Josef Schreiber ein großes Grundstück am Lichtersberg und verkauft es 30 Jahre später an Moritz Drach, der auch ins Sanatoriengeschäft einsteigen möchte. Doch wie kommen die beiden Herren zueinander? Ganz einfach: Josef Schreibers Frau Clara ist Moritz Drachs Cousine – alles bleibt also in der Familie (Kapitel 1).

Vier Jahre nach dem Tod seiner Tochter Käthe stirbt Moritz Drach und es hebt ein Gezerre um das Riesenvermögen an. Moritz setzt in seinem Testament von 1922 seine Frau Irma und seine Kinder Arthur und Käthe zu gleichen Teilen als Erben ein. Sein Testament nützt Moritz auch für Ratschläge: »Meine liebe Tochter, wenn sie sich wieder verehelichen sollte, soll sich gut überlegen und der Allmächtige möge sie die richtige Wahl treffen lassen.«[185] Nach Käthes tragischem Tod ändert er sein Testament und erklärt seinen

Die Drach-Villen

Sohn Arthur zum Alleinerben, Marietta erhält den Pflichtteil. Zuvor wurde das Vermögen zwischen Moritz und Irma geteilt, Arthur verfügt also über die Hälfte des Gesamtvermögens.

Louis akzeptiert das Testament seines Schwiegervaters nicht – denn er als Vermögensverwalter seiner jungen Tochter wäre der Verlierer. Ein großer Prozess folgt, die Medien berichten aufgeregt über so manches Detail. Skandale ziehen immer.

Woher stammt Moritz Drachs großes Vermögen? Er gilt als der »ungekrönte Holzkönig Jugoslawiens«, wie ihn die Zeitung *Die Stunde* am 5. März 1927, eine Woche nach seinem Tod, bezeichnet. Schon zu diesem Zeitpunkt steht sein Testament im Mittelpunkt des Interesses. Noch zu Zeiten der Monarchie stellt die Firma Drach Bahnschwellen her, »seine Transaktionen hatten selbst für altösterreichische Verhältnisse ungewöhnliche Dimensionen«. Moritz schafft es, sein Unternehmen in den schwierigen Nachkriegsjahren umzustrukturieren und die wirtschaftlichen Probleme zu meistern. »Dabei war Moritz Drach ein das Leben und seine Freunde liebender Mensch, der sich nicht völlig an seine Geschäfte verlor und der für die Fragen einer wirren Zeit feinhörig blieb.«

Laut Einantwortungsurkunde bekommt die Witwe Irma alle Liegenschaften in Altaussee, Arthur übernimmt das Unternehmen. Doch dann stirbt Irma bereits ein Jahr später, am 16. Juli 1928. Moritz' Verlassenschaft ist noch längst nicht abgewickelt und nun kommt Irmas Erbteil ebenfalls ins Spiel. Diese bestimmt in ihrem Testament vom 12. Juni 1924, dass Marietta auf den Pflichtteil zu setzen ist: »Geboten scheint mir an dieser Stelle die Erklärung, dass sich der Vater meines Enkelkindes in Vermögens- und Einkommensverhältnissen befindet, die eine weitere finanzielle Obsorge als Zuwendung des Pflichtteiles für Marietta meinerseits nicht notwendig erscheinen lassen. Meine volle Liebe ist Marietta gewidmet, und ich bin überzeugt, dass ihr in unerwartetem Falle mein Gemahl und mein Sohn, die an dem Kinde mit voller Zärtlichkeit hängen, treu zur Seite stehen werden.«[186] Louis Rosen hat sein Vermögen mit Spekulationen während des Ersten Weltkrieges erworben, sein

Hauptgeschäftszweig ist die Weinhandlung Emanuel Pollak und Sohn. Doch wie es eine Inflationszeit wie die frühen 1920er-Jahre mit sich bringt, verschwindet das kurzfristig erworbene Vermögen ebenso rasch.

Doch wenn so viel Geld auf dem Spiel steht, scheint Zärtlichkeit kein ausreichender Grund zu sein. Der Prozess zieht sich über Jahre, 1930 entscheidet das Gericht zugunsten von Marietta, nicht zuletzt wegen des großen Engagements des Rechtsanwaltes Dr. Josef Stein. Louis Rosen würdigt seinen Anwalt gegenüber dem Pflegschaftsrichter: »Ich stelle zunächst mit Nachdruck fest, daß ich der Person des Herrn Dr. Stein eine ganz ungewöhnliche Verehrung entgegenbringe und restlos anerkenne, daß er im Interesse meines Kindes Leistungen erbracht hat, deren meiner Überzeugung nach kein anderer Anwalt fähig gewesen wäre.«[187] Auch an Stein direkt schreibt Rosen – nicht ohne seinen eigenen Einsatz zu erwähnen: »Wenn ich auch nicht einen Augenblick aufgehört habe, Ihnen innerlich dafür zu danken, daß Sie mit Ihrer so beispielhaften Genialität den Vertrag Drach herbeigeführt haben, so darf ich gleichwohl für mich in Anspruch nehmen, daß ich doch auch ein Quentchen dazu beigetragen habe.«[188]

Im Wiener Stadt- und Landesarchiv findet sich ein bemerkenswertes Dokument, eigentlich ein Buch: die gedruckte Klagebeantwortung des Rechtsanwaltes Dr. Josef Stein gegen die Klage der minderjährigen Marietta Rosen aus dem Jahr 1935. Sein ehemaliger Klient Louis Rosen wendet sich nun gegen ihn: Auf 66 Seiten führt er seine Argumentationen aus und gibt Einblick in die Welt Louis Rosens. Auch wenn dies aus dem Blickwinkel eines juristischen Streites gesehen werden muss, ergeben sich interessante Details. Denn dieser Rechtsanwalt fungierte anfangs als Louis' Anwalt, bis dieser die Zusammenarbeit nicht nur beendet, sondern seinen eigenen Rechtsvertreter verklagt. Es geht um Honorare, um Vermögensverwaltung, Darlehen – also um Geld. Louis muss 1935 Konkurs anmelden, doch das große Sanatorium in Edlach gehört seiner Tochter Marietta.

Die drei Villen Panorama, Lilli und Adele in Altaussee gehören Arthur Drach – 1938 setzt Drach selbst den Rechtsanwalt Josef Kaindl als Treuhänder ein. Ein Amtsvermerk vom 15. August 1942 zeigt eine andere Realität: »Die Häuser stehen alle leer. Ein Großteil des Grundes entfällt auf die Straße zur Hauptstraße in Altaussee. In den Häusern befinden sich weder Vorhänge, Wäsche, Bettzeug, Decken, Tischbestecke, Geschirr noch die sonstige für eine Pension notwendige Einrichtung.«[189] Ein vorhandenes Inventar[190] ohne Jahresangabe spricht Bände: Kästen und Betten, Badewannen und Kredenzen, Silberkästen, Geschirr, Lampen und Kleiderständer sind verschwunden.

1943 werden 150 Kinder im Rahmen der Kinderlandverschickung in den Villen untergebracht – eine große Anzahl für drei Villen. Doch die Gemeinde Altaussee bemüht sich, die Villen kaufen zu können, »zur Gestaltung des Gemeindelebens und zur Schaffung von Fremdenverkehrseinrichtungen, die in diesem wegen seiner Naturschönheiten für einen Hauptort des Fremdenverkehres geradezu geschaffenen Teile des Ausseerlandes ganz fehlen«[191]. Am 22. Oktober 1943 kauft die Gemeinde Altaussee die Liegenschaft um 54 000 Reichsmark, eigenartigerweise samt Einrichtungsgegenständen, die ein Jahr zuvor alle verschwunden waren.

Nach dem Krieg stellt Vera Berry, Arthurs Tochter, einen Rückstellungsantrag und vergleicht sich schließlich 1948 mit der Gemeinde Altaussee. Auch ihre Cousine Marietta erhält einen Betrag für das Sanatorium Edlach zurück – und begründet damit den Wienerwald in Massachusetts.

13 Die Ballerina der Berge. Paul Preuß

Puchen 53

Auf den Spuren der Familie Preuß treffe ich Jimmy Petterson im Haus der Familie in Altaussee. Es ist, als ob er die Geschichte seiner Familie in sich vereint: Sein Urgroßvater Eduard Preuß war Pianist – er selbst ist Musiker. Sein Großonkel Paul Preuß war der erste free climber und erkundete die Berge auch auf Schiern – auch Jimmy selbst fährt Schi und schreibt Bücher darüber. Sein Großonkel war Fotograf – er selbst ist es auch.

Das Haus in Altaussee gleicht einem Museum. Und entführt in die Atmosphäre der 1930er-Jahre. Vier ungeheizte Mansardenzimmer mit Kachelöfen erinnern an die Sommerfrische längst vergangener Tage mit wenig Komfort. Auch das Badezimmer ist in die Mansarde eingebaut und hat noch einen Warmwasserboiler, der mit Holz zu heizen ist.

Die Zeit ist stehen geblieben: ein Schlafzimmer der Familie Preuß, 2021

Dazwischen finden sich Relikte der Familie: Schihandschuhe und Schikleidung der 1930er-Jahre, alte Schier und Reservespitzen, ohne die man den Berg wohl nicht so einfach herunterkam. Ausweise aus Österreich und der Emigration. Ein Exlibris von Jimmys Großmutter Sophie Schaar, das all ihre Interessen in sich vereint: Eingerahmt von Schiern, im Hintergrund Berge, im Vordergrund liegen auf einem Klavier Bücher und Rosen.

Sophie Schaars Exlibris und das Gemälde ihrer Mutter Sophie Preuß

Zwei Ölgemälde erwecken mein besonderes Interesse: Sophie Preuß, die Stammmutter der Familie im ungarischen Fünfkirchen, heute Pécs, einer wunderbaren Stadt, in der die vielen Religionen und Nationalitäten noch heute spürbar sind. Die ehemalige Moschee ist heute eine Kirche, gleich um die Ecke erhebt sich eine imposante Synagoge, wenig entfernt eine weitere Kirche, die an allen vier Gebäudeecken einen Turm hat – eine ungewöhnliche Form. In dieser Stadt lebt in der ersten Hälfte des 19. Jahrhunderts Familie Preuß: Josef ist ein angesehener Lehrer, mit seiner Frau Sophie – die Dame auf dem Ölgemälde – hat er vier Söhne, von

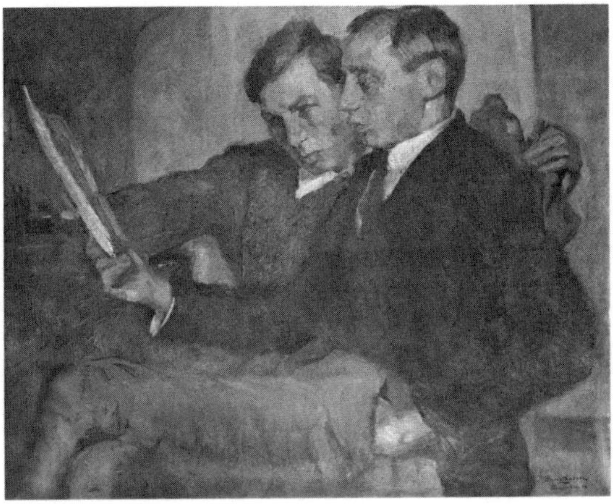

Paul Preuß und Walter Bing, porträtiert von Hans Lasser, 1912

denen nur einer in Fünfkirchen bleibt, alle anderen zieht es nach Wien.

Das zweite Ölgemälde stellt zwei junge Herren dar, die gemeinsam ein Blatt Papier betrachten – eine innige Szene guter Freunde. Paul Preuß, Enkel von Sophie und Josef, und Walter Bing heißen sie, 1912 in München porträtiert vom Maler Hans Lasser. Was verbindet wohl die beiden? Die Berge. Das Schifahren. Das Abenteuer.

Doch das Abenteuer nimmt ein abruptes Ende. »Wieder einmal hat einer der Besten und Kühnsten seine Liebe zu den Bergen mit dem Tode bezahlt.«[192] Paul Preuß ist tot. Abgestürzt am Mandlkogel. Allein der Anblick des Berges flößt großen Respekt ein – schroff erhebt er sich aus dem Dachsteinmassiv. »Man kann wohl ohne zu übertreiben, Dr. Preuß zu den berühmtesten Kletterern der Gegenwart zählen.« Dies ist nicht nur die Meinung der *Innsbrucker Nachrichten* am 13. Oktober 1913. Paul Preuß erschließt die Berge auch philosophisch und lehnt jegliches Sicherungsmittel ab mit der Begründung, »man solle nur dort hinaufklettern, wo man ohne künstliche Sicherungsmittel wieder herunter könne.« Diesen Gedanken spinnt er noch weiter: »Mir kommt aber doch vor, dass der Gedanke: ›Wenn du fällst, hängst du drei Meter am Seil‹ geringeren ethischen Wert hat als das Gefühl: ›Ein Sturz, und du bist tot!‹«[193]

Paul Preuß in den Bergen

Eduard Preuß

Was für eine radikale Einstellung! Paul Preuß bleibt dieser treu – und stürzt 26-jährig in den Tod. »Man wird mir vorhalten, dass ich eine zu extreme, hypermoderne Klettertechnik anstrebe, die vom Alpinismus vergangener Zeiten himmelweit verschieden ist.«[194]

Was hat dies aber mit Altaussee zu tun? Dazu müssen wir eine Generation zurück gehen. Am 6. Juli 1886 erwirbt der Klavierlehrer Eduard Preuß ein Haus in Altaussee, sechs Wochen später, am 19. August, kommt dort sein Sohn Paul zur Welt. Direkt hineingeboren in die Berge, denen seine ganze Leidenschaft gilt.

Schon 1875 verbringt Eduard den Sommer in Bad Ischl, 1877 weiß die Österreichische Bäderzeitung von einem Konzert im Badehotel Elisabeth in Aussee zu berichten, »im Vereine mit dem alljährlich die Saison hier zubringenden Wiener Pianisten Preuß. Herr Eduard Preuß, der in Wien als Klavierlehrer einen hervorragenden Namen sich erworben, hat durch seinen gediegenen Vortrag bewiesen, daß er auch als Konzertant Vorzügliches zu leisten im Stande ist.«[195] Dies beweist Eduard auch ein Jahr später in einem weiteren Konzert, das er gemeinsam mit seinem Bruder, dem Richter Sigmund, einem ebenfalls begabten Pianisten, im

Zuhause in Altaussee

Wiener Ehrbarsaal gibt[196] und in Aussee während des Sommers[197] wiederholt.

Der dritte der Brüder, Koloman, legt bereits als früher Förderer des Alpenvereins die Basis für das Interesse seines Neffen Paul, den er auch auf andere Weise beeinflusst: Als Generalsekretär des Schachclubs entfacht er Pauls Interesse an diesem Spiel.

1896 – Paul ist gerade zehn Jahre alt – verliert er seinen Vater. Die Verlassenschaft Eduard Preuß' lässt staunen, hinterlässt er doch ein beträchtliches Vermögen, vornehmlich Aktienbesitz. Dieser gehört jedoch nicht ihm allein, sondern auch seinen Brüdern, wie aus dem umfassenden Aktenbestand zu ersehen ist. Woher dieses Vermögen stammt, bleibt unklar, denn Eduards Vater hatte wohl als Lehrer in Fünfkirchen eine angesehene, doch nicht gerade lukrative Stellung. Für die Kinder ist jedenfalls gesorgt.

Pauls Schwester Mina teilt seine alpinistische Leidenschaft und macht oftmals gemeinsame Touren, zu denen sich auch Minas Ehemann Paul Relly gesellt. Mit diesem verbringt Paul Preuß den Sommer 1913 in den Dolomiten und schreibt am 30. Juli seinem

Paul Preuß (re.) in intensivem Gespräch mit seinem Schwager Paul Relly

Onkel Sigmund eine Ansichtskarte mit einer genauen Beschreibung der Route seines Auf- und Abstiegs auf den Campanile Basso. Einen Tag später erklettert Paul gemeinsam mit seinem Schwager Paul Relly den Gipfel des Campaniles. An dieses wohl spektakuläre Ereignis erinnert die Zeitung *La Montagne et Alpinisme* am 1. Jänner 1972 – Paul Preuß bleibt unvergessen.

Die Zeiten für Alpinisten ändern sich in den 1920er-Jahren, immer mehr Alpenvereine führen Arierparagrafen ein – auch Familie Preuß betrifft das. 1935 wehren sich die jüdischen Alpinisten: »Der jüdische Sportverein ›Hakoah‹ Wien hat auf dem Semmering in Anwesenheit von 2000 jüdischen Sportlern die erste jüdische Schutzhütte im deutsch-österreichischen Alpengebiet eröffnet. Die Errichtung der jüdischen Schutzhütte war insbesondere deshalb notwendig geworden, weil die jüdischen Touristen durch die schon vor Jahren erfolgte Einführung der Arierparagrafen im deutsch-österreichischen Alpenverein von der Benutzung der Hütten dieser größten und mächtigsten alpinen Vereinigung, zu deren

Ausbau jüdische Alpinisten und jüdische Spender viel beigetragen hatten, ausgeschlossen wurden. Gleich zur Eröffnung dieser ersten Hütte wurde der Grundsatz aufgestellt, dass auch nichtjüdische Touristen, die an die Tore dieser Ruhestätte pochen, freundliche Aufnahme finden sollen.«[198] Auch in der elsässischen Zeitung *La Tribune juive* darf ein Name nicht fehlen: »Einer der berühmtesten Alpinisten seiner Zeit war der Wiener Kletterer Paul Preuß, das ›Kletterwunder‹ genannt. Er war Alleingeher und als solcher, Mauerhaken grundsätzlich verschmähend, führte er eine ganze Reihe Erstbesteigungen und Winterhochtouren durch.«[199]

Jugendbuch von Walter Bing, 1932

Schon in sehr jungen Jahren erwirbt sich Paul Preuß also größte Achtung. Sein Freund, der Sportschriftsteller Walter Bing, gedenkt seiner 15 Jahre nach dem tragischen Absturz: »Loser und Trisselwand, die Berge seiner Heimat, bewachen sein Grab. Jeder aber, der ihn kannte und liebte – und jeder, jeder, der jemals ein Stück gemeinsamen alpinen Weges mit Paul Preuß wanderte, mußte ihn lieben – steht tiefergriffen vor der schlichten Gedenktafel. Doch nicht still, nein, lebendig und fruchtbar wirkend soll sein Andenken gepflegt werden. Der goldene Humor, mit dem Paul Preuß von Natur aus begabt war, ist der Grundzug seines Wesens.«[200]

Der Jurist Walter Bing, mit dem gemeinsam Paul auf dem Gemälde im Haus in Altaussee zu sehen ist, macht sich als Sportschriftsteller einen Namen. Am 4. Dezember 1936 meldet die Zeitung *La Croix du Nord*, dass Walter Bing, Sportkorrespondent von *Paris-Soir*, aufgefordert wird, das deutsche Staatsgebiet innerhalb von fünf Tagen zu verlassen. »Walter Bing, ursprünglich aus dem Elsaß, kämpfte während des Krieges in der deutschen Armee. Er wurde schwer verletzt und musste sich einer Amputation des Schenkels unterziehen.« Walter findet in Frankreich Zuflucht.

In der Erinnerung bleiben die Erlebnisse seiner Jugendzeit wach: »Ja, ich geb' es zu, wir waren vielleicht damals ein klein

Alltag in der Sommerfrische ohne Badezimmer, 1937

Puchen 53 heute

wenig verdreht, aber wir waren so glücklich, so glücklich wie wir es später nie mehr gewesen sind. Das ist es, was uns ›Alte‹ traurig und glücklich zugleich macht; aber die Ski-Erinnerungen sind es auch, die uns jung erhalten und uns eine gewisse, weise Überlegenheit sichern gegenüber all diesen jungen Ski-Springinsfeld der heutigen Zeit, denen kein Hang zu steil und kein Berg zu hoch, kein Sprung zu weit und keine Abfahrt zu schnell sein kann …«[201] Ein wenig klingt dies doch auch nach der Jugendzeit von Walter und Paul!

Paul Preuß' Schwestern Mina und Sophie verbringen weiter die Sommer in Altaussee und in den Bergen, bis 1937. Mina und Paul Relly gelingt die Flucht nach England, Sophie und Arnold Schaar flüchten nach Frankreich und erreichen von Nizza aus am 27. Mai 1940 New York.

Das Haus in Altaussee wird beschlagnahmt, verkauft und 1948 wieder an die rechtmäßigen Eigentümer restituiert, die es bis heute bewohnen. Die Erinnerungen an die Familie leben liebevoll weiter.

14 Von Altaussee nach Pine Bluff. Der weite Weg der Familie Geiringer

Altaussee 31

Den Sommer 1907 verbringen zwei Familien in Altaussee: der Ölfabrikant Moritz Geiringer und der Hof- und Gerichts-Advokat Eduard Neumann. Mit dabei ihre Kinder, der 19-jährige Ernst Geiringer und die 17-jährige Trude Neumann. In der Unbeschwertheit der Sommerfrische kommt man einander näher – die Hochzeit findet am 4. Februar 1912 im Josefstädter Tempel in Wien statt.

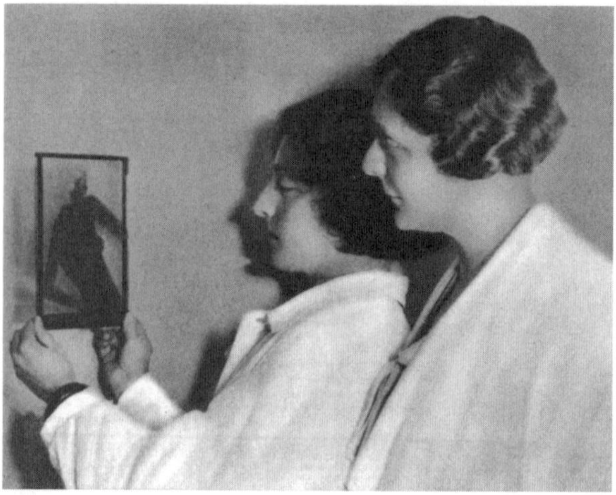

Trude Geiringer und Dora Horovitz bei der Arbeit. *Die Bühne*, 1931

Trude absolviert die Schule der fortschrittlichen Eugenie Schwarzwald, die ihre Sommer im nahen Grundlsee verbringt, so wie viele Familien ihrer Schülerinnen. Ein großes Netzwerk des liberalen modernen Wiener Bürgertums. Trude widmet sich der Fotografie und eröffnet 1925 gemeinsam mit Dora Horovitz ein Fotoatelier am Stubenring 2.

Ihre Porträts finden sich in Zeitungen und Zeitschriften ebenso wie in Ausstellungen und erregen Aufsehen: »Mehr auf Nachsicht und Intimität der Betrachtung gestellt sind die Bilder von Trude Geiringer und Dora Horovitz. Kultiviertheit, Sorgfalt und Überlegung zeichnen ihre Arbeiten aus. Die beiden Fotografinnen hatten öfters Gelegenheit, berühmte Persönlichkeiten vor ihr Objektiv zu bekommen. Was sie da geleistet haben, darf den Anspruch erheben, als Dokument gewürdigt zu werden. Die Physiognomien Thomas Manns, Gerhart Hauptmanns, Wagner-Jaureggs[202] etwa sind auf eine treue und dabei durchgeistigte Weise festgehalten. Das Wesen des Modells ist ohne Prätention erfaßt.«[203]

1931 nimmt Trude Geiringer an der Ausstellung *Die schaffende Österreicherin* in der Wiener Secession teil, eine wichtige Schau, um den Künstlerinnen eine Öffentlichkeit zu bieten. Die *Linzer Tagespost* berichtet am 1. August 1931: »›Die Ausstellung ist ein Beginn. Leistung und Antlitz der schaffenden Frau geben Rechenschaft

Trude Geiringers Foto der Schauspielerin Friedl Haerlin schafft es 1927 auf das Titelblatt der *Bühne*.

Das von den Geiringers gemietete Haus in idyllischer Lage

über Gewordenes, Mut für Werdendes‹ – steht als Motto über dem Hauptraum der Sezession, in dem die von Dr. Else Hofmann und Grete Kolliner geleitete Photo- und Bücherschau sehr wirkungsvoll untergebracht ist. Auf Vollständigkeit muss natürlich verzichtet werden; wenn diese Art der Darstellung Gefallen findet, soll sie fortgesetzt und erweitert werden. Diesmal wurde jedenfalls der Zweck erreicht, den ausländischen Gästen einen würdigen Ausschnitt aus Geisteswelt, Werk und Leben der österreichischen Berufsarbeiterin zu geben.« Das Publikum soll wissen, wer die Schöpferinnen der Werke sind: »Man versteht manches Werk besser, wenn man das Antlitz seiner Schöpferin wenigstens im Bilde gesehen hat. Denn die Züge jedes geistigen Menschen verraten Art und Wesen in unverkennbarer Weise.«

Trude Geiringer entspricht ganz dem Geist der 1920er-Jahre, ihre Enkel schildern sie einhellig als sehr starke, dominante, feministische und moderne Dame. Und so passt sie auch ganz in die

Familie Geiringer. Trude Geiringer in den Bergen

Ausseer Sommer-Gesellschaft, die von so vielen eindrucksvollen Damen geprägt ist.

Die Familie mietet jeden Sommer ein Bauernhaus, das von 1936 bis 1938 der Schriftsteller Hermann Broch bewohnt. Seine Korrespondenz mit Trude liegt heute in der Beinecke Rare Book and Manuscript Library der University of Yale, gemeinsam mit Trudes Bildnachlass. Broch ist nicht der einzige Schriftsteller im Freundeskreis der Familie, auch Hugo von Hofmannsthal als treuer Altausseer und Thomas Mann zählen ebenfalls dazu.

Trudes Leidenschaft für Autos

Die Familie pflegt einen anspruchsvollen Lebensstil, geprägt von Schifahren und Eislaufen, Tennis und Reiten, Motorrädern und Trudes Leidenschaft für Autorennen in ihrem eigenen Steyr-Wagen. Zu Ernsts Routine gehört ein täglicher Ausritt im Prater um halb sechs Uhr früh, er gilt außerdem als hervorragender Pianist.

Ernst Geiringers Vater Moritz, der 1898 zum ersten Mal in den Ausseer Kurlisten aufscheint, ist Präsident der Österreichischen Ölindustrie-Gesellschaft, zu deren Produkten Öle aller Arten – vom Erdöl bis zu Speiseöl – zählen. Sein Sohn Ernst kommt ebenfalls in dieser Gesellschaft unter, entwickelt jedoch rasch eine beachtliche Karriere und äußert sich in der wirtschaftlich so instabilen Situation der Nachkriegszeit häufig in den diversen Tageszeitungen. Bereits 1922 widmet er sich im Fachblatt *Die Börse* einer »kritischen Phase der Industrie«: »Die Inflation ist ein Narkotikum. Sie schläfert die Sinne ein, lindert die Schmerzen und leitet den Organismus in einen Trancezustand hinüber, aus dem es nur ein ruckartiges Erwachen gibt. Erst eine spätere Generation wird objektiv feststellen, welche geistigen Verheerungen die Inflation angerichtet hat, welche Vergiftungserscheinungen durch diese selbst bei jenen Gehirnen zu beobachten waren, die eigentlich berufen gewesen wären, den Leidensweg des Staates zu erhellen.«[204]

Ernst setzt sich für eine Sozialversicherung für alle Stände ebenso ein[205] wie für die Exportmöglichkeiten für die Lebensmittelindustrie, deren Probleme er mit einem anschaulichen Beispiel aufzeigt: »140 000 Waggons im Wert von fast 800 Millionen Schilling werden importiert, doch nur 5000 Waggons im Wert von 35 Millionen exportiert.«[206]

Unermüdlich fordert er Steuerreformen, macht Vorschläge, um die Rentabilität der Industrie zu verbessern, und macht sich 1936 Gedanken, wie denn geeigneter Nachwuchs ausgebildet werden müsse: »Trotzdem hat die Technik im Bewußtsein der Menschen noch nicht wieder jenen Platz erlangt, der ihr gebühren würde. Die Schulerziehung des kommenden Industriellen hätte auf diesen Umstand besonders Rücksicht zu nehmen. Unter den anderen Fächern, die die selbstverständliche Vorbereitung des Industriellen bilden, erscheinen mir als besonders wichtig die Wirtschaftsgeografie und Nationalökonomie hervorzuheben, da sie Gelegenheit geben, die Bedeutung des Güteraustausches und die Arbeitsteilung einerseits und die Funktion des wirtschaftenden Individuums und das Zusammenspiel der sozialen Kräfte andererseits entsprechend zu beleuchten. Gleichviel, welche Formen die politische Gestaltung der Menschheit annehmen mag: technisches und kaufmännisches Wissen, Initiative und soziale Einordnung sind die Kenntnisse und Fähigkeiten, die das Ziel der Erziehung des industriellen Nachwuchses bilden müssen, soferne er seiner Aufgabe, den Wohlstand der Welt zu erhalten und zu mehren, nachkommen soll.«[207]

Zu diesem Zeitpunkt ist Ernst Geiringer bereits seit fünf Jahren Generaldirektor der Hanf-, Jute- und Textil-Industrie AG, an der sein Schwager Rudolf Duschnitz beteiligt ist – alles bleibt in der Familie. Auch Rudolf verbringt seine Sommer in Altaussee und gehört zum Freundeskreis rund um Hugo von Hofmannsthal.

Im November 1936 initiiert Ernst Geiringer eine monatlich erscheinende Werks-Zeitung[208], um das Zugehörigkeitsgefühl der Beschäftigten zu stärken – und um soziale Initiativen zu setzen. Am 1. Juli 1937 berichtet der *St. Pöltner Bote* über die Fürsorgetätigkeit

Werks-Zeitung

der Hanf-, Jute- und Textilit-Industrie A.-G.

Betrieb Neufeld a. d. Leitha, Burgenland

1. Jahr | Neufeld, im Dezember 1936 | Nr. 2

Weihnachten — das Fest der Kinder!

Photomontage: Hilde Hubbuch. Aufnahmen: Trude Geiringer.

Bilder aus unserem Kinderheim.

der Hanf-, Jute- und Textil-Industrie AG unter Generaldirektor Ernst Geiringer. Eine Anzahl an Vereinen garantiert schon seit einigen Jahren die bestmögliche Versorgung der Belegschaft. So gibt es ein Kinderhilfswerk, das seit 1935 einen Kindergarten betreibt. Die Kinder »werden zu Nikolo und Weihnachten reichlich bedacht und außerdem brachte eine Wohltätigkeitsveranstaltung unter dem Protektorate der Frau Generaldirektor Geiringer den Kleinen reiche Gaben an Mädchen- und Knabenbekleidung.« Auch ein Sportverein entsteht und umfasst eine »Fußballsektion, Turnsektion, Schachsektion, Sektion für Touristik und betätigt sich auch in geselliger Hinsicht durch Theateraufführungen und sonstige Unterhaltungsabende, zu deren Gelingen die Werkskapelle wesentlich beiträgt.«

Eine sehr weit gefasste Definition von Sport. Die Instrumente und Noten der Werkskapelle stellt die Firma zur Verfügung. Eine

Bücherei ist in Planung, Schrebergärten für die Belegschaft entstehen auf einer Fläche von immerhin 23 000 Quadratmeter.

1937 wird der neue Werkstoff Textolith eingeführt: Kunstharz wird mit Jute verpresst, daraus werden Zahnräder hergestellt, die fast ohne Schmierung nahezu geräuschlos laufen. In anderen Ländern kommen ähnliche Kunststoffe sogar für Eisenbahnschienen zur Anwendung[209] – ein innovatives Unternehmen.

Am 16. Juli 1938 publiziert die Zeitung *Der österreichische Volkswirt* die Bilanz der Hanf-, Jute- und Textil-Industrie AG und endet mit dem lakonischen Satz: »Durch den Umschwung sahen sich ein Großteil der Verwaltungsratsmitglieder veranlaßt, auszutreten.«

Ernsts und Trudes Tochter Lorle, geboren 1913, absolviert die diplomatische Akademie – ein Umstand, der ihren Enkeln und Großneffen heute unbekannt ist. Ihr späterer Mann Herbert Schüller beschreibt Lorle in seinen Memoiren: »Sie erhielt Privatunter-

Lorle Geiringer mit ihrer Großmutter, um 1925

richt in Französisch und Englisch. Nach dem Gymnasium besuchte Lorle die diplomatische Akademie und absolvierte diese mit ›Summa cum laude‹. Sie hatte keine Absicht, in den diplomatischen Dienst einzutreten, sondern wollte von den unterschiedlichen Fächern profitieren, die dort unterrichtet wurden, wie Wirtschaft, Sprachen, Verfassungsrecht, internationales Recht und Wirtschaftsrecht.«[210]

Ihre Sommer verbringt Lorle mit der Familie in Altaussee in einem gemieteten Haus. »Ihre Hauptbeschäftigung während des Winters war Schifahren und Eislaufen, das sie zwar nicht sehr gut beherrschte, doch eröffnete dies die Möglichkeiten, ihre männlichen und weiblichen Freunde auf dem Eislaufplatz zu treffen. Im Sommer schwamm sie im Altausseer See, der damals verschrien kalt war, und machte am liebsten mit ihrem Vater lange Wanderungen in den Altausseer Bergen.«[211] Ihr Vater Ernst hat einen schweren Schiunfall und fällt mit dem einen Auge genau auf eine Schispitze – sein Enkel erinnert sich an das Glasauge, das ihm eingesetzt wurde.

1935 heiratet Lorle den Juristen Herbert Schüller, am 4. Oktober 1936 wird ihr Sohn Thomas in Budapest geboren – benannt nach dem Schriftsteller Thomas Mann. Ein Umstand, der bis heute in der Familie stolz erzählt wird.

Im März 1938 machen Herbert und sein Bruder Georg Schiferien am Arlberg. Von Budapest kommend, macht Herbert kurz in Wien Station und sieht »in den Straßen Horden an schreienden und johlenden jungen Männern, herumlaufend mit Hakenkreuzbinden. Sie schienen völlig außer Kontrolle der Polizei und waren eine Plage für all diejenigen, die nicht mit ihnen gemeinsam ›Heil Hitler‹ riefen.«[212] Herbert überlegt, seinen Schiausflug abzusagen. Doch nach einem Besuch bei seinem Großvater Richard, einem engen Vertrauten Schuschniggs, am 3. März, entscheidet er sich doch mit seinem Bruder Georg für die Reise auf den Arlberg. Zehn Tage später reisen die Brüder überstürzt zurück nach Wien respektive Budapest.

Am 11. August 1938 erreichen Herbert und Lorle mit dem kleinen Tom, von Triest kommend, New York. Lorle ist hochschwanger, ihre Tochter Kathleen wird am 28. Oktober in New York geboren. Als Kontaktperson ist Lorles Großonkel Dr. Karl Koller in New York angegeben.

Bei näherer Betrachtung erweist sich dieser als bahnbrechender Mediziner, der Österreich schon früh verlassen hat, da sich hier niemand von seinen Forschungsergebnissen überzeugen ließ. Karl Koller gilt als der Erfinder der Lokalanästhesie im Bereich der Augen mithilfe von Kokain. 1934 berichten die österreichischen Zeitungen über »Fünfzig Jahre Kokainanästhesie« als »Triumph der Wiener medizinischen Schule« und über einen »Ehrentag der österreichischen Medizin: Fünfzig Jahre Kokain«. Das stimmt unbestritten, doch trotzdem macht Karl Koller nicht in Wien, sondern in New York Karriere. Er kommt immer wieder für Vorträge nach Österreich zurück, so auch 1904: Diesen Sommer verbringt er gemeinsam mit der Familie seiner Schwester Clara Geiringer in der Villa Kauders in Aussee. Besser gesagt im Villenviertel Praunfalk.

1938 erwartet Karl Koller nun seine Familie aus Wien: Am 10. Oktober treffen Ernst und Trude mit ihrem Sohn Eduard und mit Ernsts Mutter Clara Geiringer ebenfalls in New York ein.

Ernst ist und bleibt Unternehmer – sein Business beginnt er fast klischeehaft: Er geht als Staubsaugervertreter von Haus zu Haus. Doch bald eröffnet sich ein neues Geschäftsfeld und er steigt in eine Firma ein, die Elektrogeräte herstellt. Sie floriert, ein neuer Standort wird gesucht. Arkansas bietet Steuervorteile – Ernst verlegt sein Unternehmen in eine Kleinstadt namens Pine Bluff, 70 Kilometer südlich von Little Rock, das heute als Geburtsort Bill Clintons eine gewisse Bekanntheit besitzt. Dies entspricht Trudes Ansprüchen in keiner Weise, das Ehepaar kehrt bald nach New York zurück.

Ihre Kinder Lorle und Eduard kehren mit ihren Familien nach dem Krieg immer wieder nach Altaussee zurück. Was bleibt, sind Erinnerungen, Fotos und eine große Liebe für die Berge.

15 Der Tuchhändler und seine Kundinnen. Wilhelm Jungmann

Altaussee 63

Wilhelm Jungmann gehört zu meinem Leben. In dem von ihm begründeten Geschäft für feines Tuch darf ich schalten und walten und spüre den Geist, der hier seit mehr als 150 Jahren herrscht. Die Innenausstattung, die Regale, Verkaufstische und Deckengemälde entspringen seinem Auftrag, seiner Idee, seiner Vision eines gediegenen, dem Historismus verschriebenen Verkaufsraumes.

Ich habe in die Firma Jungmann eingeheiratet – was kein Zufall sein kann, betrieb meine Großmutter doch ein Herrenmodengeschäft gleich um die Ecke, das im selben Stil gehalten war. Und so bin ich ein wenig auch in die Welt der Textilien hineingeboren.

Über den Aufstieg der Firma Jungmann und Neffe hat mein Mann Georg Gaugusch einen ausführlichen Artikel für den Ausstellungskatalog des Jüdischen Museums Wien *Kauft bei Juden*[213] geschrieben – ich kann mich also auf reichhaltiges Material stützen.

Begeben wir uns in die Mitte des 19. Jahrhunderts. Aus dem kleinen Ort St. Georgen bei Preßburg kommt der Schnittwarenhändler Leopold Jungmann nach Wien – mit Frau Katharina und fünf Kindern, darunter Wilhelm und Fanny. Katharina stirbt 1854, Leopold heiratet erneut, seine zweite Frau Amalia Friedländer stammt aus einer Familie vermögender Textilhändler. Und so eröffnet sich für Leopolds Sohn Wilhelm die Möglichkeit, selbst in das Textilgeschäft einzusteigen. 1866 beginnt er das erste Geschäft, doch bis zur Etablierung dauert es bis 1873. Jetzt wird es etwas kompliziert: 1867 hat Wilhelm Jungmann Rosa Dukes geheiratet – Rosas Mutter Fanny ist Wilhelm Jungmanns Schwester, Rosa also Wilhelms Nichte. Um die Geschichte noch komplizierter zu machen, nimmt Wilhelm Jungmann den bis heute im Firmennamen vorhandenen Neffen in das Geschäft: Wilhelm Dukes, Rosas Bruder. Dieser ist also zugleich Schwager und Neffe. Eine etwas verwirrende Konstruktion. Heimito von Doderer hätte seine Freude daran gehabt.

Nun geht es mit dem Unternehmen aufwärts, denn Wilhelm Dukes hat beste Kontakte nach Paris und bringt als Erster Pariser Modeentwürfe nach Wien.[214] Die *Neue Freie Presse* zeigt sich am 10. November 1878 erfreut: »Für unsere Damen: Wie uns aus Paris mitgetheilt wird, hat die bekannte und renommirte Wiener Firma Wilhelm Jungmann und Neffe, Stadt, Salvatorgasse, die von Pariser und Lyoner Fabrikanten auf der diesjährigen Weltausstellung exponierten und mit goldener Medaille ausgezeichneten Objecte von Seiden- und Phantasiestoffen angekauft, und wird obige Firma diese Articel nach Schluß der Ausstellung, und zwar nach 15. November 1878, in ihrem Locale zum Verkauf bringen.«[215]

Um nicht alles importieren zu müssen, ermutigen Jungmann und Dukes die etablierten und alteingesessenen Wiener Seidenhändler, etwas Neues auszuprobieren und sich an den französischen Seidenstoffen zu orientieren – die Qualität steigt. Nun muss ein repräsentatives Geschäftslokal her: Am damals noch Albrechtsplatz genannten heutigen Albertinaplatz steht ein ebenerdiges Geschäftslokal leer, ebenso der erste Stock. Architekt des 1873 fertiggestellten Gebäudes ist Anton Baumgartner, ein gefragter Architekt der Wiener Ringstraße. Jungmann und Dukes schlagen zu. Sie lassen die Räume vom Theophil-Hansen-Schüler Otto Hieser adaptieren und beauftragen Franz Lefler, als Deckengemälde eine Allegorie auf den Seidenhandel zu malen. 1881 zieht die Firma Jungmann und Neffe ein – und bleibt.

Die *Neue Freie Presse* informiert die interessierte Leserschaft am 10. September 1881 unter dem Titel »Eine neue Sehenswürdigkeit Wiens«: »Die Hof-Modewarenfirma Wilhelm Jungmann & Neffe hat am Albrechtsplatze Nr. 3 ein Geschäftshaus eröffnet, welches, was Großartigkeit und Ausstattung anbelangt, auch in Paris selten seinesgleichen findet. Die architektonische Anordnung, ein Meisterwerk des bekannten Architekten Otto Hieser, ist in reichster deutscher Renaissance ausgeführt, die cassettirten Plafonds in wirksamer Polychromie zeigen allegorische Darstellungen der Seiden-Industrie.«

Es folgt der interessante Hinweis auf Details, die heute nicht mehr existieren: »Eine besonders hübsche architektonische Lösung ist die gegenüber dem Entrée angeordnete Aufgangstreppe zu den Salons im ersten Stockwerke, woselbst sich die Confections-Abtheilung des Geschäftes befindet.«

Villa Jungmann heute

Das Geschäft floriert – und Wilhelm Jungmann sucht eine standesgemäße Sommerresidenz. In Altaussee wird er fündig und lässt, ein wenig erhöht über dem Ort, 1893 eine große Villa erbauen mit prachtvollem Blick über den See. Dort verbringt er nun mit seinen Nichten und Neffen die Sommer. Und mit seinen Kundinnen, die ebenfalls den Sommer im Ausseerland verbringen, darunter Fürstin Hohenlohe, die Gräfinnen Eltz und Czernin und Charlotte Roth, Frau des Munitionsherstellers Georges Roth.

Verkäufer des Grundstückes ist Friedrich von Lössl, ein Mann voller Pioniergeist und Tatendrang und mit großer Zuneigung zum Ausseerland. Sein erstes großes Betätigungsfeld liegt im Beginn des Eisenbahnbaues: Um den Transport des ausgehobenen Erdreichs zu erleichtern, »ließ Lössl einige Rollwagen mit Masten und Segeln ausrüsten«,[216] gezogen von Pferden. Die Aerodynamik lässt ihn nicht mehr los, er wird zum Pionier der Luftfahrt. Und

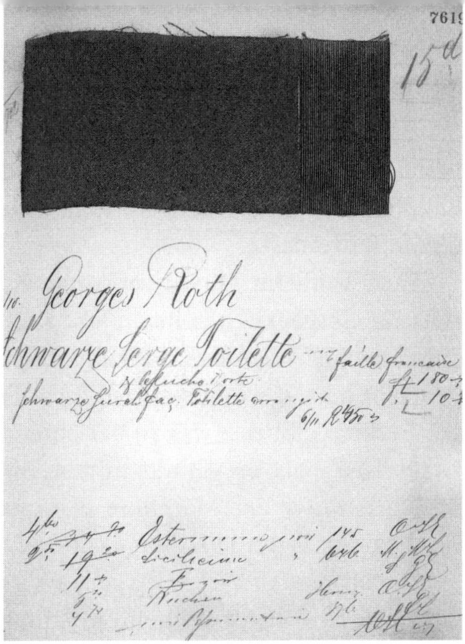

Charlotte Roths Bestellung bei der Firma Jungmann. Ihr Mann Georges besaß die Villa Roth am Grundlsee.

zugleich kauft er sich in Aussee an und erwirbt das Badehotel Elisabeth und weitere Grundstücke. Eines davon verkauft er an Wilhelm Jungmann, denn Lössl hat sich selbst ein Haus in Bad Aussee, ganz nach seinen Bedürfnissen, erbaut: die Villa Gentiana, die eine Kuriosität aufweist: Ein an die Villa angebauter Turm dient

Kaum zu erkennen: Friedrich von Lössl inmitten seiner Erfindungen in der Villa mit dem Extraturm für Fallexperimente

Fallversuchen und Luftwiderstandsexperimenten. Noch heute befindet sich eine von Lössl konstruierte autodynamische Standuhr in Bad Aussee.[217]

Auch Wilhelm Dukes verbringt viele Sommer in Altaussee, er reist standesgemäß bereits im Jahr 1900 mit dem Auto an, »mit welchem er von Wien aus die Fahrt über den Semmering bis hieher gemacht hatte«, wie die *Linzer Tages-Post* am 24. Juni 1900 berichtet. Endlich gibt es etwas zu berichten, denn auf der Rückfahrt von Grundlsee, »als er gerade mitten im Orte Altaussee dahinfuhr, schlugen unter der Maschine Flammen empor«. Neugierige sind rasch zur Stelle und löschen das Feuer. Ein Ereignis.

Bis zum Ersten Weltkrieg geht alles seinen gewohnten Gang. Am 10. April 1914 stirbt Wilhelm Jungmann, er muss den Zusammenbruch der Monarchie nicht mehr erleben. Für Wilhelm Dukes brechen schwere Zeiten an, die internationale Klientel bleibt aus, die Bedürfnisse des Kaiserhofes an repräsentativen Kleidern nimmt in Zeiten des Krieges rapide ab.

Die Zeitschrift *Die Bühne* berichtet im November 1925 nostalgisch: »So spielen auch in der Geschichte dieses alten Hauses klingende Namen von weltgeschichtlicher Bedeutung hinüber. Die Tragödie von Mayerling spann ihre Fäden hierher, denn die schöne Baronin Vetsera war hier Kunde so gut wie Kronprinzessin Stephanie, und wenn Rudolph draußen vorbeikutschierte, so wußte man nicht, welche von den beiden Frauen, die so tief in sein Leben eingriffen, er hinter den Spiegelscheiben suchte. Die Metternich, die prachtvolle Frau mit dem schäumenden Naturell, stellte sich eines Tages lustig und übermütig, hier hinter den Ladentisch und veranstaltete eine ›Resten-Okkasion‹, die natürlich jubelnden Beifall fand. Makart wählte hier die prunkenden Stoffe und Seiden für seine Festzüge, Kaiser Wilhelm II. setzte mit eigener Hand, ins kleine und kleinlichste gehend, die Bestellungen fest, die seine Gattin hier machte. So ziehen hunderte Namen von Klang und Gewicht vorüber, hundert feine Anekdoten und zeichnen die Menschen von einst und – die von heute. Denn was das Haus Jungmann der

Gesellschaft von früher war, das ist es auch dem Wien von heute geblieben.«[218]

Mit einem verkleinerten Angebot übersteht die Firma den Krieg, doch das Geschäftsmodell hat keine Zukunft mehr. Dukes orientiert sich neu und setzt auf englische Stoffe – diese sind auf dem Kontinent kaum zu bekommen, verlangen die englischen Fabrikanten doch Vorauszahlung. Und diese können in Zeiten von wirtschaftlicher Krise und Inflation nur wenige leisten. Während Wilhelm Dukes die Firma am Leben erhält, verkauft seine Schwester Rosa Jungmann im Jahr 1921 die Villa in Altaussee, die bis heute als Villa Jungmann bekannt ist.

Heute kann man die Villa Jungmann, wunderbar renoviert, mieten und Sommerfrische wie in alten Zeiten verbringen.

Vergangenheit und Gegenwart: die Autorin vor der Villa Jungmann

16 Es werde Licht! Glühlampen und die blaue Büchse

Fischerndorf 52

1879 gibt es eine Sensation: Erstmals kommen Jablochkoff'sche Kerzen in Wien zur Anwendung. Heute erschließt sich dieser Umstand wohl kaum jemandem, doch bedeutet dies den langsamen Übergang von Gas- zu Elektrobeleuchtung. »Der Saal ist von dem prachtvollen und mittels Milchglasglocken angenehm gedämpften Lichte von sechs großen Jablochkoff'schen Kerzen taghell erleuchtet«, berichtet der niederösterreichische Gewerbeverein in seiner Wochenzeitschrift begeistert über die Novität, die in seinen Räumen stattfindet.

Doch nicht jeder zeigt sich so enthusiastisch: Die Idee, eine Kunstausstellung auch am Abend bei elektrischem Licht besuchen zu können, trifft sogleich auf großen Widerstand: »Das ehrliche, herrliche Tageslicht mag auf vielen Gebieten zu ersetzen sein, für

Geschäftiges Treiben in der Firma Kremenezky, 1930

die Kunst ist es unentbehrlich und unersetzlich. Jedes andere Licht lügt und betrügt«, moniert die *Wiener Sonn- und Montagszeitung* am 19. Mai 1879. In diesem Jahr geht die Fertigstellung des Kunst- und des Naturhistorischen Museums an der neuen Ringstraße in die Endphase. Große Fenster werden eingebaut, sind diese Museen doch als Tageslichtmuseen gedacht. Doch die Technik überholt die Planung.

Johann Kremenezky, ein junger Maschinenbauer aus Odessa, der in Berlin studiert hat, führt diese Novität in Wien ein – und bleibt. Er beginnt, Dynamomaschinen zu produzieren, doch erweitert er sein Portfolio rasch und steigt auch in die Herstellung der Glühlampen ein. Eine Fabrik wird gebaut, denn solche wurden bis zu diesem Zeitpunkt in Wien nicht produziert. Das Unternehmen expandiert immer weiter, 1896 werden bereits 800 Arbeiter und vor allem Arbeiterinnen beschäftigt – auf den erhaltenen Fotos sind fast nur Frauen zu sehen.

Stillstand gibt es für Kremenezky jedoch nicht, und auch die Konkurrenz wappnet sich: Carl Auer von Welsbach erfindet das Gasglühlicht, das deutlich billiger ist. Kremenezky konzentriert sich daher auf die Herstellung von Glühlampen – im Jahr 1897 erzeugt er bereits eine Million Stück. Außerdem produziert er auch Maschinen zur Glühlampenerzeugung und verkauft sie im In- und Ausland – er ist und bleibt Maschinenbauer, »und so ist es auch begreiflich, daß Kremenezky seine Vorliebe für die Maschinenwerkstätte seiner Fabrik bekundet, dadurch daß er sie – fast kann man sagen – zu seinem Lieblingsaufenthalt in der Fabrik gewählt hat«, erfahren wir in einem Artikel vom 16. Februar 1930 in der Zeitung *Lichttechnik* anlässlich seines 80. Geburtstags.

Der Erste Weltkrieg bringt auch für die Firma Kremenezky Veränderungen mit sich. Die Glühlampenfabrikation bleibt unberührt, doch statt der Maschinen müssen nun Munitionsbestandteile und anderes Kriegsmaterial, aber auch Batterien, Isolierflaschen, elektrische Koch- und Heizapparate hergestellt werden.[219] Die Produktion dieser Haushaltsgeräte, erweitert um Bügeleisen, Kochtöpfe und Herde, hilft der Firma durch die schwierige Nachkriegszeit. Im Jahr 1930 steht sie gut da: »Die Fabrik beschäftigt jetzt 1000 Arbeiter und 200 Beamte und ist sicherlich die größte Glühlampenfabrik Österreichs.« Das klingt natürlich alles sehr technisch, doch haben die Glühbirnen eine unglaublich vielfältige künstlerische Komponente: Ein Werbekatalog zeigt Glühbirnen in Form von bunten Früchten, Schwammerln, Tieren und Christbäumen.

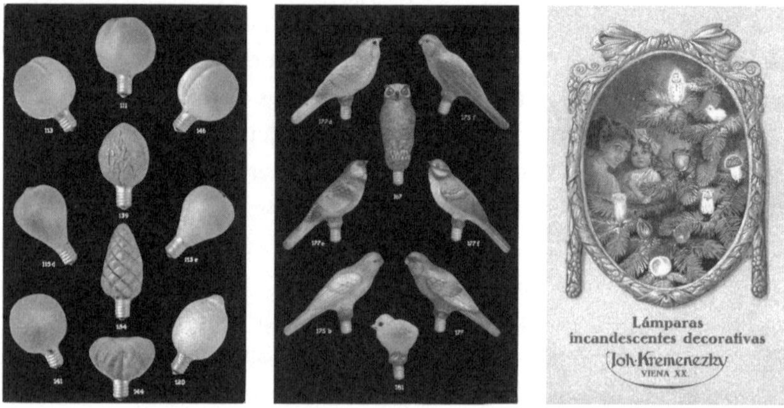

Fantasievolle Glühbirnen-Modelle aus dem spanischsprachigen Verkaufskatalog

Doch nicht nur der Elektrotechnik verschreibt Kremenezky sein Leben, sondern auch dem Zionismus. 1896 begegnet Kremenezky Theodor Herzl und gehört ab diesem Zeitpunkt zu dessen engsten Vertrauten. Zu seinem wichtigsten Aufgabengebiet zählt die Gründung eines jüdischen Nationalfonds, um möglichst viel Land in Palästina ankaufen zu können. Großspender unterstützen den Nationalfonds ebenso wie viele andere jüdische Familien, in denen die blaue Büchse des Nationalfonds zu einem wichtigen Bestandteil des Haushaltes zählt: Am Schabbat wirft die Familie eine Spende ein, auch die Kinder geben etwas von ihrem Taschengeld ab. Die ersten 100 dieser Büchsen lässt Johann Kremenezky herstellen, doch sind diese rasch verteilt und neue müssen geliefert werden. Viele Familien erwerben auch selbst Land in Palästina, je nach ihren Möglichkeiten, doch geht es um das Ganze, um den Zusammenhalt. Kremenezky denkt schon einen Schritt weiter und errichtet in Palästina eine Sandziegelfabrik. Sein Sohn Theodor tritt in seine Fußstapfen: Er widmet sich ebenfalls der Elektrotechnik und vertritt ab 1932 in der Wiener Kultusgemeinde die zionistische Liste.[220]

»Dem Nationalfonds, dem ich diene!« Briefmarke zum Gedenken an Johann Kremenezky, »den Mitschöpfer und ersten Organisator des Jüdischen Nationalfonds«, 1934

Seit 1904 verbringt die Familie die Sommer in Bad Aussee, immer eingemietet bei Franz Kalss in Obertressen 2. Im Jahr 1936 erwirbt Theodor Kremenezky die sogenannte Villa Buschbach, deren Erbauer Peter Bušbach als liberaler ungarischer Reichsratsabgeordneter und Rechtsanwalt große Anerkennung erfährt. Während der Revolution 1848 steht er als Honvéd-Hauptmann auf Seite der Liberalen und betätigt sich zeit seines Lebens politisch: »Das Vertrauen seiner Mitbürger war sein schönster Lohn«, schreibt der *Pester Lloyd* in einem Nachruf am 18. November 1905. »Mit ihm steigt ins Grab einer der immer weniger werdenden Zeugen einer Epoche, in welcher der politische Kampf noch mit Leidenschaft, aber nicht mit Haß ausgefochten wurde.«

Bis 1920 bleibt die Villa im Besitz seiner Familie, dem Ehepaar Eugen und Mathilde Zsigmondy, dann erwirbt sie Dr. Gabriele

Gräfin von Wartensleben, die als zweite Frau im Jahr 1900 an der Universität Wien zum Dr. phil. promoviert wurde. Sie ist die Tochter von Ferdinand Andrian-Werburg (Kapitel 17), ihr Bruder Leopold wird bereits zwei Jahre später Eigentümer der Villa.

Von ihm erwirbt 1931 der Laryngologe Bernhard Panzer den Besitz – drei Jahre zuvor hat er von seinem Bruder, dem amerikanischen Reeder und Getreidegroßhändler Ignaz Panzer, ein Vermögen geerbt, das er auch in der Villa Primavesi in Wien-Hietzing anlegt. Lange kann er sich seines Altausseer Besitzes nicht erfreuen: 1934 stirbt er bei einem Sturz vom Pferd im Lainzer Tiergarten.

Aus seiner Verlassenschaft kauft Theodor Kremenezky die Villa – und auch ihm sind dort nur zwei Sommer vergönnt. Er lässt die Villa durch Stararchitekt Otto Prutscher umbauen[221] und richtet sich auf viele Sommer mit Familie und Freunden ein. Zu diesen zählt auch die Familie Neumann-Geiringer (Kapitel 14). Hans Neumann, der sich in der Emigration unter dem Namen George Neuman in England als Musikverleger einen Namen macht und erst 2020 stirbt, erinnert sich in seinen Memoiren *Finding Harmony* an Theodor: »Ich kannte einen der Französisch-Schüler meiner Mutter, Teddy Kremenezky, da seine Familie eine Villa in Altaussee besaß, wo auch die Neumanns den Sommer verbrachten. In der Erinnerung meiner Mutter war Teddy faul und machte seine Hausaufgaben niemals sehr ordentlich. Wie anders ist er als sein Vater, sagte meine Mutter, denn dieser kam als junger Mann aus Odessa nach Wien und baute eine Glühbirnenfabrik auf. Nach ihrer Erzählung handelte es sich aber nicht um eine einfache Fabrik, sondern um ein völlig modernes Vorzeigeunternehmen, das die privaten Bedürfnisse nach den Zeiten des Leuchtgases deckte. Ich mochte Teddy und bewunderte sein großes Packard-Sportcoupé, das am hinteren Ende, außerhalb des Autogestells, zwei Höflichkeitssitze hatte. In diesem Auto besuchte ich im Jahr 1936 Peter Schick und sein Mutter Hedy, geborene Neumann. Heute ist es schwierig zu verstehen, wie aufregend damals eine Reise mit dem Auto war.«[222]

Am 7. Juli 1938 verlässt Theodor Österreich Richtung Italien. Bereits am 1. Mai 1938 wurde seine Villa beschlagnahmt und am 4. August 1938 »für die nationalsozialistische deutsche Arbeiterpartei einverleibt«, wie im Grundbuch zu lesen ist.

Noch am 14. März 1938 wird ein Pfandrecht zur Sicherstellung einer Schuld von 50 000 Schilling im Grundbuch vermerkt. Diese Eintragung geht zugunsten von Margarete Rous und soll »eine Abfertigung beinhalten, die der Jude Kremenezky nach Lösung seiner Beziehungen zu Margarete Rous versprochen hatte«[223]. Dies gibt Margarete Rous jedenfalls an. Versuchen wird man es ja wohl dürfen: Am 27. Jänner 1939 vermerkt der Reichsstatthalter von Wien: »Es handelt sich angeblich um Lohnrückstände für sieben Jahre für die Dienstleistung als Haushälterin. Es muß schon jetzt hervorgehoben werden, daß eine Barentlohnung von rund 600 Schilling monatlich für eine Haushälterin als unwahrscheinlich gelten muß.«[224]

Doch so rasch gibt sich Margarete Rous[225] nicht geschlagen. In einer Niederschrift vom 29. Juni 1939 verrät sie mehr: »Ich stelle die mir zur Last gelegten Beziehungen zu Kremenezky in Abrede. Richtig ist, dass Kremenezky die Absicht hatte, mich zu heiraten, während ich mich weigerte, einen Juden zu heiraten. Ich bin seit fünf Jahren mit dem illegalen SS. UStuf Theobald Czernin verlobt, wovon Kremenezky Kenntnis hatte. Schriftliche Beweismittel über mein Angestelltenverhältnis besitze ich nicht. Insbesondere war ich nicht bei der Krankenkasse gemeldet, weil Kremenezky sämtliche Arztenskosten für mich trug. Wegen der Zuwendungen von monatlich 1200 Schilling, die ich seit Jahren bezog, wurde ich von meiner Einkommenssteuerbehörde besteuert. Kremenezky hat diese Besteuerung wieder rückgängig machen wollen und hat bei der Steuerbehörde interveniert, wobei er den Standpunkt vertrat, dass dieser Betrag nicht ein Einkommen darstelle, sondern Wirtschaftsgeld, das ich zu verwalten hatte. Diese Einwendungen waren aber fruchtlos.«[226]

Einen Tag später ergänzt sie: »Kremenezky hatte als Wohnung lediglich ein kleines Kabinett seines Bruders in der Wasagasse inne und hat mich beauftragt, in meinem eigenen Haushalt für ihn und seine Gäste zu sorgen. Er hatte kostspielige Allüren, wünschte gut zu essen und zu trinken und vor allem eine aufmerksame Bedienung und war ich deshalb bemüßigt, zwei Mädchen zu halten, die den Haushalt in Ordnung hielten. Kremenezky kam Vormittag oder Mittag, verbrachte den Mittags- und Abendtisch bei mir und ging dann in seine Wohnung. Er hat niemals bei mir übernachtet. Wie ich bereits erwähnte, hatte Kremenezky große gesellschaftliche Verpflichtungen und waren jeden Tag mindestens vier bis sechs Leute zu verköstigen und erhielt ich hiefür ein Wirtschaftsgeld von S 1200.«[227] Die Behörde gibt ihr nicht recht.

Ein weiterer Prozess beschäftigt die Nazi-Ämter und verhindert, dass die Verlassenschaft des 1934 gestorbenen Johann Kremenezky abgeschlossen werden kann. »Der Prozess kann nicht schon jetzt anhängig gemacht werden, weil sämtliche Zeugen während der Kriegszeit nicht erreichbar sind.«[228] Eine eigenwillige Formulierung.

Theodor gelangt dank seiner zionistischen Tätigkeit nach Israel, kehrt jedoch nach dem Krieg zurück und beantragt die Restituierung seiner Villa. Während des Krieges wohnte hier Gauleiter August Eigruber, der seinem Chauffeur die Villa Königsgarten weit unter dem realen Preis zukommen ließ (Kapitel 19). Eigruber war es auch, der die Kunstschätze, die in den Stollen in Aussee gelagert wurden, als wahre Götterdämmerung in die Luft sprengen wollte. Doch Salinenarbeiter verhinderten dies, Kunstwerke und Stollen blieben unversehrt.

Am 9. Juli 1947 erhält Theodor Kremenezky die Villa zurück, offenbar blieben alle Möbel erhalten. Die Ehefrau des zwischenzeitlichen Bewohners Eigruber behauptet offenbar, dass diese ihr gehören, was den rechtmäßigen Besitzer am 23. März 1951 zur folgenden Eingabe veranlasst: »In meinem Besitze befinden sich außer den zwei von akad. Maler Filkuka stammenden Bildern, die zweifelsohne auf Grund der Erhebungen des szt. Bezirksinspektors Auerböck Eigentum des Gauleiter Eigruber waren, keinerlei Gegenstände, die Eigentum der Gattin des ehem. Gauleiters Eigrubers

Villa Kremenezky

sind. Diese beiden Bilder wurden, da sie vor der Renovierung bis zum Herbst 1949 in der Halle hängten, von sämtlichen Amtspersonen und Besuchern bemerkt und zur Kenntnis genommen.

Von der Art der Übergabe der Villa und den besonderen Umständen, unter denen sie mir zurückgestellt wurde, machte ich Herrn Landesregierungsrat Dr. Bauer in Gegenwart meines Anwalts aufmerksam. Ich habe aus freien Stücken, ohne hiezu aufgefordert worden zu sein, dem erhebenden Beamten Alfred Höller sämtliche Räume meines Hauses einschließlich Keller und Dachgeschoß gezeigt und konnte sich derselbe davon überzeugen, daß sich im Hause keiner der von Frau Eigruber behaupteten Gegenstände befindet. Es kann auch nicht der Fall sein, da ja die Villa nach der Inanspruchnahme durch die amerikanische Besatzungsmacht durch die Finanzlandesdirektion restituiert wurde und bei der Inventarisierung vor der Übergabe an mich selbstverständlich keine fremden Gegenstände übergeben wurden.

NS: Ich beabsichtigte seit je, nach eventueller Zuerkennung dieser Bilder an mich, diese einer öffentlichen Institution zu schenken.«[229]

Theodor behält die Villa und stirbt 1973. Er findet auf dem Friedhof in Altaussee seine letzte Ruhe.

17 Aus Paris nach Altaussee. Cécile Meyerbeers Familie

Fischerndorf 48

Warum lassen sich so viele emanzipierte, kämpferische, mutige Frauen im Ausseerland nieder? Clara Schreiber mit ihren Töchtern (Kapitel 1), Eugenie Schwarzwald mit ihren Schülerinnen (Kapitel 24) prägen die Sommerfrischegesellschaft. Dazu gesellt sich schon früh eine weitere Dame. Cäcilie von Andrian-Werburg, 1836 als Cécile Meyerbeer in Paris geboren, Tochter des Komponisten, der einige Sommer in Bad Ischl verbringt. Heute ist uns kaum mehr bewusst, welch Superstar Giacomo Meyerbeer war. Seine Opern standen auf den Spielplänen der großen Opernhäuser und erfreuten die Massen. Meyerbeer zählte zu den populärsten Komponisten seiner Zeit. Und zu den wohlhabendsten.

Die Bühne, 1931

Die von mir hochgeschätzte Journalistin Elsa Bienenfeld schildert 1931 anlässlich Céciles Tod im Alter von 94 Jahren in der *Bühne* deren Lebensweg: »Cécile betrieb zu einer Zeit, da höhere Frauenbildung und Sport noch unbekannte Begriffe gewesen sind, sehr ernsthaft Geologie, studierte Botanik und schwärmte für Hochtouristik. Gewöhnt, in der Hochfinanz und beim Hochadel von Paris und Wien zu verkehren, schön und elegant, berühmt, gut und mit wählerischem Geschmack gekleidet, war sie ganz Dame der großen Welt.«

Auf einer ihrer Reisen besucht Cécile Meyerbeer auch Wien: »Sie wollte nur Aufenthalt für eine Woche nehmen und sollte auf Lebenszeit in Österreich bleiben. Der Geologe, Ethnograf und Anthropologe Baron Andrian hielt einen Vortrag in der Geologischen Gesellschaft und veranstaltete, daran anschließend, eine Führung durch die geologische Reichsanstalt. Die ernste Cécile Meyerbeer, verständnisvoll den Worten folgend, gewann das Herz des jungen Gelehrten. Während der Brautzeit, im Jahre 1869, fuhr sie über Ischl in das damals als Naturjuwel noch längst nicht entdeckte Alt Aussee und ließ in dieser schönsten Landschaft des Salzkammergutes das erlesen vornehme Schloß Andrian bauen, das so exklusiv und unsichtbar jedem fremden Blick ist.«[230] Ihre letzte Ruhestatt findet Cécile am Friedhof Altaussee.

Ihr Mann Ferdinand von Andrian-Werburg nutzt seine Aufenthalte in Altaussee, um Land und Leute zu studieren und seine Erkenntnisse in ein Buch einfließen zu lassen. »Hier ist die Arbeit des Forschers aus der Liebe zu seinem Gegenstande hervorgewachsen«, beschreibt der Indologe Leopold von Schroeder in der *Neuen Freien Presse* am 14. Juli 1905 die Grundlage des Buches, um zu ergänzen: »Es ist nicht ein Buch der leichten Unterhaltungslektüre.« Umfangreich kann man dieses Werk nennen, das jahrzehntelange Forschung über Sitten und Gebräuche, Salzabbau, aber auch Trachten und Musik beinhaltet. Auf Volkskundler übt das Ausseerland offenbar einen ganz besonderen Reiz aus, wie später folgende Gäste wie Konrad Mautner (Kapitel 22) und Rudolf Stiassny ebenfalls beweisen.

Ferdinand gilt als bedeutender Anthropologe und Ethnologe und begründet 1870 die Anthropologische Gesellschaft in Wien. Er arbeitet auch am bahnbrechenden Kronprinzenwerk des Kronprinzen Rudolf mit. 1914 stirbt Ferdinand, ein Jahr zuvor übernimmt sein Sohn Leopold von Andrian die Villa in Altaussee. Dieser steht als Jurist im Dienst der Diplomatie und macht sich auch als Schriftsteller einen Namen. Enge Freundschaft verbindet ihn seit Jugendtagen mit Hugo von Hofmannsthal, den er mit seiner späteren Frau Gerty Schlesinger bekannt macht. Sie alle verbringen die Sommermonate in Altaussee und entwickeln hier gemeinsam das Konzept für die Salzburger Festspiele.

Und noch ein weiterer Sommergast wird zu einem Kooperationspartner: Der Maler Viktor Hammer, der in den gleichen politischen Kreisen verkehrt wie Leopold, gestaltet 1937 das Cover von Andrians Buch *Österreich im Prisma der Idee. Katechismus der Führenden.*

Leopold verkauft die Villa 1920 an den niederländischen Industriellen Salomon van Deventer, der vor allem als Berater der Kunstsammlerin Helene Kröller-Müller Bekanntheit erlangt. Dieser behält die Villa jedoch nur wenige Jahre: 1924 geht sie in den Besitz Jakob Wassermanns über (Kapitel 18).

Doch damit ist die Beziehung des Hauses mit Familie Andrian noch nicht zu Ende. Nach Jakob Wassermanns plötzlichem Tod im Jahr 1933 erwirbt Leopold von Andrian in einer Zwangsversteigerung die Villa aufs Neue. Leopold hat sich nach dem Ersten Weltkrieg ins Privatleben zurückgezogen und äußert sich schon früh prononciert gegen die Nationalsozialisten – 1938 verlässt er Österreich. Über die neuen Machthaber notiert er: »Eines ihrer Ziele ist das Vernichten des Österreichischen, sein Hinüberbringen in's Deutsche und das neue Gesamtdeutsche, die österreichische Idee soll in den Köpfen und Gemütern ausgetilgt werden.«[231]

Die Villa wechselt einmal mehr den Besitzer: Der deutsche Kunsthändler Johannes Hinrichsen und dessen Ehefrau Hortensia erwerben das Haus. Leopold von Andrian flüchtet über Frankreich nach Brasilien.

Nach dem Krieg bemüht er sich um die Rückstellung der Villa, dies endet in einem Vergleich: Leopold erhält 1951 eine Entschädigung in Höhe von 5000 Schweizer Franken – wenige Wochen später ist er tot.

18 »... als wären wir in Grönland«. Der Schriftsteller Jakob Wassermann

Fischerndorf 48

Jakob Wassermann umgibt eine düstere Aura. Er sei die meiste Zeit »im Brunnen« gewesen, erinnert sich sein Sohn Charles. Versunken in seinen Gedanken, wortkarg, wenig kommunikativ. Der Franke Wassermann kam 1898 als junger Mann nach Wien und muss sehr eigenwillig gewirkt haben mit seinem starken Akzent und seiner speziellen Ausstrahlung. Und doch findet er rasch Eingang in die Wiener literarische Szene und Gesellschaft, zum einen durch die Freundschaft zu Hugo von Hofmannsthal, zum anderen durch seine erste Ehe mit Julie Speyer. Beide Beziehungen führen nach Altaussee.

Zwischen Grundlsee und Altaussee treffen im August des Jahres 1900 Julie Speyer und Jakob Wassermann aufeinander. Sie kennen einander bereits aus Wien, doch in der Ungezwungenheit der Sommerfrische vertieft sich ihre Bekanntschaft und Jakob Wassermann macht ihr am 30. September einen Antrag: »In einer stillen Bucht, in der wir Rast hielten, hörte ich die schicksalsvollen Worte, die mir wie vom Himmel kamen: ›Also wenn Du morgen nach Hause kommst, sag es Deinem Vater, dass wir heiraten wollen.‹«[232] Das tun sie auch, die Ehe entwickelt sich jedoch zu einem Desaster. Vier Kinder kommen zur Welt, in diesen Jahren beginnt Jakobs Karriere als Schriftsteller. Schwierige Zeiten, die die Familie jährlich nach Altaussee führen. Auch den Sommer 1914 verbringen sie hier: In seinem Tagebuch notiert Wassermann am 5. August: »Und dieser selige Sommerfrieden hier im Tal! Es ist wie ein Hohn.« Am Abend dieses Tages »las ich auf der Wiese bei Hofmannsthals die drohende Kriegserklärung Englands. Zugleich war der Himmel so dunkelglutrot, wie ich ihn hier noch niemals gesehen, die Berge glühten wie feurige Kohlen«.[233]

In unsicheren Zeiten rücken die Menschen zusammen – dies gilt auch für den Sommer 1914, den Wassermann, nach Wien zurückgekehrt, resümiert: »Dies stille Aussee war heuer von Menschen überflutet, und alle rückten einem so nah, daß man oft kaum atmen konnte. Einzelne schöne Tage, wunderbare Nächte entschädigten nicht.«[234]

Zu dieser Zeit lernt Wassermann die Schwester seiner Nachbarin Emmy Wellesz kennen: Marta Stross, geborene Karlweis, die mit ihrer Familie ebenfalls den Sommer in Altaussee verbringt. Die Geschichte wiederholt sich. Aus einer Affäre entwickelt sich eine neue Beziehung, 1919 entscheiden sich Jakob und Marta, ihren Wohnsitz ganz nach Altaussee zu verlegen. Marta Karlweis erinnert sich: »Eine Bekannte meiner Eltern, das originelle alte Fräulein von Filtsch, hatte uns ihre hübsche, geräumige Villa vermietet, die wir allerdings im Sommer wieder der Besitzerin überlassen mussten. So zogen wir vier Jahre im Herbst mit Sack und Pack, mit Büchern, Kindern (den meinen) und Gesinde aus dem Gadererhaus, einem Bauernhaus neben der Villa Filtsch, das wir im Sommer bewohnten, in die heizbare, wohleingerichtete Villa, und im Frühling ebenso wiederum zurück. Jedoch die Unbequemlichkeit galt uns nicht viel, gemessen an der Sicherheit des Friedens, mit dem die winterliche Schönheit der geliebten Landschaft uns umfing.«[235]

Der Alltag unterliegt einem genauen Rhythmus: Gefrühstückt wird zwischen ½ 9 und 9, »da kommt der Jakob, sagt nichts, schaut freundlich, ißt und trinkt, schiebt schnell das Tischtuch fort und legt zwei Patiencen. Dann sagt er nichts, steht auf und geht zur Arbeit.«[236] So schildert ein Freund der Familie den Dichter. Marta Karlweis ergänzt: »Er liebte den Kaffee, das Ei, den Käse, die Früchte, die feinflügelige gerade Nase streckte sich ordentlich, um alle die guten Düfte einzuatmen. Erdbeeren und Birnen liebte er am meisten. Er saß stattlich, das gebräunte Antlitz wirkte noch brauner über der weißen Leinenjacke, die er sommers trug, saß und schaute um sich, halb schmunzelnd in der Würde des spendenden pater familias, an die er sich nie ganz gewöhnen konnte.«[237]

Die Familie wächst, zu Jakobs eigenen vier Kindern kommen zwei aus Martas erster Ehe und ein gemeinsamer Sohn, Ulrich, der

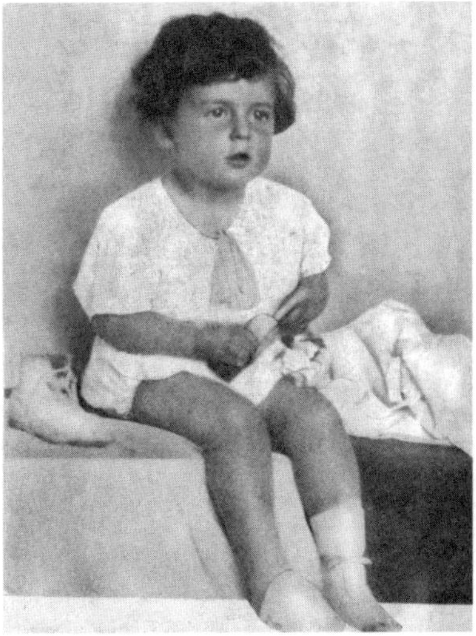

Trude Geiringers Bild von Uli Wassermann in der *Bühne*, 1926

sich später Charles nennen wird. Ein größeres Haus muss her. Am 1. Juli 1924 wird Wassermann, »obwohl er keinen Groschen Kapital besaß, durch eine Verkettung phantastischer Umstände Eigentümer des schönsten Besitztums weit und breit, Haus, Hausrat, Garten, Seeufer und Wald. Die Tochter Meyerbeers, Baronin Andrian, hatte das Haus gebaut und den Park angelegt, beides entzückend durch die Schönheit der Maße und der Raumverteilung; wie die Landschaft, See, Berge, Gletscher in Haus und Garten hineingehen, wie sie sich jedem Raum und jedem Gartenwinkel einverleiben, ist ein Geheimnis für sich«[238] (Kapitel 17).

Der Kauf wird von Paul Goldstein, Direktor der Depositenbank, finanziert. Zu diesem Zeitpunkt steht die Depositenbank bereits auf tönernen Beinen, wenige Tage nach dem Kauf schließt die Bank ihre Schalter, die Verwaltungsräte treten zurück, Paul Goldstein flüchtet nach Berlin. Seine Person führt zu zahlreichen anderen Familien, die den Sommer im Ausseerland verbringen, allen voran Camillo Castiglioni (Kapitel 26), aber auch Paul Hammerschlag und Louis Rosen (Kapitel 9 und 12) – sie alle stehen in engem Kontakt mit Paul Goldstein.

Josef Redlich, Hugo von Hofmannsthal und Jakob Wassermann in Altaussee, Sommer 1916 (links). Jakob Wassermann bei der Arbeit in Altaussee, *Die Bühne*, 1931 (rechts)

Jakob Wassermann jedenfalls ist glücklich. »So fand ich dann den Ort, an dem ich mich dauernd niederließ, das Tal im steirischen Gebirge, und diese Landschaft wurde mir zum Freund wie einem ein Mensch zum Freund wird.«[239]

1929 erhält Jakob Wassermann Besuch von Egon Michael Salzer, einem Journalisten des *Neues Wiener Journals*, der in zauberhafter Weise Einblick in die Idylle gewährt: »Inmitten dürftigen Grüns, an die steilen Wände des Losers angeklebt, erhebt sich eine von wilden Rosen, Efeu und Wein umrankte Villa, eingebettet in einen riesigen Naturpark. Gepflegt sind die kiesbestreuten Wege, der frischgrüne Rasen, die sich zu einer Farbensymphonie erlesenster Art vereinenden Blumenbeete.«

Dort trifft der Journalist auf Marta Karlweis: »Inmitten eines Rosenbeetes steht die hübsche junge Hausfrau im kleidsamen Dirndl mit Schere und Korb bewaffnet, um die Rosenstöcke zu beschneiden, Unkraut auszujäten. Auf einer schattigen Bank hinter dem Tuskulum des Dichters erzählt mir Frau Wassermann dann von der Arbeit ihres Gatten. ›Sechs bis acht Stunden des Tages gehören seinem Werke. Er schafft am Etzelroman, der vielbesprochenen Fortsetzung des ›Fall Mauritzius‹. Er beschäftigt sich außerordentlich viel mit Jugendproblemen, will er doch mit seinem Etzel Andergast das Porträt des kämpfenden Knaben und jungen Mannes von heute darstellen, getreues Abbild der heutigen Jugend.‹

›Und Sie, gnädige Frau, leben hier in diesem Paradies ganz weltabgeschieden?‹, frage ich. ›Was fällt Ihnen ein!‹, repliziert die schöne Frau. Weist auf die Rosen hin, denen so viel Liebe gilt, erinnert an ihren entzückenden Jungen, der eben mit dem Vater einen Spaziergang macht. ›Wohl ist hier unser Heim, die Arbeitsstätte meines Gatten, doch verbringt er viele Monate des Jahres auf Reisen. Einmal ist es Wien, das ihn anzieht, ein andermal das pulsierende amerikanische Leben Berlins, die lichterglänzende Weltstadt Paris … Er reist viel und gern, ist aber mindestens ebenso gern zu Hause, in seinem Heim.‹«

Auch dem Journalisten wird der Dichter als wortkarg beschrieben: »Frühmorgens schon liegt Jakob Wassermann am Strand vor seinem Hause, verbringt viele Stunden des Tages in der Badehose, im, am und auf dem Wasser. Nachmittags führt ihn dann sein Weg in die obligate Konditorei, seinem Söhnlein zuliebe verbringt er dort eine halbe oder auch eine ganze Stunde an einem einsamen Tisch in der Ecke des kleinen Gartens. Selten sieht man ihn in Gesellschaft, er zieht das Alleinsein entschieden vor, ist liebenswürdig, ohne dabei allzu freundlich zu sein. Er spricht ungern. Langsam und abgewogen fallen seine Worte. Die Einheimischen von Alt-Aussee sehen in ihm längst einen der Ihrigen, ohne daß die achtungsvolle Distanz, die sich der Dichter zu schaffen wußte, gefallen wäre.«[240]

1926 wird endlich die Scheidung von Wassermanns erster Frau Julie ausgesprochen, doch nimmt dieses schmerzvolle Kapitel kein Ende. Auch noch fünf Jahre später äußert sich der Schriftsteller dazu: »Seit der Trennung habe ich an sie 360 000 Schilling bezahlt. Welche Frau hat, so wie sie, 2700 Schilling monatlich zur Verfügung? Ich bin nur ein einfacher Schriftsteller, ich muß alles mit

Jakob Wassermann sondiert die Lage. *Die Bühne*, 1926

meiner Hand schreiben.«[241] Und er verweist auf seinen Rechtsanwalt: Robert Weishut, der selbstverständlich ebenfalls die Sommer in Altaussee verbringt (Kapitel 7).

Jakob Wassermanns Ruhm als Schriftsteller wächst, seine Romane zählen zu den größten Bestsellern im deutschsprachigen Raum und verhelfen ihm zu Ansehen und finanziellem Erfolg. Bis zum Jahr 1933. Der renommierte S. Fischer Verlag, langjähriger Partner der Wassermann'schen Bücher, gerät unter Druck, zählen doch seine Autoren nun plötzlich zu den Verfemten und bald auch Verbotenen. Im November trifft sich der Autor mit seinem Verleger Gottfried Bermann Fischer – sein Herz erträgt die Belastung nicht, Wassermann erleidet einen Herzinfarkt.[242]

Weihnachten feiert er mit seiner Familie zu Hause in Altaussee, auch Silvester als Schlusspunkt dieses entsetzlichen Jahres verbringen alle zusammen. Zur Jahreswende ruft Wassermann nach seiner Frau. »Der Kampf dauerte bis zur fünften Morgenstunde. Dann kam Erschöpfung, Schlaf. Um sechs Uhr hörte das Herz zu schlagen auf.«[243]

Marta kann das Haus nicht halten, die Familie wird in alle Winde zerstreut. Doch kehrt ihr Sohn als Charles Wassermann nach dem Krieg zurück und lässt sich, wie schon sein Vater, in Altaussee nieder.

19 Ein olympischer Fechter. Ernst Königsgarten

Fischerndorf 59

Ich glaube nicht, dass der großartige Schriftsteller Peter Hammerschlag, ein Meister des Wortwitzes, der sich vor allem als Hausdichter des Wiener Kabaretts »Der liebe Augustin« einen Namen machte,[244] jemals einen Sommer in Altaussee verbracht hat. Nicht einmal in Bad Ischl ist ein Aufenthalt nachzuweisen. Und doch eröffnen sich mehrere Berührungspunkte.

Einer der Kollegen, mit denen Peter Hammerschlag eng zusammenarbeitet, ist der Schriftsteller Hugo Königsgarten. Gemeinsam verfassen sie Werke für den »Lieben Augustin«, 1931 gegründet von der legendären Stella Kadmon und im Souterrain des Cafés Prückel untergebracht.

Hugos Onkel Ernst Königsgarten, ein Wiener Lebemann, zeichnet sich vor allem durch seine Erfolge als Fechter aus: 1906 nimmt er an den Olympischen Spielen in Athen teil. Ein Jahr später bekommen Ernsts Bruder Fritz und dessen Frau Lisi einen Sohn, Heinrich – in Wirklichkeit ist jedoch Ernst der Vater. Er kümmert sich nach Fritz' frühem Tod um ihn.

1919 erwirbt Ernst Königsgarten eine Villa in Altaussee, in der die Familie oftmals den Sommer verbringt, im Kreis von bedeutenden Freunden und Geschäftspartnern, gehört er doch dem Verwaltungsrat des Theaters in der Josefstadt an und steht so mit dem Bankier Camillo Castiglioni (Kapitel 26) und dem Regisseur Max Reinhardt in enger Verbindung. Sie alle verbringen viel Zeit im Ausseerland und arbeiten an einem großen Projekt: der Gründung der Salzburger Festspiele im Jahr 1920.

Die produktiven Sommer in Altaussee enden 1938. Ernst flüchtet nach Brünn, seine Villa wird vom bewährten Kurdirektor Eduard Beyerer verwaltet. Erst am 21. Mai 1940 wird ein Inventar aufgenommen von: »Eduard Beyerer, komm. Verwalter und Treuhänder. Frau Kranzer, Linz. Karl Köberl, Bürgermeisterei Altaussee.

Villa Königsgarten

Josef Reichenvater, Hausverwalter. Auftrag des Sachverständigen Karl Weinzierl, Linz.«[245]

Deren »kunsthistorische« Expertise zeigt sich in der Beschreibung der einzelnen Objekte. »Bild: schwarze Madonna in Rahmen, alt« ist da zu lesen oder auch manch Kurioses: »Wandbehänge: Haus aus Papiermaché und Holzgehäuse (beschädigt)«. Diverse Madonnenbilder, Landschaftsbilder werden gleich mit null Reichsmark Wert eingestuft. Auch in diesem Haus befindet sich eine Teepuppe mit Porzellankopf – wohl sicher aus der Werkstatt der Lilli Baitz (Kapitel 2).

Das Gesamtinventar umfasst 300 Gegenstände und lässt tief in einen gediegenen Haushalt mit Kunstgegenständen blicken: Diverse Ölgemälde gesellen sich zu Renaissancekästen, eine große Anzahl an Bronzestatuen, eine umfangreiche Bibliothek, ein Holzluster und dazwischen ein Radio und ein Grammophon als Zugeständnis an moderne Zeiten. Diverse Krüge, Vasen und volkskundliche Gegenstände geben den Eindruck einer sehr großen und liebevoll zusammengetragenen Sammlung.[246] Die meisten Gegenstände werden ins Heimathaus abtransportiert – und einmal mehr penibel aufgelistet. 1944 kommt die Sammlung, in Kisten verpackt, in die Stollen des Altausseer Salzbergwerkes.[247] Diese dienen bereits ab 1943 als Depot für gestohlene Kunstschätze für das geplante Führer-Museum in Linz.

Auch Geräte zur sportlichen Betätigung befinden sich im Haus: »Leichtathletik Ausrüstung: Keulen, Hanteln, Stemmgewichte, Kugeln, Medizinball etc.«[248] Die Fechtausrüstung befindet sich auf dem Dachboden.

Beyerer verpachtet die Villa im Jahr 1940 an Karl Kranzer, »Kraftfahrer des Gauleiters und Reichsstatthalters« August Eigruber, der selbst auch eine Villa requiriert hat (Kapitel 16). Dies ist »dringend geboten, damit der Genannte, der während des Aufenthaltes des Gauleiters in Bad Aussee jederzeit zur Verfügung stehen muss, eine entsprechende, nicht zu kostspielige Wohnung erhalte. Es erübrigt sich wohl weiter auszuführen, dass in diesem Falle nicht der Vorteil des Erwerbers, sondern ausschließlich das öffentliche Wohl maßgebend ist.«[249] Wenn ein Umstand so deutlich betont wird, ist Vorsicht geboten.

In der Vermögensauflistung ist das Haus mit 20000 bis 25000 Reichsmark bewertet, Karl Kranzer bezahlt gerade einmal 4500. Beyerer versucht in einem Schreiben an den Reichsstatthalter, die Kosten für das im Haus verbliebene Inventar auf unter 1000 Reichsmark hinunterzudrücken. Es handelt sich neben diversen Möbeln wie Bauernsesseln, einer Chaiselongue, einem Diwan, Luster oder Zinnteller auch um zwei eher extravagante Gegenstände: ein Bärenfell und eine Rehhaut mit mexikanischer Aufschrift.[250]

Beyerer nützt diesen Brief für generelle Fragen:

»Bei dieser Gelegenheit wiederhole ich meine in meinem dem Gauleiter vorgelegten Bericht gemachte Feststellung, dass es

1. Unbedingt nötig ist, die Liegenschaften verreister Juden ehestens Besitzern zuzuführen, um einen weiteren Verfall aufzuhalten und dem Verlust des besonders in Kriegszeiten wertvollen Materials und damit wertvollem Volksvermögen vorzubeugen, nach-

dem die Verwaltung für so weitgehende Kosten nicht die Mittel besitzt und kein Kreditinstitut mit Rücksicht auf die ungeklärten Besitzverhältnisse und die Gefahr weiterer Entwertung Mittel zur Verfügung stellen würde.

2. Die Schätzungsgutachten zu revidieren sind, unter der Berücksichtigung
   a. Dass die meisten in Frage stehenden Liegenschaften Luxusbesitze waren, hinter denen zur Erhaltung namhaftes Kapital stand.
   b. Der Ertragswert in den meisten Fällen null ist.
   c. Die Restaurierung und weitere Erhaltung an den Besitzer große Anforderungen stellt und bedeutende Mittel verschlingt.

Berücksichtigen Sie bei der Festsetzung der Verkaufspreise diese Tatsachen nicht, dann werden sich für die Liegenschaften, die ausnahmslos heutigen Anforderungen nicht mehr entsprechen und für Standards gebaut sind, die heute nicht mehr existieren, keine Bewerber finden, welcher Fall bereits bei der Versteigerung der Villa Feitler am 7. d. M. eingetreten ist.«[251]

Es bleibt ein mühsames Hin und Her, denn auf dem Besitz liegt eine Pfandforderung von 150 000 tschechischen Kronen (entspricht 13 000 RM) zugunsten des benachbarten Rudolf Stiassny, der diese für seinen Kraftfahrer Johann Schneider als »belohnende Zuwendung«[252] vorgesehen hat. Der Verkauf erweist sich daher als schwierig, da der 1940 geschätzte Wert weit unter der Pfandforderung liegt. Man einigt sich trotzdem, Johann Schneider gibt sich mit 5500 RM zufrieden – der Kaufpreis geht also zur Gänze in der Pfandforderung auf.

Doch damit ist die Sache noch nicht zu Ende, denn der sehr geringe Kaufpreis sorgt in Altaussee für Aufruhr. Ein Herr namens Wilhelm Ottitzky beschwert sich am 3. Juli 1941 beim Reichswirtschaftsministerium. »Im Interesse des Reiches sehe ich mich zu folgender Anzeige veranlaßt«, beginnt er den Brief. Es geht also um Vorteile für die Allgemeinheit, denn die Villa sei weit unter ihrem Wert verkauft worden, allein schon wegen ihrer Lage: »Der Besitz liegt an einer Gemeindestraße, 2 Minuten vom Ortszentrum und bietet einen herrlichen Blick auf den See und die umliegenden Berge einschließlich des Dachstein-Gletscherpanoramas, ist also auch von diesem Gesichtspunkt aus betrachtet sehr hoch zu bewerten.«

Ottitzky bietet an zu beweisen, dass der Preis viel zu gering sei. »Dieser Verkauf erregt fast die gesamte Einwohnerschaft des Ortes Altaussee nicht nur wegen des unerhört niedrigen Verkaufspreises, sondern auch wegen der Tatsache, daß einerseits den im Ort Ansässigen ein Ankauf jüdischer Liegenschaften bisher nicht ermöglicht wurde, trotz der Zusage, daß sie ein Vorrecht bei Veräußerungen ehemals jüdischer Besitze genießen, andererseits aber ein jüdischer Besitz nun doch und noch dazu an einen auswärts wohnenden Mann verschleudert wurde.«[253] Freunderlwirtschaft also. Auch die Gemeinde sei nicht informiert worden – das entspreche nicht der gesetzlichen Grundlage.

Am 29. November fragt Wilhelm Ottitzky nach und kann auch selbst weitere Details beitragen. Das Grundstück sei mit 11784 Reichsmark bewertet worden, doch der Käufer argumentiert, dass Investitionen in Höhe von 5480 Reichsmark notwendig seien, daher bleibt ein Kaufpreis von 6304 Reichsmark übrig. »Über die weitere Herabsetzung des auf vorstehende Art zustandegekommenen Kaufpreises auf RM 4500 konnte ich bisher keine Begründung in Erfahrung bringen.«[254]

Tatsächlich wird eine Überprüfung eingeleitet – der Reichsstatthalter, dessen Chauffeur ja der Nutznießer ist, fragt am 6. Februar 1942 bei der Devisenstelle nach, warum der Quadratmeterpreis mit 20 Pfennig statt der ortsüblichen 1 RM angesetzt wurde.[255] Da weiß eine Hand nicht, was die andere tut.

Zu diesem Zeitpunkt ist der ehemalige Besitzer Ernst Königsgarten bereits tot: Er ist am 15. Jänner 1942 nach fünfwöchiger Haft in Theresienstadt gestorben. Am 10. Juni 1943 schreibt das »Zentralamt für die Regelung der Judenfrage in Böhmen und Mähren« an Eduard Beyerer: »Der genannte Jude hat seinen Wohnsitz nach Theresienstadt verlegt.«[256]

Ernsts Sohn Heinrich und sein Neffe Hugo können sich nach England retten, dem anfangs erwähnten Peter Hammerschlag gelingt die Flucht nicht: Hammerschlag, ein schwerer Raucher, lebt in Wien versteckt bei seinem Kollegen Alexander Steinbrecher, doch die Sucht nach Zigaretten treibt ihn auf die Straße. Dort gerät er in die Fänge einer Nazi-Truppe, wird verhaftet und am 7. Juli 1942 nach Auschwitz deportiert.

Heinrich, der bereits 1937 die Möglichkeit bekommt, in London zu arbeiten, ändert seinen Namen in Henry Garton, heiratet, bekommt zwei Kinder – und erzählt nichts über seine Familie. Erst 2010 findet sein Sohn Michael einen Koffer mit alten Familiendokumenten und begibt sich auf die Reise in eine unbekannte Vergangenheit. Seine Erkenntnisse publiziert er in dem Buch *In Search of Ernst*, ein unglaublicher Einblick in eine Familie, in der nicht gesprochen, nicht gefragt, nichts weitergegeben wurde – eine Geschichte, wie es so viele gibt in dieser Generation.

Henry bemüht sich um die Restitution der Villa. Er bekommt sie zurück und verkauft sie an die in London lebende Hanna Schiff. Sie betreibt dort während der Sommermonate eine Pension. Doch auch für die langen Wintermonate findet sich ein Mieter: der Schriftsteller Friedrich Torberg, unterstützt von seiner Sekretärin Ursula Kals-Friese, die mir umfassende Einblicke in das Altausseer Leben eröffnet hat.

Und nun kommen wir zum Beginn des Kapitels zurück. Torberg war maßgeblich für die Wiederentdeckung der Gedichte Peter Hammerschlags verantwortlich, wenn auch in sehr diskussionswürdiger Art und Weise, denn er schrieb Hammerschlags Texte großzügig um, machte sie »braver«, angepasster, wie ein Beispiel zeigt:

Peter Hammerschlags Original:

Das steht … wie aus Marmor gemeißelt!
Und – höchstens – vom Ehrgeiz gegeisselt …
Beamte der Kunst … doch Elite!

Die Herrn Philharmoniker? … Eisen!
Das Opernballett? … Mag man preisen.
Wiens singende Knäblein? … die reisen …
Hier lebt man in spanischem Tritt!

Friedrich Torbergs Fassung:

Das steht wie aus Marmor gemeißelt
Und höchstens vom Ehrgeiz gegeißelt:
Die Hofkunst-Beamten-Elite.
Das Opernballett mag man preisen.
Die Philharmonie, die ist Eisen,
Wiens singende Knäblein, die reisen –
Hier lebt man im spanischen Tritt.

Daran arbeitet Torberg im Jahr 1972 in der Villa Königsgarten – und es ist wohl kein Zufall, dass er gerade in dieser Villa so viele Winter verbringt. Nicht nur Hugo Königsgarten hat Kabaretttexte gemeinsam mit Peter Hammerschlag verfasst, auch Torberg selbst. Und so kehrt Peter Hammerschlags Geist in die Altausseer Villa zurück.

Friedrich Torberg auf der Veranda, zurückgekehrt in sein geliebtes Altaussee, 1977.

20 »Gott behüt' uns vor Regen und Wind, und vor Gesellen, die langweilig sind.« Ludwig und Zerline Gabillon

Bräuhof 33

Am Grundlsee erweist sich wieder einmal, dass Mundpropaganda sehr gut funktioniert. So auch im Wiener Burgtheater. 1875 kaufen das Schauspielerehepaar Ludwig und Zerline Gabillon ein Anwesen »Im Kreuz«, wie dieser Teil von Grundlsee heißt. Ludwigs Begeisterung macht seine Burgtheaterkollegen so neugierig, dass sie ihm nach und nach folgen – eine wahre Kolonie entsteht. »Der freiwillige Sommerregisseur, ihr Führer war Ludwig Gabillon, ein Naturfreund von Qualität, der sich aufs Jagen, Reiten, Schwimmen, Rudern, Segeln, Bergsteigen und aufs Papierfechten verstand, wie wenige. Er war eine Art Sommerkönig des Grundlseegebietes, zimmerte sich nach Wikinger Art eigenhändig ein Riesenboot, ja auch

Villa Gabillon

eine in großen Dimensionen angelegte Badehütte, die er ›Hundehütte‹ nannte, schuf er mit eigener Hände Kraft.«[257] Was für eine Persönlichkeit muss Ludwig Gabillon gewesen sein – auch auf der Bühne, wie seine überaus erfolgreiche Laufbahn zeigt.

Die »Sterne des ehemaligen Burgtheaters«, Adolf von Sonnenthal, Joseph Lewinsky, Ernst Hartmann und seine Frau Helene Schneeberger, Hugo Thimig und Hermann Schöne »folgten dem Rattenfänger Gabillon und bauten sich allerdings nicht am Uferrand, sondern hübsch geschützt auf den Waldeshöhen niedliche Häuschen in brauner Farbe mit grünen Läden, die man wegen der Farbenähnlichkeit mit den Holzschachteln, in denen die Zigarren verkauft wurden, ›Zigarrenkisten‹ nannte. Binnen Jahr und Tag waren nahezu sämtliche Hofschauspieler ›Hüttenbesitzer‹ geworden und es läßt sich denken, daß es in dieser Kolonie lustig zuging. Der Brenn- und Sammelpunkt war immer das Gabillon'sche Heim, selbstverständlich nicht das primitive Holzhäuschen am Seegestade, das ›Café Gabillon‹ getauft wurde, sondern die schöne Villa.« Eine fröhliche Runde, die auch den Grundlseern Grund zum Staunen gibt, »als sie in einer Vollmondnacht zusahen, wie auf einem der großen Salzschiffe ein Ball improvisiert wurde«[258].

Humor und Fröhlichkeit herrschen vor, auch der Regen wird schmunzelnd hingenommen, wie ein Brief Zerline Gabillons an ihren erfindungsreichen Mann beweist: »Anweisung auf eine von Dr. S. neuerfundene und patentierte Regenmaschine, die über dem Bett anzubringen ist und in ihrer Wirkung einer Regennacht auf dem Grundlsee in keiner Weise nachsteht. Sollte obengenannter Gelehrte und Mechaniker bis Ende August auch seine zweite weltverbessernde Erfindung ausgeführt haben, die der armen Menschheit, welche sich bisher mit einem warmen Lager begnügen mußte, auch jene schiffartigen, stets mit anderthalb Schuh hoch Wasser angefüllten Bettstellen verschafft, so gilt diese Anweisung ebenfalls für ein Exemplar derselben«[259].

Doch nicht nur die Burgtheatergarde kommt zu den Gabillons, einer der treuesten Gäste ist der Maler Hans Makart, der am Abend

Zerline Gabillon, porträtiert vom Sommergast Hans Makart, 1873

in der Villa sitzt, »mit träumerischem Blick ins Feuer starrend, in der schmalen, schönen Hand die schwerste der Cigarren, einen edelgeformten Kelch, mit funkelndem Rheinwein gefüllt, vor sich.«[260] Der einflussreiche Journalist und Politiker Ernst von Teschenberg ist weniger träumerisch als sprühend, er lässt »ein wahres Feuerwerk von Witzen und lustigen Geschichten zünden; man merkte in jener schönen Ferienzeit dem überschlanken, beweglichen Manne die Würde des Ministers so wenig an als dem ebenfalls anwesenden, von sprudelndem Humor beseelten Grafen Lamezan die Bürde seines ernsten Amtes als Staatsanwalt! Stillvergnüglich in unvergänglicher Grazie saß Fanny Elßler im rauchigen Hüttenwinkel und sah lächelnd dem oft tollen Treiben zu.«[261] Das über der Eingangstür angebrachte Motto der Familie Gabillon bewahrheitet sich immer wieder: »Gott behüt' uns vor Regen und Wind, und vor Gesellen, die langweilig sind.«[262]

Ludwig Gabillon als Jäger, pointiert getroffen von Samuel Sonnenthal, dem Bruder des Hofburgtheaterdirektors Adolf von Sonnenthal

Wer ist dieser urgewaltige Ludwig Gabillon? Beim Betrachten von alten Abbildungen kommt sein Temperament so gar nicht zum Vorschein, viel zu starr müssen die Abgebildeten stehen, alles wirkt seriös und steif. Doch alle Beschreibungen zeichnen ein völlig konträres Bild, auch in einem der vielen Nachrufe zu seinem Tod im Jahr 1896 steht seine Wirkung an erster Stelle: Er »war ein Art King-Fu, denn er kannte Alles, konnte Alles, wußte Alles, war der beste Turner, Schütze, Reiter, Fechter, Schiffer und Schwimmer und sprach das vortrefflichste Jägerlatein. Gabillon war ein großer Erzähler vor dem Herrn. Aber Einer erzählte er lieber nichts, seiner klugen Zerline; sie war die Einzige, deren scharfes Zünglein er fürchtete.«[263] 40 Jahre spielten Ludwig und Zerline Seite an Seite und hauchten zahlreichen Bühnengestalten Leben ein. »Sein Talbot, Hagen, Caligula und ähnliche finstere Gestalten der zur Tragödie verdichteten Sage und Geschichte machten den Eindruck der größten Wahrheit, als hätte ihren Dichtern der zukünftige Schauspieler vor Augen geschwebt, oder als wären sie von diesem einmal persönlich erlebt worden. Gabillons große Kunst der Charakteristik brachte ein solches Wunder zu Stande.« So wunderbar beschreibt der große Kritiker und Schriftsteller Max Kalbeck am 14. Februar 1896 im *Neuen Wiener Tagblatt* Gabillons enorme Schauspielkunst.

In der Sommerfrische vereinen sich all seine Talente: »Er stapfte großartig, ein steirischer Hagen, durch die Landschaft, fischte, ruderte und schwamm und seine Heldentaten auf diesen drei Sportgebieten erfüllten mit dem Glanz, den seine Erzählungen ihnen verliehen, die ganze Gegend.«[264]

Auch Burgtheaterdirektor Adolf von Sonnenthal verbringt so manchen Sommer am Grundlsee. Und Gabillon nützt dies, um dem Direktor eine Rolle abzutrutzen. Zu diesem Zweck machen die beiden Herren eine Ruderpartie. »Aber kaum waren sie draußen, da begann es in der Ferne zu donnern, die Wolken senkten sich tiefer und tiefer herab, der Sturm schnob aus Westen heran und der See begann unruhig zu werden. Diese Ursache äußerte sich zwar nur in ganz kleinen Wellchen, aber Gabillon täuschte durch hinterlistiges Schaukeln des Bootes ein fürchterliches Auf und Ab vor; und eben, wie wieder der Donner durch die Berge rollte, stand Gabillon plötzlich in seiner ganzen Größe im Boot auf und schrie: ›Adolf, gibst du mir die Rolle oder gibst du sie mir nicht? Gibst du sie mir nicht, so schmeiß ich um und schwimme nach Hause! Und du sieh' zu, wie du mit Wellen und Sturm fertig wirst.‹«[265] Sonnenthal bleibt nichts anderes übrig, Gabillon erhält die Rolle.

20 Jahre verbringt Ludwig Gabillon in seiner Villa. 1892 verliert er seine Frau Zerline, die *Wiener Sonn- und Montagszeitung* fasst diesen Verlust in einem Wort zusammen: »Unersetzlich!«[266] Ihre Töchter Dora Fournier und Helene Bettelheim führen den Besitz weiter – er wird geteilt, und 1930 zieht hier wieder eine bunte und fröhliche Freundesgruppe ein: der Kreis um Elisabeth Neumann und Siegfried Bernfeld.

21 »Heute noch schlafe ich im Bett des großen Burgmimen Ludwig Gabillon.« Elisabeth Neumann und Edith Kramer

Bräuhof 33

Elisabeth Neumann und ihre Schwestern sind phantasievolle Kinder. Sie spielen Theater, erfinden das »Knurrland«, dessen Staatsbürgerschaft sie ausgewählten Personen verleihen, und dichten in Joachimisch, eine für den Affen Joachim eigens erdachte Sprache. Eine Kindheit voller Theater, Tanz und Musik. Elisabeth Neumann hält sich 1899 erstmals in Grundlsee auf, noch ungeboren. Am 26. April 1900 kommt sie als Nesthäkchen zur Welt und verbringt ihre Kindheitssommer in Grundlsee – eine lebenslange Liebe entsteht. Elisabeth und ihre Schwestern Helene und Josefine, genannt Pepa, haben das Glück, die Schule Eugenie Schwarzwalds zu besuchen (Kapitel 24).

Auch Elisabeth verfällt der Ausstrahlung Eugenie Schwarzwalds: »So wie viele andere Menschen, die das Glück hatten, ihr zu begegnen, verdanke ich Fraudoktor einfach alles, was mir das Leben in guten Zeiten schön und wertvoll, in schlechten aber erträglich gemacht hat.«[267] Gleich am ersten Schultag lernt sie eine Lebensfreundin kennen: Alice Herdan, genannt Liccie, die später den Schriftsteller Carl Zuckmayer heiraten wird.

Elisabeth entscheidet sich, Schauspielerin zu werden – ihren großen Durchbruch erlebt sie in Berlin, wohin sie ihren Lebensmittelpunkt verlegt hat. Die Sommermonate verbringt sie weiterhin am Grundlsee, auch in der Villa Eugenie Schwarzwalds, mit der sie nie den Kontakt verliert. Elisabeths drei Jahre ältere Schwester Pepa verkehrt in Kreisen der linken Wiener Jugendkulturbewegung, begründet von Siegfried Bernfeld, Elisabeth Neumanns erstem Mann. Pepa ist die erste Liebe des angehenden Psychoanalytikers Otto Fenichel, der ein Faible für den Flugsport hat und einem von ihm gebauten Flugzeug den Namen der Angebeteten gibt: »Pepa

Trude Geiringer verwendet für ihre Werbekarten ein Porträt Elisabeth Neumanns.

gebaut« und »Erstlingsflüge der Pepa« notiert er 1912 – da sind Otto und Pepa gerade einmal 15 Jahre alt[268].

Auch die Brüder Theodor und Richard Kramer zählen zu diesem Kreis: Pepa Neumann heiratet 1915 18-jährig den Chemiker Richard Kramer. Ein Jahr später wird ihre Tochter Edith in diese unkonventionelle Familie hineingeboren. Pepa und Richard führen eine offene Ehe, sie übersiedelt mit der kleinen Edith nach Berlin zu

Siegfried Bernfeld und Pepa Neumann genießen die Sommerfrische.

ihrer Schwester Elisabeth, die dort wiederum in wilder Ehe mit Siegfried Bernfeld lebt.

Ihre Eltern Felix und Anna Neumann macht dieser Zustand nicht glücklich, sie überreden die Tochter zu heiraten. Bernfeld fragt Elisabeths Vater, »halb im Spaß, halb im Ernst: ›Was kriegen wir denn, wenn wir heiraten?‹ Papa war nicht aus der Ruhe zu bringen. ›Na schön, was möchtet ihr denn gern haben?‹ Jetzt war ich an der Reihe. ›Ein Haus am Grundlsee‹, habe ich gesagt, denn das war ja seit langem mein sehnlichster Wunsch. Aber ich habe mir nicht im Traum gedacht, daß ich es bekommen würde. Nun, der Papa hat es möglich gemacht. Ich hab das Haus als Hochzeitsgeschenk erhalten. Und ich habe es immer noch.

Die Idylle

Es war damals ein Rätsel, wie Papa zu der alten entzückenden Gabillon-Villa am Grundlsee gekommen ist. Die Gabillons – der berühmte Ludwig und seine kaum minder berühmte Frau Zerline – zählten in der guten Burgtheaterzeit zu den Großen des Hauses. Von der Schwarzwaldschule her habe ich eine Gabillon-Enkelin gut

Freunde der Familie in der Sommerfrische

gekannt und war mit ihr und ihrem Mann, dem Rudi Olden, der Advokat in Wien war, eng befreundet.« Gemeint ist Christine Fournier.

1933 endet Elisabeth Neumanns Karriere in Berlin – sie kehrt nach Wien zurück und tritt in diversen Kabaretts auf. »Alles war voller Anspielungen. Unsere ›Salome‹ wurde zur S. A.-lome und bei der ›Ari-adne‹ lag der Unterton auf den beiden ersten Silben. Damals wurde noch alles belacht, was sehr bald bitterer Ernst werden sollte.«[269]

Am 23. Februar 1938 findet sich die letzte Kritik über Elisabeth Neumann in einer österreichischen Zeitung. Sie spielt im Kabarett Regenbogen im Souterrain des Arkadencafés in der Universitätsstraße. »Die Bedeutung eines Theaters bestimmt sich nicht nach dem Fassungsvermögen des Zuschauerraumes und nicht nach den Ausmaßen der Bühne, sondern künstlerischer Wille und geistige Ambition haben gegenwärtig eines der kleinen Kellertheaterchen in eine erstrangige Kunststätte verwandelt.«[270] Elisabeth tritt in dem Stück *Die verlorene Melodie* auf – einem gesellschaftskritischen Werk des dänischen Schriftstellers Kjeld Abell. »Die einprägsamste Leistung erbringt Elisabeth Neumann als böse Gattin und Schwiegermutter: ein Talent von ganz außerordentlichem Charakterisierungsvermögen, das sich hier unübersehbar kundgibt.«[271]

Das Zentrum des Sommers

Das Bühnenbild stammt von Willi Spira, später als Bill Spira ein angesehener Illustrator in den Vereinigten Staaten. Die musikalische Leitung liegt bei Jimmy Berg – auch ihn wird Elisabeth Neumann in New York wiedersehen.

Das geliebte Haus in Grundlsee muss sie verlassen – die Nationalsozialisten werfen sofort ein Auge darauf. Soll es ein Strandbad werden? Oder Platz für die Talstation der Loser-Seilbahn schaffen? Der Streit zieht sich hin. Ein Schätzungsgutachten konstatiert: »Der Besitz, ein einfaches Häuschen in der Ortschaft Gaiswinkel am Grundlsee nächst dem Seeufer am Fuße des Backensteins in reizvoller Lage, ist nicht unterkellert und besteht aus Erdgeschoss, 1. Stock und teilweise ausgebautem Dachgeschoss. Die Ausstattung des Hauses ist äußert einfach und primitiv. Das Haus ist zurzeit mit Kriegsgefangenen belegt, die als Holzarbeiter Verwendung finden und wurde nunmehr auch elektr. Licht eingeleitet. Der Bauzustand ist minder und etwas verwahrlost.«[272]

Die Villa Bernfeld liegt zwischen den Villen der Familien Heller und Mayer-Olden – die Inventarlisten haben sich erhalten, ihre Aussagekraft ist gering, werden doch unvollständige Geschirr-Services ohne weitere Beschreibung, einige Möbel und Küchengegenstände aufgezählt.[273] »Inventar der Villen Heller (Bräuhof 117), Mayer-Olden (Bräuhof 59) und Bernfeld (Bräuhof 33) wird vorerst in der Bernfeld-Villa gelagert.«[274]

Doch wird die Villa Bernfeld für andere Zwecke benötigt: zur »Inbenütznahme dieses Hauses durch die Reichsforstverwaltung Grundlsee als Gefangenenlager«[275]. Das ursprüngliche Inventar verbleibt in der Villa, das Heller-Inventar befindet sich »in Verwahrung des Treuhänders Eduard Beyerer in Bad Aussee, Kurmittelhaus«, das der Villa Mayer-Olden »in Verwahrung der Gemeinde Bad Aussee in einem gemieteten Raum im Hotel Hackinger, Bad Aussee«[276].

Gerade in der Villa Bernfeld fehlt einiges, »da durch die Benützung des Objektes als Kgf.-Lager das Inventar aus den Zimmern entfernt wurde und in verschiedene Objekte zerstreut verwahrt wird«.[277]

Am Ende erwirbt die Salzkammergut-Seilbahngesellschaft das Grundstück wie auch die benachbarten, um eine Seilbahn auf den Loser zu errichten, doch kommt es dazu nicht. 1949 erhält Elisabeth Neumann die Liegenschaft zurück – doch ohne ihre Villa, wie sie sich in ihrer Autobiografie erinnert: »Zu meinem Leidwesen war allerdings die Villa während des Krieges von der Gemeinde wegen ihrer völligen Verwahrlosung und Baufälligkeit abgerissen worden. Nach der Rückstellung konnte ich mit dem Geld aus der Berthold zugesprochenen Wiedergutmachung die Villa nach den alten Plänen originalgetreu aufbauen und auch einen Teil des Hausrates zurückerhalten.«[278]

Sie schließt mit der Seilbahngesellschaft einen Vergleich und erhält 18462 Schilling.[279] »Mich hatte es mit allen Fasern meines Herzens in die liebgewonnene Heimat der Seele aus meinen Schwarzwaldtagen gezogen, in meine wunderschöne Gabillon-Villa

Ein seltenes Selbstporträt von Edith Kramer

am See, dorthin, wo ich einmal unbeschwert und glücklich war. Das Haus ist aus dem vorigen Jahrhundert und hatte einstens das berühmte Schauspieler-Ehepaar Ludwig und Zerline Gabillon beherbergt. So atmete das Haus ursprünglich noch ganz den Geist der einstigen Bewohner. Für mich, der das Burgtheater die höchste und heiligste Weihestätte des deutschsprachigen Theaters war, ein wundervolles Gefühl, zumal auch das Inventar noch zu einem Gutteil vorhanden war. Heute noch schlafe ich im Bett des großen Burgmimen Ludwig Gabillon.«[280]

Elisabeth Neumann kehrt mit ihrem zweiten Mann Berthold Viertel nach Europa zurück und verbringt ihre Sommer in Grundlsee – meist mit ihrer Nichte Edith Kramer. 1960 ist Elisabeth an den Münchner Kammerspielen engagiert. »In der Sommerspielpause war nach wie vor mein Haus in Grundlsee mein kleines Paradies, wo ich alle Leute gekannt habe – und erst recht umgekehrt. Ich war eine Einheimische, das war eine Rolle, die mir auf den Leib geschrieben war. Und meine Seele erholt sich, wenn meine Nichte um mich ist, auch wenn sie den größten Teil des Tages irgendwo in der Gegend sitzt und malt. Und ich bin glücklich, daß ich mein

Kinderparadies aus der Zeit mit der geliebten Fraudoktor bis in mein hohes Alter hinübergerettet habe – über alle Abenteuer und Gefahren des Lebens hinweg.«[281] Doch diese Gefahren ändern nichts an Elisabeths Haltung: »Aber das wundervolle Ausseerland und seine Menschen liebt Edith so wie ich und alljährlich genießt sie mit mir unbeschwerte sommerliche Ferientage am Grundlsee.«[282]

Elisabeths geliebte Nichte Edith Kramer emigrierte auf einem der letzten Schiffe nach New York, wo sie bald eine Anstellung als Handwerkslehrerin und ab 1943 in einer Werkzeugfabrik als Maschinistin findet. Dort entsteht auch eine Reihe von Skizzen und Zeichnungen, die 1943 und 1944 öffentlich ausgestellt werden. Doch ihre wahre Berufung liegt in der Entwicklung der Kunsttherapie. Ab 1963 arbeitet Edith Kramer über 13 Jahre lang an der Kinderstation des städtischen Jacobi Hospital in der Bronx, wo sie bei ihrer kunsttherapeutischen Tätigkeit zusätzliche Erfahrungen im Umgang mit psychotischen, aber auch mit blinden Kindern sammelt.

1958 erscheint das erste Buch über Kunsttherapie mit Kindern unter dem Titel *Art Therapy in a Children's Community*, 1971 folgt das für Kunsttherapeuten grundlegende und in sieben Sprachen übersetzte Werk *Art as Therapy with Children.*[283]

Edith erinnert sich an ihre Jugend: »Künstlerblut und Wagemut ist in dieser Familie zuhause. ›Vor allem aber war es meine Mutter Pepa Kramer, die mich schon früh zur Kunst hinführte‹, erzählt Edith, ›sie war die Tochter wohlhabender Wiener Bürger – meine Großeltern Neumann sind auch hier in Amerika und in meiner Ausstellung haben Sie ihr Porträt gesehen. Pepa schon wollte die berühmte Wiener Kunstgewerbeschule besuchen und all die guten modernen Künstler kennenlernen, aber ihre Eltern schickten sie in die Graphische Lehr- und Versuchsanstalt. Sie hat dann mit kaum 18 Jahren geheiratet und dann kam ich. Als ich sieben Jahre alt war, kamen wir nach Berlin zu meiner Tante Lisel, die Schauspielerin war. Ihr Mann war Doktor Siegfried Bernfeld aus Wien, der in Berlin als Psychoanalytiker arbeitete und nun auch hier in Amerika ist.

Damals gab mir meine Mutter Klebe und Packpapier zum Kleben und Malen und ein großes Bündel Spachtelpinsel – es war das schönste Geschenk, das je eine Mutter ihrer 7-jährigen Tochter in die Hände gab – und ich danke ihr noch heute dafür.

Mutter und ich kamen wieder nach Wien zurück, ich besuchte zwei Jahre das Schwarzwald-Realgymnasium und dann lernte ich malen bei der Malerin und Architektin Friedl Dicker und wurde auch von Architekt Franz Singer künstlerisch beeinflusst und erzogen. Sehen Sie, hier ist meine Hobelbank und Schnitzwerkzeug, ich kann gut in Holz arbeiten. 1933, als in Wien politisch so viel Erregung war, ging meine Mutter mit mir nach Prag. Ich arbeitete weiter mit der Malerin Dicker, auch mit den Bildhauern Fritz Wotruba und Charoux, wieder in Wien.

Als ich 1938 nach New York kam, half mir mein handwerkliches Können an der Schnitz- und Hobelbank bald zu einer Stellung als ›shopteacher‹ in der progressiven school ›little red schoolhouse‹. Jetzt arbeite ich als *maschinist* im Defense work an der Lower East Side, es ist ›hard work and good pay‹, aber es lässt mir im Augenblick nicht so viel Zeit zur Arbeit. Und sehen Sie, Samstag und Sonntag kommen Kinder aus der ›Neighborhood‹ und malen hier bei mir. Das macht mich auch glücklich.‹ … Ihr Werk zeigt uns, dass in dieser starken jungen American Worker-Persönlichkeit etwas vom ›Ewigen Musikanten-, Maler- und Dichtertum Österreichs‹ weiterleben und schaffen wird – und allen zur Freude!«[284]

Edith Kramer kehrt wieder nach Grundlsee in das Haus ihrer Tante zurück. Sie malt bis ins hohe Alter auf einer einsamen Alm und fühlt sich in Grundlsee bis zuletzt zu Hause. Hier stirbt sie im Jahr 2014.

22 »Volkskunst von der Mur für den Broadway«. Familie Mautner

Archkogl 14, Gößl 134

Konrad Mautners Porträt, gemalt von seinem Freund Viktor Hammer (Kapitel 23), findet sich in zahlreichen Häusern im Salzkammergut – auch in unserem. Und ich habe mich immer schon gefragt, was für ein Mensch er wohl gewesen sein mag, blickt er doch sehr ernst, ohne den Hauch eines Lächelns.

Konrads Vater, der Textilindustrielle Isidor Mautner, und seine Mutter Jenny führen ein Haus voller Musik, Malerei und Kunst. In meinem Buch über die Villen von Pötzleinsdorf habe ich der Familie Mautner ein langes Kapitel gewidmet, verbrachte die Familie doch die Zeit zwischen Mai und Oktober in diesem Wiener Vorort. Doch stimmt dies nicht ganz – denn im Hochsommer zog es die Familie an den Grundlsee.

Anna, Marie und Käthe Mautner

Gössl, gemalt von
Marie Kalbeck, 1960

Käthy Breuer, Konrads Schwester, gibt in ihren Lebenserinnerungen genauer Auskunft: »Ab 1894 verbrachten wir aber jeden Sommer in Gössl am Grundlsee, wo die Burgschauspieler Ludwig Gabillon und Ernst Hartmann auch ihren Sommeraufenthalt verbrachten. Vor allem hatte sich Gabillon ein Blockhaus am Grundlsee gebaut und die Wärndorfers und Benedikts animiert, auch hinzukommen. Diese wohnten einen Sommer beim Veit in Gössl, während die Mautners beim Steinfeld hausten.«[285]

Bertha Wärndorfer und Marianne Benedikt sind Jenny Mautners Schwestern – ihre Ehemänner betreiben gemeinsam mit Isidor Mautner ab 1881 die Firma Nachoder Baumwollspinnerei Wärndorfer Benedict Mautner, die sich zu einer der größten Baumwollspinnfabriken Österreichs entwickelt.[286] Bertha Wärndorfers Sohn Fritz heiratet Lilli Hellmann, deren Bruder Paul eine Villa in Altaussee besitzt (Kapitel 10). Konrad heiratet im Jahr 1909 seine Cousine Anna Neuman – eine große Familie.

Konrad Mautners Schweiberalm

Konrad interessiert sich in keiner Weise für das Textilimperium seines Vaters – fast hat man das Gefühl, dass er diese materielle Welt völlig ablehnt. Und auch der Vater tut sich schwer, er versteht die Volkskunde-Welt seines Sohnes Konrad nicht, versucht aber teilzuhaben: Er baut ein Blockhaus auf der Schweiberalm und finanziert die Veröffentlichung von Konrads Forschungsergebnissen.[287] Diese können sich sehen lassen. Konrad findet seine Berufung und auch seine wahre Heimat im Ausseerland. Dort gehört er hin, er spricht die Sprache der Einheimischen, kleidet sich wie sie und wirkt authentisch. Kein Wiener, der sich auf dem Land in Tracht zeigt, sondern ein Einheimischer. Er beschäftigt sich mit Land und Leuten – er ist nicht der Einzige, aber wohl der Gründlichste, der dieser Leidenschaft nachgeht. Ob Brauchtum, Kleidung oder Musik – alles interessiert Konrad, alles wird penibel gesammelt und notiert. Seine Schwester Käthy unterstützt ihn: »Zu dieser Zeit besaßen die meisten Bauernfamilien handgeschriebene Liederbücher, in denen neben steirischen Liedern auch städtische verzeichnet waren. Manche dieser Lieder waren sehr sentimental, was besonders mir gefiel.«[288]

Es macht sich auch die Erziehung im musikalisch-geprägten Elternhaus bezahlt. »Conrad lernte Cello bei dem milderen Alexander Fimpel, brachte es aber auch nicht so weit, dass es ihm wirklich Freude machte. Außer Mundharmonika spielte er eigentlich kein Instrument späterhin. Die Melodien der Volkslieder wurden von Fimpel niedergeschrieben, nachdem Conrad und Käthy sie ihm vorgesungen hatten. Später fuhr Conrad mit seiner Frau Anna mit einem Grammophon zu entlegenen Bauernhäusern und machte Platten von Volksliedern, die dann auch von Fimpel niedergeschrieben wurden.«[289]

Konrad sammelt jedoch nicht nur, sondern publiziert seine Forschungen. Sein Hauptwerk erscheint 1910: *Steyerisches Rasplwerk. Vierzeiler, Lieder und Gasslreime aus Goessl am Grundlsee. In Wort und Weise gesammelt, aufgeschrieben und mit Bildern versehen von Konrad Mautner. Festlegung der Weisen durch Alexander Fimpel, Carl Liebleitner und Marie Mautner.* Ein etwas sperriger Titel, der jedoch alles sagt. »In vierjähriger, mühsamer Arbeit hat er nun alles getreu und verlässlich zu Papier gebracht und mit allerliebsten Federzeichnungen und farbigen Kleinbildern geschmückt«, erinnert sich die Chronistin Käthy.[290]

Ein weiteres Buch, *Alte Lieder und Weisen aus dem Steyermärkischen Salzkammergute*, liegt vor mir, versehen mit einer Widmung in kleinster Schrift für meinen Urgroßvater: »Seinem verehrten lieben Freunde, Herrn Staatsanwalt Robert Winterstein, widmet diese Früchte seiner commerziellen Tätigkeit der herzlich ergebene alte Mautner. Pötzleinsdorf, 25. Juni 1919«. Im Vorwort heißt es: »In den liebgewordenen Bergen, die Jahr für Jahr, wann irgend Gelegenheit sich bot, wieder aufgesucht wurden, strömte, einmal entfesselt, der Quell der Volksüberlieferung immer reichlicher und überfließt längst sein altes Behältnis.«[291] Auf 400 Seiten finden sich Lieder zu heiligen Zeiten, über Wildschützen, das Almleben und die Liebe. Almschreie und Rufe werden ebenso festge-

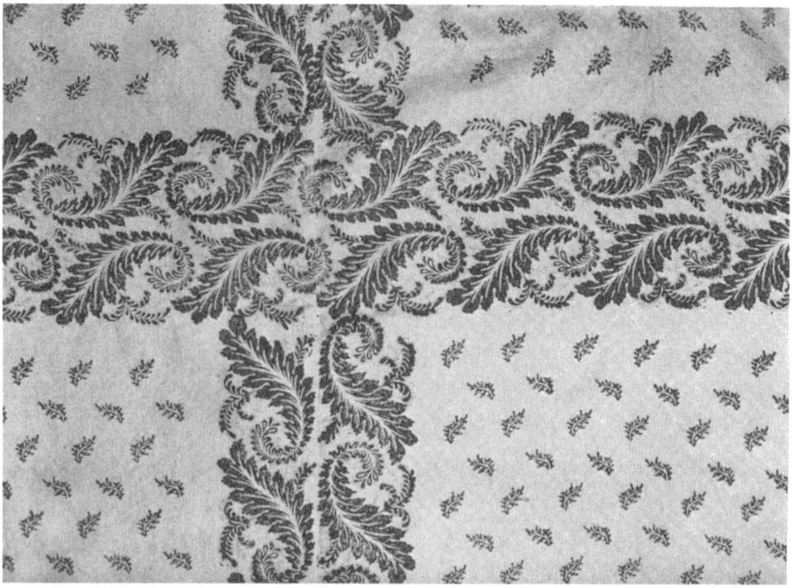

Handdruck von Anna Mautner, 1936

halten wie diverse Tanzweisen – eine beeindruckende Vielfalt und Dichte.

In seiner Ehefrau Anna hat er eine wunderbare Unterstützerin für seine Forschungen gefunden. Nach Konrads frühem Tod im Jahr 1924 bleibt sie mit vier Kindern zwischen vier und 14 Jahren alleine zurück. Sie wendet sich dem Textilhanddruck zu und eröffnet in Grundlsee einen kleinen Betrieb, der wächst und nach Wien übersiedelt. Anna wird zu einer Instanz in Sachen Trachten – das reiche Wissen, das ihr Mann zusammengetragen hat, wird von ihr weitergegeben. Sie richtet Feste aus, so 1932 eine Erzherzog-Johann-Feier im Ausseer Land – »Die Anregung zu der schönen Feier ging von Frau Anna Mautner aus.«[292] Im selben Jahr hält sie einen Vortrag zur »Frage der Trachtenpflege« im Rahmen eines Volksbildnerkurses in Bad Aussee. Und sogar bei einem Erzherzog-Johann-Ball in der österreichischen Gesandtschaft in London im Jahr 1936 steht sie beratend zur Seite.

Sommerfrische, gemalt von Marie Kalbeck, 1965

»Am Weg zum See hinunter«. Käthe und Marie Mautner, gemalt von ihrem Bruder Konrad, 1898

1938 wendet sich das Blatt radikal. Der Trachtenspezialistin Anna Mautner und ihren Kindern wird, so wie allen, die für die Nazis als Juden gelten, das Tragen von Tracht verboten. Anna und ihr Sohn Matthias gelangen über Umwege nach Amerika, die anderen drei Kinder, Lenz, Michael und Anna finden in England Zuflucht.

Der Besitz am Grundlsee wird beschlagnahmt – für den Betrieb interessiert sich der Bad Ausseer Bürgermeister Hans Wöll selbst und erhält auch den Zuschlag. Auf die Frage eines Formulars der Vermögensverkehrsstelle, ob »der Genannte die Voraussetzungen« erbringt, »die die Erteilung, Erweiterung oder die Überleitung der Gewerbeberechtigung rechtfertigen«, lautet die Antwort: »Nein, hat das Handwerk nicht erlernt«[293]. Trotzdem wird ihm die fachliche Eignung, den Betrieb zu führen, zugestanden. Glücklich macht ihn dies nicht, jammert er doch in vielen Briefen an diverse Behörden, dass die Geschäfte schlecht gehen und er sich außerstande sieht,

Stefan Mautners Sicht auf Gössl

Steuerschulden zu begleichen. Aus seinen Ausführungen wird rasch klar, dass er keinerlei Ahnung von diesem Metier hat: Es »kann der Sachwert der Handdruckerei nicht über RM 3000,-- angenommen werden, da es sich bei den Inventargegenständen durchwegs um Altmaterial handelt. Der Sachwert der Model, die zu 75 % schadhaft sind, während von den übrigen 25 % der Großteil derart klein ist, dass er für eine einwandfreie Handdruckerei nicht mehr in Frage kommt, ist in obigem Sachwert inbegriffen.«[294] Wöll verlegt den Betrieb von Wien nach Bad Aussee, denn »ein Verbleiben dieses Betriebes in der Großstadt birgt das Gefahrenmoment der Trachtenverkitschung in sich.«[295] Worauf diese Einschätzung auch immer beruht.

Der Schätzwert der Firma beträgt 10 000 RM, doch Wöll zahlt nur 3000 RM, was eine ehemalige Mitarbeiterin Anna Mautners auf den Plan ruft. Am 8. November 1939 schreibt Beatrix Rauch an das Ministerium für Landwirtschaft und möchte »nun noch die ideelle Seite schildern«. Als ob diese irgendjemanden interessiert. »Die

Familie Mautner hat sich seit etwa 50 Jahren am Grundlsee für die Sammlung und Erhaltung von Volkskunst, Trachten und Brauchtum mit einer großen Begeisterung und Liebe eingesetzt, und waren in Fachkreisen als Sammler und Sachverständige im besten Sinne bekannt. Sie waren ihrem Wesen nach sehr wenig jüdisch und standen mit der dortigen Landbevölkerung in geradezu freundschaftlichem Kontakt.« Die Familie hat sich schon vor mehr als 20 Jahren taufen lassen und ihre jüdischen Wurzeln hinter sich gelassen. Nun holen sie sie wieder ein.

»Alles, was landeskundlich interessant war, wurde in ihrem Hause zusammengetragen und mit viel Geschmack und Sachkenntnis aufgestellt. Auch wurden bei jeder festlichen Gelegenheit ihre Trachten zur Verfügung gestellt. Das Haus mit seiner übrigen Einrichtung ist geradezu museal zu bewerten. Diesen Wert kann aber weder ich noch ein gewöhnlicher Schätzmeister in Mark umrechnen. Da Frau Mautner vor allem darauf bedacht war, diesen Volksschatz in verständnisvolle und liebevolle Hände zu bringen, fiel ihre Wahl unter den Käufern auf Fräulein Seidl und ihren Bruder[296], von denen sie sich überzeugt hatte, dass sie geeignet sind, den Besitz sinngemäß zu pflegen und zu erhalten.«[297] Annas Wunsch bleibt ungehört. Die Trachtensammlung wird enteignet und vom Gauleiter Eigruber der Gemeinde Bad Aussee geschenkt.

In Amerika bauen Anna und Matthias Mautner wieder einen Handdruckbetrieb auf, über den lange nach dem Krieg, im Jahr 1950, die österreichischen Zeitungen in höchst kurioser Weise berichten. »In New York: Steirische Kopftücher, der große Exportschlager. Eine österreichische Bauernfamilie macht amerikanische Karriere – Volkskunst von der Mur für den Broadway« lautet die großgedruckte Überschrift. Die Bezeichnung »Bauernfamilie« amüsiert – und doch: Vielleicht hätte Konrad Mautner diese Einordnung gut gefallen. »Als die Familie noch auf einem Bauernhof in der Steiermark lebte, sah Frau Mautner auf den Nachbarhöfen alte Handdruckmodelle, wie sie die ländliche Bevölkerung für die Verzierung ihrer Halstücher verwendet. Frau Mautner richtete sich eine Werkstatt ein, nahm zwei Leute auf und eröffnete einen eigenen Betrieb. Das Jahr 1938 machte aller Arbeit ein Ende.« 1950 hält man sich nicht mit genauen Angaben darüber auf, warum die Familie Österreich verlassen hat. Anna setzt ihre Arbeit in Amerika fort, heißt es weiter. Und sie erweitert das Angebot: »Sie stellte außer den handbedruckten Schals Decken, Vorhänge und Draperien her, die in New York bald reißend Absatz fanden. Anna Mautner ist inzwischen in die Heimat zurückgekehrt, wo sie wieder in der Steiermark ihren Handdruckbetrieb leitet. Von hier schickt sie laufend neuentworfene Muster nach Amerika, die sich mit ihrer Urwüchsigkeit und farbenfrohen Originalität das Herz der verwöhntesten Frauen am Broadway erobert haben.«[298]

Dies stimmt immerhin: 1946 kehrt Anna Mautner nach Grundlsee zurück und kämpft um die Rückstellung ihres Besitzes, was nur mit Kompromissen möglich ist: Die Einrichtung ihres Hauses erhält sie zurück – die wertvolle Trachtensammlung verbleibt im Gegenzug im Besitz der Gemeinde Bad Aussee. Ihren Betrieb bekommt sie 1948 zurück. Trotz allem: Die Familie bleibt dem Grundlsee treu. Annas Tochter Anna, die in London lebt, verbringt jeden Sommer in Gössl. Als ich sie in den 1990er-Jahren in London besuche, sagt sie kategorisch: »Ich liebe Gössl, aber nach Wien komme ich nie wieder zurück.«

Im Mai 2021 passiert etwas Unglaubliches: Ich singe seit vergangenem Jahr in einem Outdoor-Chor und erzähle der Initiatorin vom Aussee-Buch. Ihre erste Frage: Kommt da die Familie Mautner vor? Ich bejahe das natürlich und sie erzählt mir folgende Geschichte: Ihr Urgroßvater Viktor Geramb war eng mit Konrad befreundet, Gerambs Tochter erzählte der Enkelin immer, dass Konrads Sohn Hias ihr bester Jugendfreund gewesen war. Diese Dame heiratete einen überzeugten Nationalsozialisten, dessen Begeisterung abnahm. Die Enkelin erinnert sich, dass er in ihrer Kindheit vor Weihnachten stundenlang eine Menora geputzt hat – diese stammte aus Anna Mautners Besitz, sie überließ die Menora vor ihrer Flucht ihren Freunden.

Die Menora der Mautners,
heute in Sarajewo

Die Enkelin sieht heute diese stundenlange Putzarbeit als eine Art von Sühne des Nazis gegenüber der jüdischen Eigentümer. Zu Weihnachten stand dann neben dem Christbaum und dem Adventkranz die Menora mit eigens dafür erstandenen Kerzen, was gar nicht so einfach war, denn die Kerzen waren ja viel dünner als herkömmliche. Die Enkelinnen halten diese Menora in Ehren – und die Mautners wissen, dass sie ihren richtigen Platz gefunden hat.

23 Graphic Designer der 1920er-Jahre. Viktor Hammer

Archkogl 62

Viktor Hammer begleitet mich schon mein ganzes Leben. Sein Porträt von Konrad Mautner hängt in unserem Haus in St. Gilgen, sein Porträt meines Urgroßvaters Robert Winterstein hing im Haus meiner Großeltern – und doch habe ich bis jetzt wenig über seine Person gewusst. Nun nähere ich mich ihm langsam und lasse Viktor Hammer selbst sprechen: »Ich wurde in das 18. Jahrhundert geboren, doch war mir dies lange Jahre hindurch nicht bewußt. Ich öffnete meine Augen zum ersten Mal und sah einen Teil Wiens, der aus der Zeit Maria Theresias stammte. Ich wurde in der Griechengasse 9 geboren, meine erste Erinnerung gilt dem Platz in der Schönlaterngasse. Diese ersten Jahre meiner Kindheit in diesem uralten Teil Wiens prägten meine Sicht der Welt als Künstler. Ich hatte keine Möglichkeit zu realisieren, dass alles rund um mich 200 Jahre alt war. Ich kannte nichts anderes.«[299]

Eine Kindheit im malerisch-pittoresken Wiener Griechenviertel. Diese optisch so anregende Umgebung prägt den kleinen Viktor so stark, dass er an der Akademie der bildenden Künste aufgenommen wird, als Schüler des großen Architekten Camillo Sitte. Dieser erkennt das Potenzial des jungen Studenten und ermuntert ihn, Malerei und Bildhauerei bei großen Lehrern zu studieren: Christian Griepenkerl und Anton Hanak.

1906 stellt er seine Kunst erstmals in der 21. Ausstellung des Hagenbundes aus – gleich mit vier Porträts ist er vertreten. Ein Jahr später gewinnt Viktor den Staatspreis für ein Porträt, das eine ganz besondere Dame darstellt: Rosl Rossbach, die 1909 seine Frau wird.

Viktor erhält Stipendien, die es ihm ermöglichen zu reisen und vielfältige Eindrücke zu sammeln. Paris, Berlin, München, Italien prägen ihn und seine Kunst. 1912 wird er Mitglied der Wiener Secession und stellt dort in der 41. Ausstellung bereits zehn Por-

»Viktor Hammer vor seinen neuesten Porträtbildnissen«, *Die Bühne*, 1932

träts aus, ein Jahr später zeigt die Münchner Pinakothek ein Gemälde.

1913 wird Viktors und Rosls Sohn Jakob geboren – alles entwickelt sich wunderbar. Doch 1914 bricht der Erste Weltkrieg aus, die sichere und heile Welt fällt auseinander. Viktor nimmt als Kriegsmaler am Krieg teil zwischen dem Ural, Triest und Konstantinopel. Nach dem Ende des Krieges kehrt er zurück, seine Familie ist um eine kleine Tochter, Veronika, gewachsen. Ein halbes Jahrhundert später, am 20. September 1966, gibt Veronika, genannt Moni, dem Priester Thomas Menson, einem Freund und intellektuellen Gesprächspartner Viktors, Details ihrer Kindheit preis: »Mein Vater war nicht immer sehr nett zu meiner Mutter. Er war nicht treu und da gibt es noch so manch andere Dinge – aber sie liebte ihn so sehr, dass sie alles ertrug – und es war sie, die ihn zu dem machte, der er war, mit ihrer Intelligenz und ihrer Anpassungsfähigkeit und ihrer absoluten Treue. Sie hatte ein schweres Leben und sie war eine Märtyrerin, doch beklagte sie sich nie. Sie fragen, ob ich das porträtierte Mädchen bin. Ich bin's.«[300]

Die wirtschaftliche Situation in Wien erweist sich als schwierig, die Familie findet Unterschlupf bei Ferdinand Graf Arco in St. Martin im Innkreis. 1922 eröffnet Viktor Hammer ein Atelier in Florenz – hier entwickelt er auch seine erste Schrifttypografie und installiert seine berühmte Buchpresse. Es sind erfolgreiche Jahre in Florenz, doch Hammer zieht es weiter. Von 1934 bis 1936 lebt er mit seiner Familie im Elsass, um dort für seine Freunde Alexandre und Antoinette de Grunelius eine Kapelle zu entwerfen, die für Katholiken und Protestanten gleichermaßen offen ist – in diesen Jahren etwas Außergewöhnliches.

Die Sommer dieser Jahre verbringt er in Grundlsee, protegiert von Anna Mautner, die er genau wie ihren Mann Konrad porträtiert – bis heute zählen diese Porträts zum Interieur vieler Sommerhäuser des Salzkammerguts. Schon 1930 begründet Hammer im sogenannten Hammerhaus in Grundlsee eine Sommerschule, die ab 1936 »Schule für freie und strenge Künste in Grundlsee« heißt und von Juli bis Dezember abgehalten wird – eine wesentliche Erweiterung, die Grundlsee auch in den Wintermonaten zu einem attraktiven Anziehungspunkt macht. »Der Ort, ein Mittelpunkt des Fremdenverkehrs, ist gut gewählt, zur Trachtenmode wird die Mode treten, in der Sommerfrische an Wettertagen, wenn man fröhlich und ausgeruht ist, sich porträtieren zu lassen.«[301]

Das Joanneum in Graz ist interessiert, die Schule als hauseigene Abteilung zu übernehmen. Die Schule widmet sich der Malerei, doch soll eine Töpferei das Angebot vervollkommnen. »Die Schule in Grundlsee nun soll wie ähnliche Unternehmungen in anderen Staaten eine Verbindung mit dem ländlichen Kunstgewerbe pflegen, das, wenn nicht Hilfe in letzter Stunde kommt, dem Untergang verfallen ist, und die Schule soll versuchen, eine schönere Überlieferung aufrechtzuerhalten. Sie verdient Förderung.«[302]

Konrad Mautners besondere Vorliebe gilt den Trachten der Bauern, und er »versuchte das Wenige, das noch zu finden war, in sei-

Viktor Hammer bei der Arbeit, 1932

ner Trachtenkammer zu vereinigen. Hammer teilte die Sammlerleidenschaft seines Freundes Mautner. Mit Natur ist dort wie hier ein unbeschwertes, fröhliches Sommerfrischendasein gemeint, gewürzt durch gelehrte Passionen und unschädliche weltschmerzliche Züge. Im Rahmen dieses geselligen Verkehrs mit den Einwohnern, den kunstfreundlichen Gästen und mit Hilfe der Mautnerschen Sammlung hat Hammer nun eine Reihe von Trachtenbildern geschaffen, die hübsche Grundlseerinnen im Gewand ihrer Vorfahren zeigen.«[303] Dieses Gewand stammt aus dem 19. Jahrhundert und wird in den Familien immer weitervererbt – bis sich der Stoff auflöst. Deshalb kommt der Sammlung Konrad Mautners eine besondere Bedeutung zu, denn viele Gewänder bleiben für Sammler nicht übrig.

Anna Mautner »waltet im Grundlseer Kreis und wendet ihre ganze mütterliche Sorgfalt und heftige Teilnahme dem Künstler zu. Ihrer unermüdlichen Begeisterung und seltenen Opferbereitschaft

»Durch den Feldstecher betrachtet Hammer die winzig kleinen Entwürfe und Vorlagen für die Lettern seiner Bücher.« *Die Bühne*, 1932

ist die Entstehung des Vereines Meisterschule Grundlsee und der Bau des Atelierhauses zu danken. Trotz ihres fortgeschrittenen Alters betreibt sie am Archkogl eine kunstgewerbliche Stoffdruckerei und ist Tag und Nacht für die Hebung des steirischen Geschmacks in Dirndlgewändern tätig, der seit der Erfindung des ›Salonsteirers‹ und dem Massenangebot billiger Fertigware bedenklich gelitten hat.« Die Gegenfrage in Bernhard Vitans Buch *Die Wünsche oder Begegnung mit Viktor Hammer* lautet: »Auf diese Weise soll wohl das, was die einen Städter an der Landbevölkerung versündigt haben, durch andere Städter wieder gutgemacht werden?« Und die Antwort dieses virtuellen Dialogs: »Trotz allem aber ist es gewiß nichts Unbedeutendes, was in Grundlsee und in der Meisterschule am Archkogl im eifrigen Zusammenwirken getrennter Kräfte entstehen könnte.«[304]

Die Buchpresse wandert aus dem Elsass nach Grundlsee, Viktor Hammer erweist sich als wahrer Kunsthandwerker: Jeden Buchsta-

Hugo von Hofmannsthals Büste, geschaffen von Viktor Hammer für das Kleine Festspielhaus in Salzburg, 1937

ben entwirft und schneidet er selbst, »die Drucke werden von ihm selbst auf der Handpresse abgezogen und nur in ganz kleinen Auflagen zum Verkauf gebracht. Auch die Einbände sind alle handgearbeitet«[305]. Dies berichtet *Die Bühne* den interessierten Lesern.

Viktor Hammers künstlerische Ausdrucksformen beziehen sich auf viele Metiers: Ursprünglich fühlt er sich von der Malerei angezogen, doch wendet er sich auch dem Kunsthandwerk zu: Goldarbeiten, Holzschnitt, aber auch Holzmöbel faszinieren den vielfältigen Künstler. Seine besondere Liebe gilt dem Buch: dem Druck, der Bindung und nicht zuletzt der Typografie: Hammer entwirft mehrere Schriften, sogenannte Unziale.

Doch auch die bildende Kunst ist ihm nicht fremd, die Büste Hugo von Hofmannsthals im Salzburger Festspielhaus stammt von Viktor Hammer. Dies führt wiederum direkt nach Grundlsee, wo Hugo von Hofmannsthal ebenfalls seine Sommer verbringt.

In Grundlsee begegnet Viktors Tochter Veronika ihrem zukünftigen Ehemann Hermann Oppenheimer, dessen Großmutter Jella eine bedeutende Rolle in der Sommerfrischegesellschaft spielt (Kapitel 6). Als Trauzeuge von Veronika und Hermann fungiert Generalprokurator Robert Winterstein, ein enger Freund Viktor Hammers.

1937 klettert Viktor Hammer eine weitere Stufe der Karriereleiter nach oben: Er wird zum Professor an der Akademie der bildenden Künste ernannt und kehrt so an seine Ausbildungsstätte zurück. Doch im März 1938 übernehmen die Nazis die Macht, Viktor Hammer gilt in ihren Augen als politisch unzuverlässig, zu nah steht er dem Ständestaat. Der Schwiegervater seiner Tochter Veronika, Felix Oppenheimer, springt nach dem Novemberpogrom am 15. November 1938 aus dem Fenster und stirbt. Im August erreicht auch Viktor Hammer die Willkür der Nazis: Er wird zwangspensioniert und weiß, dass es für ihn in Österreich keine Zukunft gibt. Die Freiheit seiner Kunst ist nicht mehr gewährleistet.

Viktor und Rosl verlassen Österreich im Sommer 1939 und besuchen ihre Freunde Alexandre und Antoinette de Grunelius. Von dort gelangen sie nach Paris und dann nach Boulogne-sur-Mer im Norden Frankreichs. Am 1. August 1939 kommen Viktor und Rosl in New York an.

Am Wells College in Aurora, New York, wurde ihm bereits eine Anstellung zugesagt. Dort unterrichtet er Kunst und kann sich dem Buchdruck und der Entwicklung neuer Schrifttypen widmen. »Victor Hammer hat sich weiter seiner großen Schriftliebe, der Unziale, gewidmet. Seine bekannteste Schrift, die American Uncial, hat er 1943 fertiggestellt. Und er hat auch in seiner neuen Heimat eine Handpresse auf die Beine gestellt und in der Buchkunst gearbeitet. Seine erste Station in den USA war Aurora im Bundesstaat New York, wo er von 1939 bis 1948 am Wells College unterrichtet hat. 1941 hat er die Wells College Press gegründet, seine neue Handpresse, in der er eine Reihe von bibliophilen Handpressendrucke herausgebracht hat. Dort wird auch heute noch *The Victor Hammer Fellowship in the Book Arts* ausgeschrieben.«[306]

Sein Sohn Jakob gelangt nach einer Odyssee ebenfalls nach Amerika: Von Mexiko kommend, erreicht er am 8. März 1941 Arizona im Süden des Landes. Nun ist auch er in Sicherheit. Viktors Tochter Veronika bleibt mit ihrem Mann in Österreich, 1942 lässt sie sich scheiden und nimmt 20 Jahre später wieder ihren Mädchennamen an.

1948 wird Viktor vom Wells College pensioniert – und eine neue Möglichkeit tut sich auf: Die Akademie der Künste in Wien bittet ihn, in seiner alten Funktion zurückzukommen. Doch er lehnt ab, nicht wissend, ob diese Berufung seiner Kunst oder seiner prononcierten Antinazi-Haltung geschuldet ist.

Viktor zieht es weiter: Er nimmt das Angebot wahr, in Lexington, Kentucky, als Artist-in-Residence und Professor der Kunsthochschule tätig zu werden. Lexington entwickelt sich zu einem Zentrum der Buchkunst und bleibt der Lebensmittelpunkt der Hammers. Eine große, interessierte Freundesgruppe entsteht an dieser Universität. Zu dieser zählt auch die Bibliothekarin Carolyn Reading, die Rosl auf ihrer zweiten Reise im Jahr 1951 nach Österreich begleitet. Sie ist 30 Jahre jünger und gehört zum engsten Freundeskreis der Familie. 1954 stirbt Rosl an Krebs – 1955 heiratet Viktor Carolyn Reading. Die Tochter freut sich für ihren Vater, und doch sieht sie seine neue Beziehung mit gemischten Gefühlen: »Mein Vater war niemals so nett zu meiner Mutter wie zu Carolyn – ich mache ihn nicht dafür verantwortlich, sondern freue mich, dass er Carolyn hat. Ich selbst kann über diese Dinge mit meinem Vater nicht sprechen, denn ich bleibe in seinen Augen immer ein kleines Mädchen, das keine eigene Meinung hat, sondern immer instruiert und geführt werden muss.«

Wenige Monate später stirbt Viktor in Lexington, Kentucky, ohne Grundlsee jemals wiedergesehen zu haben.

24 »Genia loci«. Eugenie Schwarzwald

Archkogl 31

»Es gibt drei Arten, auf seine eigene Jugend zu reagieren. Entweder man vergißt sie oder man läßt es der neuen Generation ebenso schlecht gehen, wie es etwa der Schuster mit seinem Buben macht, oder aber man sucht der neuen Jugend alles zu ersparen, was man selbst erlitten hat.«[307]

Allein diese Aussage der großen Pädagogin und Wohltäterin Eugenie Schwarzwald gibt Einblick in ihr Denken, ihre Vision, ihr Anliegen. Berühmt wird sie durch die Gründung ihrer Reformschule in Wien, die Mädchen eine progressive und umfassende Ausbildung ermöglicht. »Die Autorität darf sich nicht in der Strenge, sondern in Liebe auswirken. Der Lehrer biete der Jugend Freiheit, Freundschaft und Freude in reichem Maße. Aber auch Freiheit muß durch Selbstdisziplin erworben werden, Freundschaft darf nicht in Cliquenwesen ausarten, die Freude muß aus reinen Quellen fließen, nicht zum Schaden der anderen. Die Kinder zum selbständigen Denken anregen ist das Wichtigste.«[308]

Generationen von Mädchen denken dankbar an ihre Schulzeit zurück – in den 1910er-Jahren nicht unbedingt die Norm in einem ansonsten sehr autoritären Schulsystem. Dem setzt Eugenie, genannt Genia, etwas völlig Neues entgegen: Die »Erziehung zum Glück«, wie sie einen Artikel für die Zeitschrift *Die Frau und Mutter* im September 1932 betitelt: »Lehrer, die jede selbständige Regung unterstützen, die freie Meinungsäußerung verlangen, Abhängigkeit vom Lehrbuch nicht dulden, die nicht gestatten, daß man auf ihr Wort schwöre, sind Glücksbringer ersten Ranges. Denn geistige Selbständigkeit führt zur Beschäftigung mit den geistigen Erzeugnissen der Großen, und so ist eine der tiefsten und reinsten Glücksquellen eröffnet. Das Allerwichtigste für künftiges Glück bleibt aber die Lebenslust, in der man aufgewachsen ist: die muß mit Heiterkeit gesättigt sein. Wie Eltern ihren Kindern Brot schuldig sind, so sind sie ihnen Lachen schuldig.«[309]

Eine ihre Schülerinnen – Marta Karlweis, die spätere Frau des Schriftstellers Jakob Wassermann (Kapitel 19) – erinnert sich an ihre Schulzeit, die geprägt war von »Respekt des Lehrers vor dem Schüler, auch vor dem kleinen Elementarschüler in der Koedukationsschule«[310].

Doch nicht allein die Schulen bestimmen Eugenie Schwarzwalds Denken und Handeln. Der Erste Weltkrieg bringt viel Leid mit sich, dieses trifft in erster Linie die Kinder. So initiiert Eugenie Schwarzwald im Jahr 1916 den Aufruf »Wiener Kinder aufs Land!«[311]: »Das Schuljahr geht zu Ende, und damit sind die Kleinen ganz der Sorge des Elternhauses, den materiellen Schwierigkeiten der heutigen Verhältnisse, der drückenden Sommeratmosphäre der Großstadt und den Gefahren der Straße überlassen. Meist ist der Vater im Felde, die Mutter in Arbeit, das notleidende und pflegelose Kind ohne Leitung und Aufsicht. Vor allem trifft dies Schicksal unsre zahlreichen Kriegswaisen.« Dass noch zwei Jahre des schrecklichen Krieges vor den Menschen liegen, können sie nicht ahnen.

»Je mehr von den Kindern Wiens für die zwei Ferienmonate in die ländliche Natur, in einfache, aber gesunde Verpflegung und reine Luft gebracht werden können, desto mehr entlasten wir die Stadt für jetzt und stärken ihre Kraft für die Zukunft.« Und nun zeigt sich das große Talent Eugenie Schwarzwalds, Ressourcen für ihre Projekte zu requirieren – niemand kann ihr einen Wunsch abschlagen: »Wer irgendwie kann, nehme ein Kind aufs Land mit. Wer ein leeres Zimmer auf dem Lande unbenutzt stehen hat oder ein Wirtschaftsgebäude, ein Landhaus, ein Schulhaus, eine Fabrik, ein Schloß, der stelle es zur Verfügung. Wer noch etwas Geld entbehren kann, wird es diesem Zweck besonders gern zuführen.«

Und es funktioniert: »Binnen sechs Wochen waren anderthalb Millionen Kronen beisammen und waren leerstehende Villen, Fabrikgebäude und für die Ferienzeit leerstehende Schulgebäude angeboten, so daß es schon im ersten Jahre zweiundsiebzig Kolonien gab.«[312] Dies berichtet der Journalist Berthold Molden fünf Jahre später im *Neuen Wiener Tagblatt* unter dem Titel »Eine praktische

Idealistin«. Und er berichtet von ihren weiteren Vorhaben: »Aber nicht nur im Sommer, so verlangte nun die hartnäckige Kinderfreundin weiter, sollte die blasse Jugend aufs Land geschickt werden, sondern auch im Winter, und auch dies setzte sie durch. Und in die Propaganda für die Aufnahme von Kindern im Auslande, die ihr schon lange als etwas dringend Wünschenswertes vorgeschwebt war, griff sie in Blättern der neutralen Länder mit ihren Darstellungen ein, die sich an alle empfänglichen Herzen wendeten.« Auch diese Initiativen funktionieren und verhelfen vielen Tausenden Kindern zu besseren Lebensumständen.

1925 zeichnet der Schriftsteller Jakob Wassermann ein drastisches Bild ihres Wirkens: »Doch weiß ich sehr genau, daß in den greuelvollen Notjahren 1917 und 1918 ein großer Teil der Wiener Bevölkerung, und nicht ihr schlechtester Teil, rundweg verhungert wäre ohne ihre unermüdliche Werk- und Hilfstat, ihre glühende Bereitschaft, ihre außerordentliche Kühnheit und Konsequenz. Sie wußte Nahrungsmittel zu beschaffen, wo eine Ratte nichts mehr für ihre leeren Eingeweide fand.«[313]

Die Schriftstellerin Klara Mautner berichtet über »20 Jahre Selbsthilfe«: »Zehntausend Kinder Wiens hatten 1916 noch keinen blühenden Apfelbaum und keine Kuh gesehen! Es waren Kinder, die keinen Sommer kannten. Nun ist ihnen allen ein Stückchen Sommerglück erobert worden. An die Kinderaktion schloß sich naturgemäß die Schaffung von Sommererholungsheimen für Erwachsene. Fünf solcher Heime sind von Frau Dr. Schwarzwald ins Leben gerufen worden, stehen in vollem Betrieb und wenn man sich für Grundlsee anmeldet, ist es ach! immer schon zu spät.«[314]

Ein Erholungsheim für Erwachsene liegt Eugenie Schwarzwald besonders am Herzen: »Dieses Erholungsheim, es heißt ›Seeblick‹, besteht aus lauter Intelligenz, Kunst und Wissenschaft. In diesem Erholungsheim sind von vier zu vier Wochen mehr gelehrte, schaffende, strebende und strebernde Kapazitäten beisammen als sonst irgendwo. Im Mittelpunkte ist dem Gewicht, der Stärke seiner Äußerungen und der Lebhaftigkeit seiner Erholung nach Egon Friedell, und wenn er auf der Veranda lacht, schauen drüben in Aussee die Wetterwächter nach der Gosau hin, ob etwa ein Donnerwetter aufsteige.«[315]

Klara Mautner besucht im Juli 1921 die Villa Seeblick, das »Mittelstands-Erholungsheim«, wie sie es bezeichnet. Es unterscheidet sich in keiner Weise von einer klassischen Sommerpension, doch gibt es Ausnahmen: »Man darf den Angestellten des Hauses kein Trinkgeld geben und die Gäste gehören ausnahmslos gebildeten Kreisen an.« Gebildet, aber mittellos. »Die Zimmer, zum großen Teil mit wundervoller Seeaussicht, sind behaglich und gut ausgestattet, das vorzügliche Essen (die Raubtiere strahlen, denn es gibt täglich mindestens einmal Fleisch) überreichlich, die Bedienung zauberhaft. Man wird nicht geschäftsmäßig abgefüttert, sondern es steckt in allem Tun ein Stückchen Liebe. Die Bewohner von Seeblick werden nicht als Fürsorgeobjekte, sondern als vollberechtigte Gäste behandelt. Gelehrte und Beamte, Lehrer und Schauspieler, der ganze Heerbann des geplagten, sorgenvollen Intelligenzproletariats ist hier versammelt und auf allen Gesichtern liegt ein seliger

Eugenie Schwarzwald vor dem Haus Seeblick

Wille zum Ausruhen und Vergessen. Viele Künstler sind im Hause, Maler, Schriftsteller, Schauspieler und vor allem Musiker. Am Abend wird getanzt. Unweigerlich und ausnahmslos. Der netteste von allen Hofräten, ein wahres Hofratsjuwel, setzt sich zum Klavier und spielt Foxtrotts mit den geistreichsten Texten, zum Beispiel ›Du Häuptling der Apachen, i gib dir eine Watschen‹ und Ähnliches. Schön ist es jedenfalls. Die jungen Mädchen hüpfen mit leuchtenden Augen und flatternden Zöpfen herum, sie können nicht genug bekommen und wenn die Burschen teils aus Müdigkeit, teils aus Würde nicht weiter wollen, dann faßt das eine ›Dirndl‹ das andere und sie drehen sich miteinander.«[316]

Der in Altaussee ansässige Schriftsteller Jakob Wassermann gibt in dem ihm eigenen Stil eine Beschreibung Eugenies: »Man gewahrt eine Frau von untersetzter Statur, starkhalsig, starknackig, starkblickend, kurzhaarig, dunkel von Prägung, straff von Muskeln, entschlossen in der Bewegung, mit einer Stimme, die etwas vom Schmettern der Trompete hat, mit Gesten, in denen die eine Ungeduld die andere unterdrückt und aufzehrt, mit einem Körper, den eine Überfülle von Blut speist und in schier beängstigender Lebendigkeit erhält; ja: Vollblut, dies gibt sich auf den ersten Blick kund. Reinste, edelste Rasse.«[317]

Hermann Schwarzwald (re.) beim Schachspielen

Im Sommer 1930 feiert das Erholungsheim seinen zehnten Geburtstag und erfreut sich nach wie vor großer Beliebtheit. Die Gäste kommen aus dem In- und Ausland, Jung und Alt verbringen die Sommerzeit miteinander, Persönlichkeiten aus Kunst und Wissenschaft fühlen sich wohl. »Egon Friedell, Professor Frenzel, der Cellist Heinrich Grünfeld, die Malerin Käthe Kollwitz, die Sängerin Lotte Leonard, der Pianist Rudolf Serkin und andere sind immer wiederkehrende Gäste vom Grundlsee. Gegenwärtig dient der Seeblick allen Nationen.«[318]

Die Künstler, die das Erholungsheim besuchen, tragen jeweils zum künstlerischen Programm der Sommerfrische bei. »Jeder Besucher, der über eine Fertigkeit oder ein Können verfügte, stellte sich ›Frau Doktor‹ gerne zur Verfügung. Pianisten (Rudolf Serkin, Robert Goldsand) konzertierten, Schriftsteller (Arno Holz, Egon Friedell, Jakob Wassermann) lasen aus ihren Werken vor, und ihren Höhepunkt erreichte die Saison, wenn die ausgezeichnete und von allen geliebte Sängerin Lotte Leonard ihren alljährlichen Liederabend gab und die Zuhörer zu stürmischen Beifallskundgebungen hinriß.«[319]

Die Sängerin Lotte Leonard widmet ihre Karriere dem Oratorium und Liedgesang und zählt zu den häufigen Gästen am Grundl-

Leonore Simon und Gerald Matzner rudern das Boot »Lotte Leonard«.

see, sie ist »eine begeisterte, anhängliche und, soweit dies mit Berliner Dirndlschürzen zu bewerkstelligen ist, so gut wie autochthone Grundlseerin. Insbesondere, seit dieser schöne, tiefe See an einem blauen Sommertag ihre teuerste Dirndlschürze verschlungen hat. ›Gelb war sie‹, sagt sie heute noch mit tiefer Betrübnis, denn Lotte Leonard ist nicht nur eine ausgezeichnete Sängerin, sondern auch eine sparsame Hausfrau. Und wenn sie im Sommer auf dem Grundlsee die Kantate der Lukrezia mit hinreißend dramatischem Ausdruck singen wird, sagt ihr Sohn Walter, der seine Mama schließlich am besten kennen muß: ›Das ist alles wegen der Schürze!‹«[320]

Auch 1935 konzertiert Lotte Leonard in Grundlsee, am Klavier sitzt der schon damals große Rudolf Serkin: Er gehört »zur Klasse der Pianisten, die alles können und doch nicht mit den Händen, sondern mit den Ohren Musik machen«. Auch Lotte Leonard gefällt dem Publikum: »Der beglückende Eindruck ihrer großen Kunst ist vollkommene Einheit von Material, Technik, Musikalität, Wortgestaltung und Temperament. Nichts ist Selbstwerk, sondern alles dient der freudig-begeisterten Mitteilung der kostbaren Liedgebilde.«[321]

Zu den Künstlern zählt auch der Sänger Helge Lindberg. Carl Marilaun schreibt 1928 anlässlich seines frühen Todes im *Neuen*

Wiener Journal: »Armer, toter Helge!«: »Plötzlich ist er in – Grundlsee. Es ist kurz nach Beendigung des Krieges. In Grundlsee hat Frau Genia Schwarzwald eine Art von Erholungsheim für geistig arbeitende Menschen. Junge, haarflatternde und röter als rot kommunistelnde Studenten, milde Hofräte aus der schwarzgelben Ära. Maler, die nichts zu malen, Architekten, die nichts zu bauen, Schauspieler, die kein Engagement haben. Beim übelduftenden Schein von Karbidlampen wird auf den Grundlseer Hügeln bis in die Nacht musiziert. Von der Trisselwand, auf der er [Helge Lindberg] am Nachmittag gewesen war, hatte er sich über die steilsten Felsen mit ein paar hundert Klimmzügen heruntergeturnt. Ohne auch nur das Hemd zu wechseln – mehr als ein Hemd und eine unanständig kurze Hose hatte er übrigens nicht an – war er ins Musikzimmer gegangen und sang, ununterbrochen, drei Stunden.«[322]

Dr. Marie Stiasny, studierte Anglistin, die 1917 promoviert, leitet die Villa Seeblick zehn Jahre lang und sorgt für internationales Publikum. Sie stellt einen Prospekt in englischer Sprache zusammen, den sie an Reisebüros in England und Amerika verschickt, wie sich

Marie Stiasnys Arbeitszimmer

Hermann Schwarzwald mit seiner Hundemeute

Alice Herdan-Zuckmayer als ehemalige Schülerin in ihrer Autobiografie *Genies sind im Lehrplan nicht vorgesehen*[323] erinnert. Der Titel ist übrigens ein Zitat von Eugenie Schwarzwald.

Der Schriftsteller Eugene Antoine gibt Einblick in die besondere Atmosphäre am Grundlsee: »Frau Doktor war eine wundervoll harmonische Verbindung dreier seltener Eigenschaften: eines unbestechlichen Verstandes, eines warmen Herzens und einer unermüdlichen Vitalität und Aktivität. Im ›Seeblick‹ wirkte sie, umgeben von einem Stab vortrefflicher Mitarbeiterinnen, als ›genius loci‹ oder, wie man gerne sagte, als ›Genia loci‹.«[324]

Und auch Eugenie Schwarzwald selbst erzählt am 9. September 1930 in einem Brief an ihre Freundin Karin Michaelis vom sommerlichen Alltag: »Vormittags arbeitete ich, nachmittags erteilte ich Audienzen, abends war was los: Konzert von Lotte Leonard, schönste Quartettabende, wunderbare Kabarettabende unter Führung von Mutz Schanda, ein Vorleseabend von Wassermann, halbwissenschaftliche Vorträge anwesender Gelehrter, Vorträge von mir. Nachts aber saßen bis zwei Uhr abwechselnd Knaben und

Mädchen an meinem Bettrand und erzählten mir von ihrem Liebesglück, ihren Berufssorgen, ihrer Lebenslust, ihrer Angst vor dem Leben, und was so Dinge sind, die junge Menschen mir erzählen, wenn Nacht ist.«[325]

Anfang März 1938 fährt Eugenie Schwarzwald für eine Vortragsreise nach Dänemark. »Am 13ten hatte ich kein Vaterland mehr, keine Heimat, kein Haus, keine Schule, kein Wohlfahrtswerk, kein Vermögen. Was aber das Schlimmste ist, ich bin draußen und kann nicht hinein, und Hemme [ihr Ehemann Hermann] kann nicht heraus. Du kannst Dir vorstellen, daß ich in diesen letzten drei Wochen die Schmerzen von 300 Jahren durchgemacht habe.« Hermann und Marie Stiasny, liebevoll Mariedl genannt, versuchen, aus Wien zu fliehen. Eugenie erfährt am 1. April, »daß Mariedl von einem SS-Auto überfahren worden ist und dabei beinahe ihr Leben verloren hat, jedenfalls trug sie eine tiefe Narbe am Hals davon und hat noch heute den rechten Arm etwas lahm.«[326] Hermann und Mariedl gelangen endlich Ende September 1938 in die Schweiz, Hermann stirbt am 17. August 1939 – er als ehemaliger Sektionschef des Finanzministeriums kann den Untergang Österreichs nicht verkraften. Eugenie erkrankt an Brustkrebs und folgt ihm am 7. August 1940.

Am 14. März 1939 findet sich im *Neuen Wiener Tagblatt* eine kleine Notiz: »Kriegerheim am Grundlsee. Wie unser Berichterstatter meldet, wurde das Hotel Seeblick vom Reichskriegerbund angekauft. Als Erholungsheim wird es im Mai seiner Bestimmung zugeführt.« So endet die Ära der unerschrockenen, großherzigen, hilfsbereiten Eugenie Schwarzwald.

Marie Stiasny bleibt allein in Zürich zurück. Wohin soll sie nun gehen?

25 Die Frau in der zweiten Reihe. Marie Stiasny

Archkogl 31

Wer ist eigentlich Marie Stiasny, die im Hintergrund die Fäden zieht und der Villa Seeblick die heimelige, kunstbeflissene, gemütliche Atmosphäre verleiht?

Dazu muss ich ein wenig ausholen. In meinem Buch über die Villen von Pötzleinsdorf habe ich ein Kapitel der Familie Stiasny gewidmet. Ich kenne die Nachkommen, sie helfen mir mit alten Fotos und bereichern das Kapitel mit ihren Geschichten. Auch Marie Stiasny findet dort Erwähnung, die ihren Hausanteil ihren Nichten verkauft – so weit, so gut. Nun stoße ich wieder auf diesen Namen und finde rasch heraus, dass es sich um dieselbe Dame handelt. Und wieder hilft mir die Familie weiter: Sie findet Fotos von Tante Marie und auch eine Mappe mit Briefen und Dokumenten. Zeitgleich kontaktiere ich Robert Streibel, der sich seit den 1990er-Jahren um Eugenie Schwarzwald annimmt. Er brachte ehemalige Schülerinnen regelmäßig zusammen, daraus entwickelte sich ein großes Eugenie Schwarzwald-Erinnerungsprojekt. Robert Streibel schickt mir alle Unterlagen, die er zu Marie Stiasny hat: ihre Korrespondenz mit der dänischen Schriftstellerin Karin Michaelis, einer engen Schwarzwald-Vertrauten. Dazu diverse Unterlagen aus dem Staatsarchiv, an die ich gar nicht mehr kommen könnte in dieser eigenartigen Zeit des Zusperrens aller Forschungseinrichtungen. Auf meinen Dank erwidert er nur: »Eugenie hätte es so gewollt …« Und so klärt sich, was nach dem Tod Eugenie Schwarzwalds mit ihrer wichtigsten Mitarbeiterin passiert – die auch abseits der Arbeit eine enge Freundin von Eugenie und ihrem Mann Hermann Schwarzwald ist.

Ganz oben in der Familien-Mappe findet sich ein bemerkenswertes Dokument: Die Direktorin des Schwarzwald'schen Mädchengymnasiums, Hofrat Josefine Weissel[327], stellt Marie Stiasny am

Marie Stiasny mit ihrem Muff, der sich noch immer in Familienbesitz befindet, und an der Schreibmaschine

1. Oktober 1937 ein Zeugnis über die Leitung der Villa Seeblick aus:

»Fräulein Dr. Stiasny leitete von 1. Juli 1925, dreizehn Jahre lang, vollkommen selbständig und allein verantwortlich das Sommerheim Seeblick in Grundlsee. Ihr oblag der Verkehr mit den Behörden, die Aufnahme der Gäste. Die Ausbildung und Beaufsichtigung der Angestellten, die Instandhaltung des Hauses, Einkauf und Einteilung der Lebensmittel, Verrechnung und Bilanz, Überwachung der Magazine, Durchführung der Wareninventuren, sowie die Korrespondenz, die in deutscher, englischer und französischer Sprache geführt wurde, wobei Frl. Dr. Stiasny auch die Schreibmaschinenarbeit, obwohl sie oft täglich mehrere Stunden in Anspruch nahm, ohne jede Hilfskraft besorgte. Da sie auch die Festsetzung der Speisekarte, den Empfang und die Verabschiedung der Gäste, den Telefondienst, die erste Hilfe bei Unfällen und ähnliche, sich in einem großen Betrieb ergebenden Aufgaben persönlich zu erledigen pflegte, so versah Frl. Dr. Stiasny jede Arbeit, die sonst etwa vier Hotelangestellten anvertraut zu sein pflegt. Die Möglichkeit, eine so ungeheure Arbeit tadellos durchzuführen, ergibt sich aus der Begabung, dem Charakter, dem Fleiß und der vollkommenen Gesundheit dieser wahrhaft vorbildlichen Leiterin, die früh und spät, ohne jedwede Schonung der eigenen Person, dem Hause ihre ganze Kraft lieh.

Von solcher Leitung ging naturgemäß die wunderbare straffe Disziplin aus, die das Heim Seeblick auszeichnete. Jeder Gast, jede Angestellte wusste, dass er in der Leiterin eine sachkundige hilfsbereite Freundin hatte. Heitere Pflichterfüllung, selbstverständliche Menschenfreundlichkeit und gemeinnütziger Sinn herrschten, und so kam es, dass alle, die je in diesem Hause Erholung gefunden hatten, immer wieder kamen, zuletzt mit dem Gefühl der Heimkehr. Nicht nur für das materielle Wohl der Heimgäste wurde liebevoll gesorgt. Die hohe Geistesbildung, die Frl. Dr. Stiasny eignet, machte es ihr auch möglich, das Heim lebendig, gesellig und anregend zu gestalten. Ihre Beziehungen zur Grundlseer Bevölkerung, deren jährlich wachsendes Vertrauen sie genoss, waren die denkbar bes-

Marie Stiasny mit einem ihrer Schützlinge

Ein seltenes Bild der immer tätigen Marie

ten. Jedes Heim, an dessen Spitze Frl. Dr. Stiasny künftig zu stehen kommt, ist zu beglückwünschen.«

Am 1. Oktober 1937 beendet Marie Stiasny diese langjährige Tätigkeit – als ob sie ahnte, dass dies ihr letzter schöner Sommer am Grundlsee gewesen ist.

Marie Stiasny, geboren 1887, wächst in Pötzleinsdorf als jüngste einer großen Geschwisterzahl auf, ihr Vater Max handelt mit Handschuhbedarfsartikeln.[328]

Sie studiert an der Universität Wien Anglistik, verbringt ein Semester in London und promoviert 1917 – so selbstverständlich das heute klingt, so außergewöhnlich gestaltet sich dieser Weg Ende des 19. Jahrhunderts in Wien. Erst ab 1897 dürfen Frauen an der philosophischen Fakultät inskribieren. Marie kann nun Englisch, Deutsch und Philosophie unterrichten – doch dies übt sie nicht aus, ihre Tätigkeiten erweitern sich um ein Vielfaches. 1917 wird sie Assistentin von Eugenie Schwarzwald, die bei ihren zahlreichen Aktivitäten Unterstützung braucht. Und so kommt Marie, genannt Mariedl, ins Haus von Hermann und Eugenie Schwarzwald. Elias Canetti erinnert sich in seiner Autobiografie *Das Augenspiel*: »Dann gab es da noch einen Menschen, den man als das Herz dieser

Menage empfand, das war die wunderbare Mariedl Stiasny, die Freundin des Dr. Schwarzwald, die für ihn sorgte, aber nicht nur für ihn, die buchstäblich alles tat, was administrativ für Schule, Schülerinnen und Haushalt zu tun war, eine schöne, rasche, gescheite, weder redselige noch schweigsame Frau, ein heller Mensch, deren Lachen die Lebensluft aller war, die hier lebten oder nur aus und ein gingen.«[329]

Die wirtschaftliche Situation der Schwarzwald'schen Wohlfahrtseinrichtungen gestaltet sich nicht immer einfach, Marie muss sich auch andere Einkunftsmöglichkeiten suchen und leitet einige Jahre die Fremdsprachenabteilung einer Wiener Buchhandlung[330] – eine Tätigkeit, die ihr später im Leben noch von Nutzen sein wird. 1924 übernimmt sie die gesamte Administration der Schwarzwald-Schulen, im Sommer führt sie die Villa Seeblick – ein ausgefülltes Leben. »Ihrer Umsicht und Gewissenhaftigkeit ist es ausschließlich zu verdanken, dass der Verein stets ehrenvoll seine Jahresbilanz vorlegen konnte, was in wirtschaftlich so schwierigen Zeiten gewiss keine leichte Aufgabe war. Ihre Tätigkeit erstreckte sich aber auch auf einen taktvollen, verständnisvollen Verkehr mit Eltern und Schülern, die in ihr eine Autorität erblickten.«[331] So heißt es in einem Zeugnis vom Juli 1938. Die Verbindung aus wirtschaftlichen Fähigkeiten und großer Empathie zieht sich durch Maries ganzes Leben.

1932 berichtet sie der Schriftstellerin Karin Michaelis, die eine enge Freundin von Marie Stiasny ist, nach Dänemark: »Dem Seeblick geht es herrlich. Das Haus überfließt von glücklichen Menschen (übermorgen sind es über hundert), während leider das ganze Salzkammergut sonst verödet und ohne Sommergäste ist. Ich hoffe, im Herbst wieder an schöne neue Verbesserungen denken zu dürfen. Wenn ich Dich nur einmal wieder in Grundlsee hätte! Einen herzlichen Kuss von Deiner Marie«[332]. Ein Jahr später machen sich die Auswirkungen der deutschen 1000-Mark-Sperre bemerkbar: »Wir haben natürlich weniger Gäste als sonst, da die ganzen Deutschen ausbleiben, aber die, die da sind, sind sehr glücklich und werden sichtlich jeden Tag gesünder.«[333]

Mit Nichte und Neffen in der Sommerfrische

Die politische Stimmung erweist sich als instabil, doch noch macht sich niemand allzu große Sorgen. »Auch Wellesz und Wassermann waren aus Alt Aussee schon zu Besuch bei uns. Die Stimmung in der hiesigen Bevölkerung ist äußerst friedlich. Jeder will Ruhe und möglichst viele Sommergäste haben. Politik ist Wintersport. Das Horst Wessellied wird bei uns nur von ein paar jüdischen Schwarzwaldschülerinnen gesungen, die eben die Matura gemacht haben und sehr billig bei uns untergebracht sind, und denen nehme ich es auch nicht übel, denn man singt halt nach, was man singen gehört hat. Du siehst aus allem Erzählten, daß bei uns gar nichts vorgeht und das ist in dieser Zeit das Beste, was zu erwarten ist.«[334]

Eine unheimliche Idee, dass jüdische Schülerinnen dieses Nazi-Kampflied offenbar völlig unreflektiert singen. Die dritte Strophe endet mit den Worten: »Schon flattern Hitlerfahnen über allen Straßen, die Knechtschaft dauert nur noch kurze Zeit!«

Noch wiegen sich Marie und die Schwarzwalds in einer trügerischen Sicherheit, »und so sitzen Hemme, Frau Doktor und ich nach dem Nachtmahl fast immer in Frieden und Ruhe zusammen, machen unsre Einschlaf-Rummypartie und kommen uns trotz aller Sorgen um uns selbst, um unsre Freunde und schließlich auch um Österreich, doch wie auf einer kleinen Insel Thurö in Österreich geborgen vor.«[335] Auf dieser dänischen Insel befindet sich Karin Michaelis' Sommerparadies.

Im März 1938 befindet sich Eugenie Schwarzwald in Dänemark, Marie Stiasny und Hermann Schwarzwald sind in Wien. Marie versucht, alle Angelegenheiten rasch abzuwickeln, um Hermann in die Schweiz zu retten. Hermann zieht zu Maries Familie in die Villa nach Pötzleinsdorf. Einen letzten Sommer verbringt Marie in Grundlsee: »Ich hörte von Denunziationen gegen mich. Ein Beispiel: als bei stürmischem Regenwetter einige Freunde anlässlich meines Geburtstages mit Autos mich besuchen kamen, wurde eine Anzeige gegen mich erstattet, bei mir müssen Sitzungen von Verschwörern gegen das Naziregime abgehalten worden sein.«[336]

Georg Simons Frau Rosl und die Töchter Leonore und Jutta am Grundlsee, 1935

Am 12. Oktober 1938 kommt Marie gemeinsam mit Hermann Schwarzwald in die Schweiz. Nach dem Tod von Eugenie Schwarzwald im August 1940 bleibt Marie allein zurück. Nach Wien kann sie nicht gehen, denn die Nazi-Behörden verlangen von der Schweiz ihre Auslieferung mit der Begründung, »Gold für meine Freunde ins Ausland verschleppt zu haben«[337].

Maries Neffe Georg Simon flüchtet nach der Machtergreifung nach Frankreich, doch die Verfolgung durch die Nazis wird ihn auch hier einholen. Um seine Frau nicht in Gefahr zu bringen, korrespondiert er mit Marie in der Schweiz, die ihrerseits die Informationen nach Wien weitergibt. Der erste erhaltene Brief vom 13. Oktober 1940 stammt aus dem südfranzösischen Lager St. Cyprien: »Von Deinem Paket habe ich vieles zu erwähnen vergessen, aber das hat nichts zu bedeuten, es hat alles mein Herz hüpfen lassen und ist alles angekommen, ich hab es ja nach Deiner Liste verglichen.«[338] Drei Wochen später folgt der nächste Brief aus dem 400 Kilometer weiter westlich gelegenen Lager Gurs. Georg bedankt sich bei seiner Tante für Zeitungen und Zucker – »Für den Zucker bitte ein stärkeres Kuvert, da oft ein Teil ausgeronnen ist.« Und auch eine Nachricht an seine Frau schickt er: »Sag der Rosl, daß ich über ihre beiden Pakete und ihren lieben Brief eine große Freude hatte, ich will ihr aber nicht direkt schreiben.« Am 29. Dezember 1940 schreibt Georg sehr offen über die Verhältnisse: »Wir hatten längere Zeit 10 Grad unter Null; der quatschige Lehm war steinhart gefroren und die Nächte waren bitter kalt, besonders da wir auf dem Boden liegen müssen.« Die Pakete von Frau und Tante sind Lichtblicke. Marie schickt auf seinen Wunsch ein Wasch-Schaffel, Besteck, Schuhe, Schokolade und Rasierklingen.

Marie verlässt die Schweiz 1941 und kann sich nach Argentinien retten. Wie schrecklich muss es für sie sein, ihrem Neffen nun nicht mehr beistehen zu können. Georg wird weiter in das Lager Drancy transportiert, am 6. März 1943 nach Majdanek deportiert und ermordet.

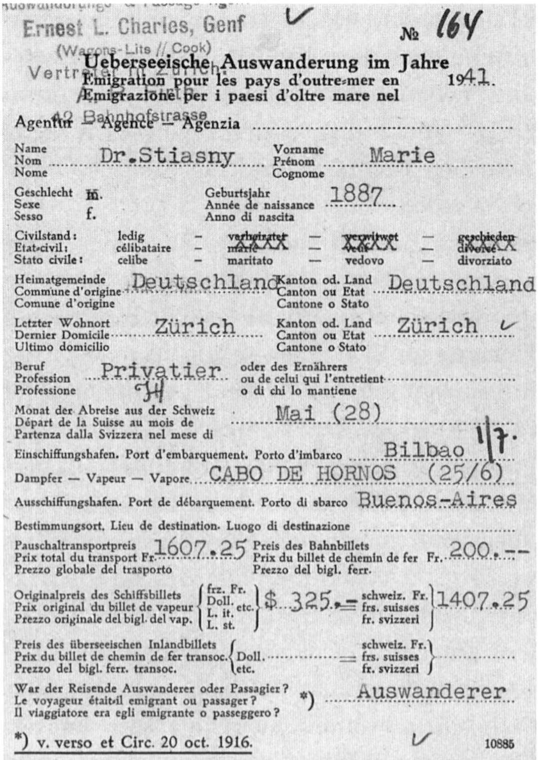

Ernest L. Charles, Genf
(Wagons-Lits // Cook)
Vertreter in Zürich:
42 Bahnhofstrasse

№ 164

Ueberseeische Auswanderung im Jahre 1941.
Emigration pour les pays d'outre-mer en
Emigrazione per i paesi d'oltre mare nel

Agentur — Agence — Agenzia

Name / Nom / Nome: Dr.Stiasny — Vorname / Prénom / Cognome: Marie

Geschlecht / Sexe / Sesso: m. f. — Geburtsjahr / Année de naissance / Anno di nascita: 1887

Civilstand / Etat-civil / Stato civile: ledig / célibataire / celibe — verheiratet / marié / maritato — verwitwet / veuf / vedovo — geschieden / divorcé / divorziato

Heimatgemeinde / Commune d'origine / Comune d'origine: Deutschland — Kanton od. Land / Canton ou Etat / Cantone o Stato: Deutschland

Letzter Wohnort / Dernier Domicile / Ultimo domicilio: Zürich — Kanton od. Land / Canton ou Etat / Cantone o Stato: Zürich

Beruf / Profession / Professione: Privatier — oder des Ernährers / ou de celui qui l'entretient / o di chi lo mantiene

Monat der Abreise aus der Schweiz / Départ de la Suisse au mois de / Partenza dalla Svizzera nel mese di: Mai (28) 1/7.

Einschiffungshafen. Port d'embarquement. Porto d'imbarco: Bilbao

Dampfer — Vapeur — Vapore: CABO DE HORNOS (25/6)

Ausschiffungshafen. Port de débarquement. Porto di sbarco: Buenos-Aires

Bestimmungsort. Lieu de destination. Luogo di destinazione

Pauschaltransportpreis / Prix total du transport Fr. / Prezzo globale del trasporto: 1607.25 — Preis des Bahnbillets / Prix du billet de chemin de fer Fr. / Prezzo del bigl. ferr.: 200.--

Originalpreis des Schiffsbillets / Prix original du billet de vapeur / Prezzo originale del bigl. del vap. (frz. Fr. / Doll. / L. it. / L. st. etc.): $ 325.- = schweiz. Fr. / frs. suisses / fr. svizzeri: 1407.25

Preis des überseeischen Inlandbillets / Prix du billet de chemin de fer transoc. / Prezzo del bigl. ferr. transoc. (Doll. etc.) = schweiz. Fr. / frs. suisses / fr. svizzeri

War der Reisende Auswanderer oder Passagier? / Le voyageur était-il emigrant ou passager? / Il viaggiatore era egli emigrante o passeggero? *) Auswanderer

*) v. verso et Circ. 20 oct. 1916.

10885

Wieso geht Marie ausgerechnet nach Argentinien? Dort lebt ihre älteste Freundin Marietta Ronsperger, ebenfalls Jahrgang 1887, nur einen Tag jünger als Marie – eine wahre Lebensfreundin. Die eine wächst in der Tuchlauben auf, die andere in der Wollzeile – fünf Minuten Fußweg trennen die Freundinnen. Marietta verbringt viele Sommer in der Villa Seeblick in Grundlsee – auch sie zählt zu den unkonventionellen Künstlerinnen in diesem Kreis. Sie heißt nun Mariette Lydis[339] – nach einem ihrer Ehemänner – und macht sich als Malerin und Illustratorin einen Namen. Der französische Dichter Joseph Delteil widmet ihr eine wahre Huldigung: »Marietta Lydis ist die paradiesischeste Malerin unserer Erde. An einem Sommermorgen stieg sie am Rücken eines Papageis vom Himmel hernieder. An Eva erinnert sie in ihrer ewigen Frische, an die erste irdische Frau mit ihrem Sündenfall. Ihre großen, schwarzen Augen flimmern noch von den Früchten des verbotenen Baums.«[340]

Ab 1926 lebt sie in Paris und heiratet 1934 den Verleger Conte Giuseppe Govone. Sie flüchtet nach Buenos Aires und organisiert von dort die Ausreise ihrer alten Freundin Marie. Bezahlt wird dies alles von Giuseppe Govone.

Marie gelangt von der Schweiz nach Bilbao. Von dort schreibt sie ihrer Freundin Mariette Lydis am 1. Juni 1941: »Ich bin auf der Reise zu Dir in Bilbao angekommen und werde hier wohl vier Wochen auf mein Schiff warten müssen. Schön ist das zwar nicht, aber ich war ängstlich, ob nicht auf einmal wegen irgend welcher Kriegsereignisse die Reisen durch Spanien und Südfrankreich gesperrt werden könnten. Ich werde hier fleißig spanisch lernen, was anderes gibt's ja auch nicht zu tun. Ich fühle mich sehr allein, wie anders wäre es, wenn ich Dich hier hätte.«[341]

Am 28. Juli 1941 kommt Marie in Buenos Aires an – die alte Welt wird sie nie mehr sehen.

Am 16. März 1942 schreibt sie Karin Michaelis: »Meine allergeliebteste Karin, wie ich oft und oft an Dich denke, die Du doch für mich so innig mit Hemme und Genia verbunden bist, und nicht nur deshalb, sondern vor allem wegen Deinem lieben Selbst. Wie oft wünsche ich mir, ich könnte mit Dir zusammen den Rest meines Lebens verbringen.« Eine Lebensliebe.

»Mir geht es gut, und wenn ich täglich in der Zeitung lese, wie viele Menschen jung sterben müssen, finde ich mein Schicksal ganz unverdient. Ich habe einen reizenden Arbeitsplatz in einer wunderschönen Blumenhandlung, die der Freundin Mariettes gehört, aber meine Hauptbeschäftigung ist nicht der Verkauf von Blumen, obgleich ich auch das tue, sondern die Blumenhandlung hat auch eine Verkaufsabteilung für Bücher in englischer Sprache und Zeitschriften und die führe ich allein, und das ebenso wie die Blumen macht nur Freude und nie unangenehme Arbeit. Außerdem führe ich hier einige Geschäftsbücher, schreibe die Rechnungen und die

Korrespondenz, soweit sie in englischer Sprache erfolgt. Wenn Mariette in Buenos Aires ist, bin ich täglich 1-2 Mal bei ihr, wohne aber nicht bei ihr, weil dort kein Platz ist, sondern habe seit Monaten eine reizende kleine Wohnung, die mir meine Chefin zur Verfügung gestellt hatte, bevor ich noch ihre Angestellte war. Nun stellt sich aber heraus, dass sie zu entlegen von meinem Arbeitsplatz ist und ich suche etwas in der Nähe. Der Sommer war sehr heiß und manchmal schwül, aber das hat mir nichts gemacht, ich habe halt geschwitzt. Ich hatte drei Wochen Ferien und verbrachte sie auf der herrlichen Estancia meines *boss*, allein mit Mariette, die dort den ganzen Sommer verbrachte, in ununterbrochener Arbeit. Sie ist, wie immer, von größter Liebe gegen mich, ein Gemisch von liebevoller Freundin, strenger Mama und Schwester. Die drei Wochen waren natürlich sehr schön. Während sie malte, habe ich ihr vorgelesen, einige Male am Tage haben wir im großen Schwimmbassin gebadet oder haben Autotouren gemacht. Ich bin sehr gut angezogen, da Mariette mir ununterbrochen schöne Sachen gibt, es geht mir also materiell ausgezeichnet, nur dass ich gar kein Geld habe, da ich von Mariette so gut wie nichts annehmen will. Hier etwas zu ersparen, ist unmöglich, ich kann mir ja nicht einmal meine Wohnung selbst zahlen. In deinem letzten lieben Brief, den ich oft wieder lese, nennst Du mich eine Erbschaft von Hemme und Genia und das möchte ich bleiben. Wenn ich erst wieder ein Lebenszeichen von Dir erhalten habe, werde ich öfters wieder schreiben und glücklich sein, von Dir zu hören. Sonst bin ich ja ganz abgestumpft, nichts geht mir nahe, nichts interessiert mich wirklich, nur der Krieg, den ich mit einem brennenden Interesse in den Zeitungen verfolgte. Dieser Brief ist nur ein Anfang. Ich umarme Dich und küsse Dich mit einem sehnsuchtsvollen Herzen. Immer und ewig Deine Marie.«[342]

An Österreich hat Marie keine guten Erinnerungen: »Liebe Karin, arbeite nicht zu viel, vielleicht leben wir doch noch einmal zusammen in Pötzleinsdorf, wo Hemme sein letztes Jahr vor der Schweiz verbrachte und sich wohl fühlte. Aber ich habe eigentlich keine Lust zurückzukehren, ich bin zu verbittert, was ich dort an Feigheit und Niedertracht gesehen habe. Aber gib gut acht auf Dich, ich brauche Dich noch sehr, immer bist Du da und die Hauptperson, wenn ich an eine Zukunft denke. Ich umarme Dich mit vielen Tränen.«[343]

Nach dem Krieg schreibt Marie an Rosl, die Witwe ihres Neffen Georg, und erzählt von ihrem schwierigen Alltag in Buenos Aires. Mit ihrer Arbeit als Buchhändlerin kann sie wenigstens einige ihrer Wiener Erfahrungen anwenden. »Der Verkauf meiner Bücher steigt in einer steilen Kurve, so dass meine Chefs mir letzthin den Vorschlag gemacht haben, für mich eine eigene Buchhandlung zu gründen«, schreibt sie am 4. März 1947. Doch sie lehnt das Angebot ab, denn noch plant sie, vielleicht doch wieder nach Wien zurückzukommen. Ihre Stütze bleibt die treue Kinderfreundin Mariette Lydis.

Und sie schreibt auch über die beiden Schwarzwald'schen Erholungsheime in Grundlsee und Küb, für die Rosl Rückstellungsanträge gestellt hat: Marie Stiasny ist die Erbin Eugenie Schwarzwalds. Marie beauftragt Hermann Schwarzwalds Bruder Daniel, einen Juristen, mit der Einforderung ihrer Ansprüche. Ein halbes Jahr später berichtet sie Rosl: »Die Grundlseer Angelegenheit scheint gut zu stehen, Hofrat Schwarzwald nimmt sich in rührender Weise dieser Angelegenheit an.«[344] Zwei Jahre später überlegt Marie, »wenn es unumgänglich notwendig ist, aber nur dann, Küb zu verkaufen, um Grundlsee zu retten.«[345] Am 1. September 1949 verliert Marie ihren Posten in der Blumen- und Buchhandlung und beginnt eine neue Stellung. »Natürlich ist das Geschäft selbst nicht so anziehend wie unser jetziges Lokal, das mit seinem Gemisch von Blumen und Büchern, der Raum und Vorhänge ganz weiß, so schön ist, dass alle Leute, die zum erstenmal hereinkommen, ihr Entzücken darüber äußern. Aber davon kann man nicht leben.« Und wieder kommt sie auf Mariette zu sprechen: »Sie hat mich aufgefordert, das Arbeiten sein zu lassen und das Resterl Leben mit ihr zu verbringen, aber das kann ich nicht. Wenn ich reich wäre, ich wünsche mir nichts Besseres, aber mich ganz von ihr erhalten zu lassen, widerstrebt mir, ich bin jetzt doch eine vollkommene Unabhängigkeit gewöhnt.«

Marie beantragt eine Unterstützung beim Hilfsfonds, die ihr auch gewährt wird. 20 000 Schilling werden ihr zugesprochen. 1961 wendet sich der Hilfsfonds an die österreichische Botschaft in Buenos Aires: »Unsere vielfachen Schreiben in dieser Angelegenheit blieben leider unbeantwortet.«[346] Kein Wunder. Marie Stiasny ist bereits seit drei Jahren tot, gestorben am 20. August 1958. Die Hilfe kommt zu spät.

26 Aufstieg und Fall. Iphigenie und Camillo Castiglioni

Archkogl 38

Zwei Bücher und ein Film – und in jedem kommt im Zusammenhang mit Camillo Castiglioni der Begriff Haifisch vor. Wie kommt es zu einer solchen Bezeichnung, die schon in zeitgenössischen Zeitungen durchaus üblich war? Camillo Castiglioni arbeitet in der Gummireifen-Branche, gediegen, aber nicht unbedingt aufregend. Dann kommt der Erste Weltkrieg, und er ergreift die Chance: Er kauft billig Materialien auf und erweitert sein Betätigungsfeld um die Automobil- und Flugzeug-Branche. Vor allem letztere hat es ihm angetan: Bereits im Jahr 1900 gehört er zu den Gründern des österreichischen Aero-Clubs, 1909 nimmt er an einem Ballonfahrt-Wettbewerb teil, wofür ein eigener Führerschein notwendig ist.

Camillo Castiglioni im Jahr seiner Hochzeit mit Iphigenie Buchmann, 1916

Iphigenie Buchmann, die fröhliche Cleopatra, 1912

Camillo Castiglioni, geboren 1879 in Triest, heiratet am 17. Februar 1916 in der evangelischen Stadtpfarrkirche in Wien die Schauspielerin Iphigenie Buchmann – als Trauzeuge fungiert Ernst Königsgarten, der eine Villa in Altaussee besitzt und sich gemeinsam mit Castiglioni für das Theater in der Josefstadt engagiert (Kapitel 19). Iphi, wie Iphigenie genannt wird, kommt 1912 als 17-Jährige an das Burgtheater und begeistert das Publikum als Bernard Shaws Cleopatra. Im September 1915 bittet Iphigenie um die Entlassung aus dem Burgtheater: »Sie hat ein Engagement am New Yorker Irving Place-Theater angenommen«[347], informiert das *Neue Wiener Journal.* Am 18. September 1915 trifft sie, vom norwegischen Bergen kommend, in New York ein, um hier in Arthur Schnitzlers *Das weite Land* aufzutreten.

Das Burgtheater nimmt 1921 Shaws *Cäsar und Cleopatra* wieder auf – Grund genug, sich an die junge Iphigenie zu erinnern, die nun von einer Parterreloge aus zusieht. »An der Seite ihres Gatten, der einer der bekanntesten, wenn nicht der bekannteste Großindustrielle Wiens ist. Sie sah auf ihre Nachfolgerin und dachte vielleicht mit ein wenig lieber Erinnerung vergangener Theaterzeiten …«[348]

Die allererste Ausgabe der Zeitschrift *Die Bühne* zeigt Iphigenie auf dem Cover, 1924

Am 6. November 1924 strahlt Iphigenie vom Titelblatt der Zeitschrift *Die Bühne:* »Die reizende schöne und liebenswürdige Frau veränderte ihr schlichtes und gewinnendes Wesen nicht, als sie ihrem Gatten angetraut ward; sie trug bescheidene und einfache Toiletten, erschien immer ohne Schmuck und widmete sich gänzlich ihrem Haushalte, dem Gatten und ihren Kindern.«

Der Bühne hat sie aber doch nicht endgültig Adieu gesagt, denn 1934 tritt sie erstmals im Theater in der Josefstadt auf – ein großes gesellschaftliches Ereignis. Iphigenie spielt die Rolle der Bianca Vendi in Hans Jarays neuem Stück *Christiano zwischen Himmel und*

Hölle. Niemand Geringerer als der bekannte Operettenlibrettist Alfred Grünwald schreibt für das *Neue Wiener Journal* am 27. Jänner 1934 eine Rezension: »Die Bianca Vendi spielt Iphigenie Buchmann mit der unendlich zarten, taktvollen Diskretion einer Frau von Seele und Geist. Sie spielt sie entzückend untheatralisch mit einer süß umflorten leisen Traurigkeit, ganz unpathetisch. Sie spielt sie, wie eine Dame der Gesellschaft eine Frau von Welt spielt, eine Dame des Salons, ohne die betonten Künste der Salondame, unendlich soigniert in der Sprache, weitab von jeder absichtlichen Sensation.«

Bereits seit 1924 finanziert Castiglioni, unter anderem gemeinsam mit Isidor Mautner (Kapitel 22), das Theater in der Josefstadt. Nach einer aufwändigen Renovierung pachtet Max Reinhardt das Theater bis 1933 – finanziell keine Erfolgsphase. 1933 übernimmt der Regisseur Otto Preminger die Direktion – und nun darf Iphigenie wieder auf die Bühne. Der Schauspieler Hans Jaray verfasst das Schauspiel *Christiano zwischen Himmel und Hölle* mit nur einer einzigen weiblichen Rolle. Iphi soll alleine glänzen. Und dies wird inszeniert: »Der Wunsch Direktor Premingers und des Autors selbst bewogen damals Camillo Castiglioni, seine Zustimmung zu diesem Wiederauftreten seiner Gattin zu geben. Max Reinhardt wohnte dieser Premiere bei und sprach noch am selben Abend im intimen Kreise Frau Iphigenie seine begeisterte Anerkennung aus.«[349] Alle Zeitungen berichten über das glänzende gesellschaftliche Ereignis und sind voll des Lobes für Iphigenies Leistung. Interessanterweise erwähnt Hans Jaray in seiner Autobiografie *Was ich kaum erträumen konnte* weder sein Stück noch das Ehepaar Castiglioni.

Iphigenie repräsentiert an der Seite ihres Mannes, über ihre Smaragde berichten sogar amerikanische Zeitungen. »Umso bekannter ist die harmonische Ehe, die Frau Iphigenie Castiglioni, eine der wenigen dunkelhaarigen Schönheiten der Wiener Gesellschaft, mit ihrem Gatten führt. Auffallend ist auch an ihr die aparte Auswahl ihres Schmucks, mit dem sie in Gesellschaft erscheint. Sie liebt vor allem Smaragde und der grüne Stirntropfen, den sie bei

»Iphigenie Castiglioni erschien auf der Redoute in einer venezianischen Bauta, dem historischen Domino des 18. Jahrhunderts. Das Kostüm wurde unter der künstlerischen Leitung Professor Rollers hergestellt.« *Die Bühne*, 1926

großen Festen fast immer zeigt, macht ihre zierliche Erscheinung schon von weitem kenntlich. Smaragde von auserlesener Größe, Farbe und Schönheit glitzern aber auch in Ringen auf ihren Fingern, dagegen trägt sie die edlen Linien ihres Halses gern ohne jeglichen Schmuck zur Schau. Auf den Fernstehenden macht sie den Eindruck, als wäre sie eine stille Frau; die sie näher kennen, wissen jedoch, daß sie eine glänzende und zeitweise sogar ausgesprochen lustige Gesellschafterin sein kann. Die vornehme Kunst des Repräsentierens in ihrem Palais beherrscht sie in vollendeter Weise.«[350]

Aufstieg und Fall liegen nahe beieinander, vor allem in den Jahren 1923 und 1924, dem Höhepunkt der unglaublichen Inflation in Österreich. Camillo Castiglionis Fall beginnt als Präsident der Depositenbank. Als Generaldirektor fungiert Paul Goldstein, der den Machtkampf schildert: »Castiglioni ist bekanntlich eine ausgeprägte Herrennatur.« Castiglioni will mehr Einfluss auf die Bank, doch das lässt sich der Generaldirektor nicht gefallen. Zwei starke

Die Villa vor 1920, noch im Eigentum des Arztes Dr. Gustav Jurie

Persönlichkeiten geraten in einen Machtkampf: »An unseren persönlichen Beziehungen hat der berufliche Konflikt nichts geändert. Castiglioni weiß, wie sehr ich seine Energie, seinen Scharfblick, seine staunenswerte Arbeitskraft schätze, und es wird meiner Frau und mir immer ein Vergnügen sein, unseren gesellschaftlichen Verkehr mit ihm und seiner entzückenden jungen Frau, der früheren Burgschauspielerin Iphigenie Buchmann, in herzlicher Weise fortzusetzen.«[351]

Paul Goldstein kauft 1924 eine Villa in Altaussee für Jakob Wassermann (Kapitel 18), Künstler und Bankiers zählen zum selben Freundeskreis: »Goldstein und seine Frau führen ein sehr geselliges Haus, zu dessen Freunden viele Künstler, wie Richard Strauss, Felix Weingartner, Jakob Wassermann, und Politiker gehören. Selbstverständlich verkehrt Goldstein auch lebhaft mit bekannten Finanzmännern.«[352]

Seit 1920 besitzt Camillo Castiglioni eine Villa am Grundlsee, die bis heute seinen Namen trägt. Angereist wird im ehemaligen Salonwaggon Kaiser Franz Josephs. In der Villa bildet sich rasch ein

Iphigenie als Rosenkavalier, ein verschollenes Gemälde von John Quincy Adams

sommerliches Zentrum des großen Freundeskreises. Max Reinhardt und Hugo von Hofmannsthal zählen dazu und beraten sich mit Castiglioni über die Finanzierung der Salzburger Festspiele – ob Castiglioni tatsächlich den Anfang der Festspiele mitfinanziert hat, bleibt bis heute unklar. Tatsache ist jedoch, dass er in den Jahren 1927 und 1928 aushelfen möchte, doch der Salzburger Festspielverein lehnt dies ab: Das Geld eines Spekulanten wollen sie nicht. Und zu viel Macht sollen die Wiener auch nicht erhalten – Antisemitismus schwingt mit.

Camillo Castiglioni nennt in seinem Palais in der Wiener Prinz-Eugen-Straße 28 eine der größten und wertvollsten Kunstsammlungen Wiens sein Eigen, doch muss er sich davon trennen. »Acht Tage lang dauert die Besichtigung dieser noch immer wahrhaft königlichen ›beaux restes‹ eines der größten Kunstkenner Wiens«, schreibt *Der Morgen* am 14. Oktober 1935. »Damen stehen mit bewundernden Blicken vor den Kleidern Iphigenie Castiglionis, die einst in der Gesellschaft Aufsehen erregten, und jetzt, aus der Mode gekommen, nur geringe Sachwerte darstellen.« Werke von Tiepolo,

Tintoretto, Rembrandt und Rubens werden versteigert, vier Gemälde jedoch »aus der Versteigerung herausgezogen«, und zwar solche mit persönlichem Erinnerungswert. »Vor allem ein überlebensgroßes, wertvolles Gemälde von der Hand John Quincy Adams, Frau Iphigenie Castiglioni im Kostüm des *Rosenkavaliers* darstellend, ein hübsches Kreideporträt, die Tochter Castiglionis darstellend, sowie Ölporträt des Sohnes Castiglionis, beide von dem Maler Krausz. Auch eine lustige Federzeichnung des Karikaturisten Carl Josef, das Castiglioni als brüllenden Löwen darstellt, vor dem die anderen Finanzmänner auf Bäume flüchten, ist unter den zurückgestellten Bildern.«[353]

Die Ehe von Camillo und Iphigenie findet ein schleichendes Ende. Camillo Castiglioni verlegt 1935 seinen Wohnsitz nach Italien, kommt aber immer wieder nach Wien – meist für verschiedene Gerichtsverhandlungen.

Auch Iphigenie verlässt Wien, sie hat eigene Pläne. »Iphigenie Buchmann-Castiglioni, die gefeierte Herrin und Hausfrau glanzvollster Wiener gesellschaftlicher Ereignisse, ist im Begriffe, in Amerika eine bemerkenswerte schauspielerische Karriere zu machen. Die Wiener Öffentlichkeit erfuhr davon erst kürzlich durch die Nachricht, daß Iphigenie Buchmann eine wichtige Rolle in der New Yorker Uraufführung von Franz Werfels *Weg der Verheißung* spielen wird. Es war Max Reinhardts Rat, der Frau Iphigenie bestimmte, sich ihrem geistigen Lebensideal wieder zuzuwenden. Es ist kein Geheimnis, daß sie diesen Entschluß ganz aus eigener Kraft durchzuführen beschloß. Seit ihrer Abreise aus Wien arbeitete sie in Hollywood mit bewundernswerter Energie an der Erlernung der englischen Bühnensprache. Max Reinhardts Freundschaft bewährte sich hiebei in vielen rührenden Einzelheiten. Frau Castiglionis Tochter wurde von ihm schon nach kurzer Zeit als Sekretärin engagiert und leitete bei den Aufnahmen zum *Sommernachtstraum* wertvolle Dienste.«[354]

Am 17. Jänner 1935 kommt Iphigenie von Genua aus in New York an. Mit an Bord der Conte di Savoia befinden sich der Dirigent Arturo Toscanini, die schwedische Wagner-Sängerin Karin Branzell und die Regisseurin und Choreografin Margarethe Wallmann mit ihrem Mann, dem Fagottisten Hugo Burghauser.

1936 wirkt sie im Film *Erbfeind der Menschheit. Das Leben des Louis Pasteur* mit, Regie führt Wilhelm Dieterle, Iphigenie stellt die Kaiserin Eugenie dar, Paul Muni ist Louis Pasteur. Für die Zeitung *Die Stunde*, auf die Castiglioni nach wie vor großen Einfluss hat, berichtet sie über ihre Aufnahme in Amerika: »›Erzählen Sie mir von Wien!‹, das ist die erste Bitte, die jeder gewärtig sein muß, der aus Europa kommt und mit Paul Muni in Hollywood zusammentrifft. Und die zweite ist dann: ›Erzählen Sie mir jetzt recht viel vom Burgtheater.‹ Ich hatte mit Muni zusammen eine kleine Szene in dem Louis Pasteur-Film zu spielen. Ich kannte ihn noch nicht, wußte eigentlich nur, daß er Charakterdarsteller war und hauptsächlich Verbrechertypen spielte. Sein Schwärmen für das Burgtheater schien mir ein bißchen paradox, denn er konnte nicht genug von Aufführungen erzählen, die er noch ganz jung mit Kainz, Sonnenthal und Reimers von der vierten Galerie aus gesehen hatte. Er sagte lächelnd: ›Ich habe mir als Dreizehnjähriger so heiß gewünscht, einmal auf der Bühne des Burgtheaters zu stehen, daß ich heute noch nicht davon losgekommen bin. Ich hatte dieses Ziel vor Augen, als ich auf Wanderschmieren hungerte, auf zweifelhaften Bühnen die wildesten Sachen zu spielen hatte. Und heute …‹ – ›Heute?‹ – ›Träume ich noch manchmal davon, daß in zwanzig Jahren etwa ein alter Mann als Gast den König Lear im Burgtheater spielen könnte, der Paul Muni heißt …‹«[355]

Paul Muni erhält für seine Darstellung des Louis Pasteur im Jahr 1937 den Oscar als bester Hauptdarsteller.

In diesem Jahr verkauft Iphigenie Castiglioni den Besitz am Grundlsee, der auf sie überschrieben wurde, dem Schweizer Kaufmann Enrico Hardmayer, »der anlässlich eines Eisenbahnunglückes in Süditalien am 12. März 1938 tödlich verunglückte«[356]. Wieso wird die Villa gerade an ihn verkauft? Ein Blick ins Grundbuch zeigt, dass Hardmayer ab 1933 immer wieder Pfandrechte auf die

Villa hat, in Summe sind es bis 1936 rund 200 000 Schilling. Hardmayers Erben verkaufen die Villa 1941 an die Industrie- und Handelskammer Oberdonau.

Doch zuvor wird Eduard Beyerer (Kapitel 8) aktiv. Etwas übereifrig übermittelt er dem Reichsstatthalter von Oberdonau eine detaillierte Beschreibung des Besitzes. Die Villa, gerade erst renoviert, kann sich sehen lassen: Gesellschaftsräume auf zwei Etagen bieten den Gästen genügend Platz, der Park lädt zum Flanieren ein, Tennisplätze stehen ebenso bereit wie eine Kegelbahn und ein ausgedehnter Strand mit Badehäuschen und Bootshaus. In die Garage passen sieben Wagen, und im geräumigen Gärtnerhaus kann genügend Personal untergebracht werden.[357] Eine so schlossartige Villa muss offensichtlich einem reichen Juden gehören, und Beyerer möchte sich die Verwaltung dieses Besitzes nicht entgehen lassen. Doch dem ist nicht so. »Ich beehrte mich Ihnen anzuzeigen, dass die oben bezeichnete Liegenschaft nicht jüdischer Besitz ist«,[358] teilt das »Amt für Entjudungen« Beyerer mit. Wie kann ihm das entgangen sein?

Während des Krieges wird in der Villa ein Teil der geplanten – und zusammengestohlenen – Führerbibliothek untergebracht, die in Linz entstehen soll. So weit kommt es aber nicht. Am 19. Jänner 1946 macht sich die Bezirkshauptmannschaft Gmunden Sorgen um den Buchbestand in der Villa Castiglioni, wo sich noch 20 000 Bücher befinden. Gab es also ursprünglich noch mehr?

Die Villa wird vorerst von den Amerikanern besetzt, nach deren Abzug muss der Bürgermeister von Grundlsee die Villa bewachen lassen. Architekt Viktor Werbik wird gefunden, »er befasst sich auch mit der Einordnung der durcheinandergeworfenen Bibliothek«[359]. Trotzdem kommen immer wieder Amerikaner, um vor allem Bücher aus der Villa abzutransportieren. Dem soll ein Riegel vorgeschoben werden.

»Von der NSDAP-Bücherei wurden im Mai 1946 etwa 10 000 Stück durch die amerikanische Militärregierung (document center) zur ›Feststellung des rechtmäßigen Eigentümers‹ der sei-

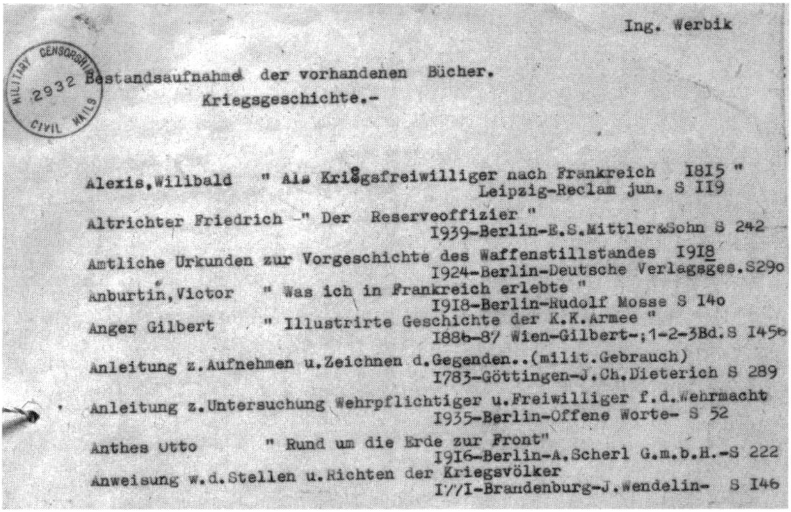
Ing. Werbik

Bestandsaufnahme der vorhandenen Bücher.
Kriegsgeschichte.-

Alexis,Wilibald " Als Kriegsfreiwilliger nach Frankreich 1815 "
Leipzig-Reclam jun. S 119

Altrichter Friedrich -" Der Reserveoffizier "
1939-Berlin-E.S.Mittler&Sohn S 242

Amtliche Urkunden zur Vorgeschichte des Waffenstillstandes 1918
1924-Berlin-Deutsche Verlagsges.S290

Anburtin,Victor " Was ich in Frankreich erlebte "
1918-Berlin-Rudolf Mosse S 140

Anger Gilbert " Illustrirte Geschichte der K.K.Armee "
1886-87 Wien-Gilbert-;1-2-3Bd.S 1456

Anleitung z.Aufnehmen u.Zeichnen d.Gegenden..(milit.Gebrauch)
1783-Göttingen-J.Ch.Dieterich S 289

Anleitung z.Untersuchung Wehrpflichtiger u.Freiwilliger f.d.Wehrmacht
1935-Berlin-Offene Worte- S 52

Anthes Otto " Rund um die Erde zur Front"
1916-Berlin-A.Scherl G.m.b.H.-S 222

Anweisung w.d.Stellen u.Richten der Kriegsvölker
1771-Brandenburg-J.Wendelin- S 146

Ein Ausschnitt des Inventars der Bibliothek

nerzeit von der NSDAP eingezogenen Bücher nach München abtransportiert.«[360] Doch wo befindet sich der Rest? Die Bibliothek steht zwischen den Fronten. Das Land Oberösterreich beauftragt Werbik, die Bücher zu verpacken und nach Linz zu transportieren. Doch das Ministerium für Vermögenssicherung und Wirtschaftsplanung steht auf dem Standpunkt, »daß die nach Oberösterreich verlagerten Bücherbestände des NSDAP-Hauptarchivs der Republik Österreich verfallen sind«,[361] und daher in die Zuständigkeit des Ministeriums gehören. Und wer muss für die entstandenen Kosten samt der Bewachung aufkommen? Die amerikanische Militärregierung erklärt sich bereit, die Kosten zu übernehmen.

Am 21. Februar 1947 wird Werbik offiziell beauftragt, die Bibliothek zu ordnen und zu inventarisieren – im dazugehörigen Akt findet sich auch eine Auflistung von zirka 200 ausschließlich militärhistorisch relevanten Werken – aber war nicht von 10 000 verbliebenen Büchern die Rede? Auch dies bleibt im Dunkeln.

Camillo Castiglioni überlebt den Krieg zuerst in der Schweiz, ab 1943 in San Marino, getarnt als Mönch. Was für ein konträres

Leben! Nach dem Krieg nimmt er seine Geschäftstätigkeit in Italien wieder auf, und noch einmal schafft er es in die Schlagzeilen: Er vermittelt dem jugoslawischen Regierungschef Tito einen amerikanischen Kredit, und es wäre keine typische Castiglioni-Geschichte, wenn nicht vieles ungereimt und geheim bleibt. Ihm wird eine Provision von 15 Prozent zugesagt[362] – doch Tito zahlt nicht. Castiglioni, geübt in Prozessen, klagt den Staat Jugoslawien und bekommt in zweiter Instanz recht. Wie kommt er aber nun zu seinem Geld? Italien pfändet jugoslawisches Eigentum, darunter die Villa des Generalkonsuls in Mailand. Tito gibt nach und zeigt sich bereit, dem Staat Italien die Summe auszuzahlen, jedoch nur virtuell: Italien hat aufgrund des Friedensvertrages hohe Schulden bei Jugoslawien, diese verringern sich nun um die Summe, die Castiglioni gehört. Dies wird auch so vereinbart. Italien hat nun Castiglionis Geld – und zahlt ebenfalls nicht. Daraufhin verklagt er den italienischen Staat, was die Zeitung *Die Welt* zu folgendem Kommentar veranlasst: Er sei der einzig Lebende, »der wegen ein und derselben Forderung, zwei Staaten, noch dazu zwei nicht gerade befreundete, verklagte«.[363] Wie es endet, ist unbekannt. Wie so vieles im Leben Castiglionis.

Iphigenie macht eine beachtliche Hollywood-Karriere, dreht Film um Film, etwa 1954 den auch heute noch bekannten *Drei Münzen im Brunnen*. Für die Dreharbeiten reist sie mit ihrer Tochter Livia nach Rom und trifft Camillo erstmals nach 20 Jahren wieder, ebenso ihre zweite Tochter Jolanda. Sie war 1935 beim Vater geblieben, auch die Schwestern haben einander seit damals nicht gesehen.[364]

30 Jahre zuvor hatten sich die Texter Fritz Löhner-Beda und Karl Farkas über Castiglioni lustig gemacht: »Ja wäre ich der Castiglioni möcht' ich mit dir zum Sacher geh'n. So aber essen wir Maroni und bleiben beim Laternderl steh'n. Ja wäre ich der Castiglioni möcht' ich mit dir nach Nizza geh'n, und dann am Rückweg nach Brioni, doch Kritzendorf ist auch ganz schön.«

„Ja wäre ich der...
...Castiglioni"
Lied u.
Blues
SCHMIDT
Worte von Beda u. Farkas.
Musik von Krauss-Elka.
MELODIA
MUSIKVERLAG GES.M.B.H.
WIEN, I AM HOF Nº 5.
LEIPZIG, KREUZGASSE 20.

Anmerkungen

1 Bade Zeitung, 16.9.1877, S. 258
2 Carl Marilaun, Aussee Sommer. In: Neues Wiener Journal, 6.8.1929, S. 3
3 Rudolph Lothar, Grundlseer Geschichten. In: Neues Wiener Journal, 11.8.1932, S. 9
4 Nachlass Adele Schreiber, Bundesarchiv Koblenz, Mappe 1, Blatt 32–27, Begegnungen und Erinnerungen. Zit. bei Braune S. 2
5 Asja Braune, Konsequent den unbequemen Weg gegangen. Adele Schreiber (Berlin 2002)
6 Zit. n. Wolfgang G. Eckel, Wienseer (Wien 2015), S. 14
7 Clara Schreiber, Brünn 1866. Jugenderinnerungen. In: Neue Freie Presse, 9.7.1906, S. 1
8 Nachlass Adele Schreiber, Bundesarchiv Koblenz, Mappe 1, Blatt 32–27, Begegnungen und Erinnerungen. Zit. bei Braune, S. 9
9 Nachlass Adele Schreiber, Bundesarchiv Koblenz, Mappe 1, Blatt 32–27, Begegnungen und Erinnerungen. Zit. bei Braune, S. 10
10 Helene Klepetar, Ausseer Erinnerungen. In: Neues Wiener Tagblatt, 16.8.1930, S. 6
11 »… Denn Sie nennen sicherlich nicht den grossen Bahnbrecher der Kinderrechte Pestalozzi einen Kinderrechtler …«, Nachlass BA Koblenz, Mappe 1, handschriftliche Erinnerungen
12 Clara Schreiber, Eine Wienerin in Paris (Berlin 1884), Vorwort v. Ferdinand Groß, Ende Juni 1884. Für alle, die mehr zu Clara Schreibers Sicht auf Paris wissen wollen, steht das Buch digital zur Verfügung: https://daten.digitale-sammlungen.de/0010/bsb00104874/images/index.html?id=00104874&groesser=150%&fip=193.174.98.30&no=&seite=14
13 Neue Freie Presse, 11.1.1893, S. 6
14 Clara Schreiber, Eva. Naturalistische Studien einer Idealistin (Dresden 1893), S. 48
15 Clara Schreiber, Eva, S. 36
16 Clara Schreiber, Eva, S. 39
17 Clara Schreiber, Eva, S. 40
18 Clara Schreiber, Eva, o. S.
19 Wiener Allgemeine Zeitung, 20.8.1881, S. 16
20 Neue Freie Presse, 20.9.1890, S. 2
21 Neue Freie Presse, 17.8.1893, S. 6

22 Der Burggräfler, 15.3.1890, S. 5

23 Nachruf der Freundin E.M., in: Meraner Zeitung, 12.2.1905, S. 4

24 Die ausführliche und lesenswerte Dissertation von Asja Buhre steht digital zur Verfügung: https://edoc.hu-berlin.de/handle/18452/15570

25 Nachlass Adele Schreiber, Bundesarchiv Koblenz, Mappe 1, Blatt 32–27, Begegnungen und Erinnerungen. Zit. bei Braune, S. 10

26 Nachlass Adele Schreiber, Bundesarchiv Koblenz, Mappe 1, Blatt 1–4, Zit. bei Braune S. 52

27 Adele Schreiber, Das Buch vom Kinde. Ein Sammelwerk für die wichtigsten Fragen der Kindheit (Leipzig 1907), S. 71

28 Adele Schreiber, Das Buch vom Kinde, S. 72

29 Adele Schreiber, Das Buch vom Kinde, S. 72 und 75

30 Adele Schreiber, Das Buch vom Kinde, Bd. 2, S. 1

31 Adele Schreiber, Das Buch vom Kinde, Bd. 2, S. 2

32 Adele Schreiber, Das Buch vom Kinde, Bd. 2, S. 8

33 Adele Schreiber, Die soziale Erziehung des Kindes. In: Das Buch vom Kinde, Bd. 2, S. 225

34 Adele Schreiber, Frauen! Lernt wählen! Revolution und Frauenrecht! (Berlin 1918), S. 14

35 Nachlass BA Koblenz, Mappe 1, handschriftliche Erinnerungen. Zit. in Braune, S. 435

36 Nachlass BA Koblenz, Mappe 1, handschriftliche Erinnerungen. Zit. in Braune, S. 517

37 Nachlass BA Koblenz, Mappe 17

38 https://www.youtube.com/watch?v=vvg8MWlp8w8

39 Eine Art Sandalen

40 Heute unter der Bezeichnung »Palästinensertuch« bekannt

41 Helene Klepetar, Das Puppenhaus. In: Österreichische Illustrierte Zeitung, 22.11.1925, S. 1231–1232

42 Arthur Schnitzler, Tagebuch 1909–1912, S. 184

43 Brief von Paula Schmidl, 1940. Jüdisches Museum Hohenems. Zit. in Motter in Alpen, S. 216. Zit. in Leo Walkner, Jüdisches Leben im steirischen Salzkammergut – eine Spurensuche. Dissertation (Wien 2017), S. 461

44 Gestapo Linz an Lilli Baitz, 9.1.1942, Jüdisches Museum Hohenems. Zit. nach: Walkner, S. 463

45 Brief an Frau Prediger, 20.1.1942, Jüdisches Museum Hohenems, A 2454

46 Zit. nach Walkner, S. 464–465

47 Tochter des Textilindustriellen Karl Arnold Hubert Schloss und der Therese

Kaan de Albest. Näheres siehe Georg Gaugusch, Wer einmal war, Bd. 3 (Wien 2022)

48 Martin Pollner, Landschaft und Kulturlandschaft. In: Alpenpost, 23.7.2015, S. 22–23

49 Aranka Munk Vermögensanmeldung 35305, 16.8.1938. OÖLA. In: Walkner, S. 366 zitiert Thumser, S. 224

50 Der Tag, 1.11.1936, S. 7

51 Aranka Munk Vermögensanmeldung 35305, 16.8.1938. OÖLA. In: Walkner, S. 366 zitiert Thumser, S. 224

52 Aranka Munk Vermögensanmeldung 35305, 16.8.1938. OÖLA. In: Walkner, S. 366 zitiert Thumser, S. 224

53 Aranka Munk Arisierungsakt LG 8064, Bl. 1. StmLA

54 Aranka Munk Arisierungsakt LG 8064 Bl. 36

55 Aranka Munk Arisierungsakt LG 8064 Bl. 34

56 Aranka Munk Arisierungsakt LG 8064 Bl. 22

57 Aranka Munk Arisierungsakt LG 8064 Bl. 38

58 Aranka Munk Arisierungsakt LG 8064 Bl. 51

59 Aranka Munk Arisierungsakt LG 8064 Bl. 57

60 Aranka Munk Arisierungsakt LG 8064 Bl. oZ

61 Aranka Munk Arisierungsakt LG 8064 Bl. 52

62 Aranka Munk Arisierungsakt LG 8064 Bl. 110

63 Aranka Munk Arisierungsakt LG 8064 Bl. 66

64 Aranka Munk Arisierungsakt LG 8064 Bl. 192

65 Aranka Munk FLD 14148, Blatt 206, ÖSTA

66 Staatliche Gemäldegalerie Dresden an den Oberfinanzpräsidenten in Wien-Niederdonau, 17.9.1943. Aranka Munk FLD 14148, Blatt 220

67 Bad Gastein, 23. und 24.8.1910. Wienbibliothek

68 Karl Rabl, Grazer Tagblatt, 8.7.1927, S. 1

69 Bad Gastein, 31.8.1910. Wienbibliothek

70 Hans Müller-Einigen, Jugend in Wien (Wien 1948), S. 51

71 Hans Müller-Einigen, S. 57–60

72 Rudolf Holzer, Maria Eugenie delle Grazie. In: Wiener Zeitung, 22.2.1931, S. 1–2

73 Clotilde Benedikt, Erinnerungen an Professor Laurenz Müllner. In: Neues Wiener Journal, 29.6.1918, S. 5

74 Neue Freie Presse, 3.12.1911, S. 31

75 Hans Müller-Einigen, S. 18

76 Reichspost, 10.11.1929, S. 8

77 Marie Eugenie delle Grazie, Dem Andenken Laurenz Müllners. In: Neue Freie Presse, 23.12.1914, S. 1

78 Testament 21.1.1924. Verlassenschaftsakt Marie Eugenie delle Grazie. WStLA

79 Wien, 10.8.1910. Wienbibliothek

80 Neue Freie Presse, 5.5.1911, S. 8

81 Das Vaterland, 5.5.1911, S. 13

82 https://archive.org/stream/bub_gb_IRtAAQAAMAAJ/bub_gb_IRtAAQAAMAAJ_djvu.txt

83 6.2.1911. Wienbibliothek

84 Näheres zu den Familien Politzer und Pulitzer siehe Georg Gaugusch, Wer einmal war, Bd. 3 (Wien 2022)

85 Zit. bei Georg Gaugusch, Wer einmal war, Bd. 2 (Wien 2016), S. 2580

86 Prager Tagblatt, 28.4.1933, S. 10

87 Alberti Arisierungsakt LG 9061, Bl. 1

88 Alberti Arisierungsakt LG 9061, Bl. 12

89 Der Landrat des Kreises Gmunden an den Herrn Reichsstatthalter in Oberdonau, 26.10.1943, Alberti Arisierungsakt LG 9061, Bl. 36. StmLA 6

90 Alberti Arisierungsakt LG 9061, Bl. 80. StmLA

91 Reichsstatthalter in Oberdonau, 16.1.1943. Alberti Arisierungsakt LG 9061, Bl. 97. StmLA

92 Häftlings-Personal-Karte Ervin Alberti. Individuelle Häftlingsunterlagen Mauthausen. In: Arolsen Archives online

93 Török Rückstellung 387/1949 StmLA

94 Török Rückstellung 387/1949 StmLA

95 Török Rückstellung 387/1949 StmLA

96 23. September 1947, Brief von RA Hans Gürtler an die OÖ Landesregierung. Török Rückstellung 387/1949 StmLA

97 Testament 24.2.1918, Verlassenschaft Viktor Török A 71/49 StmLA

98 Testament 24.2.1918, Verlassenschaft Viktor Török A 71/49 StmLA

99 Testament 27.7.1944, Verlassenschaft Viktor Török A 71/49 StmLA

100 Protokoll 1.12.1949, Verlassenschaft Viktor Török A 71/49 StmLA

101 Nico Dostal, Ans Ende deiner Träume kommst du nie (Innsbruck 1982) S. 182–183

102 Nico Dostal, S. 185

103 Nico Dostal, S. 186

104 Eduard Hanslick, Aus meinem Leben. Viertes Buch, S. 133

105 Georg Gaugusch, Wer einmal war, Bd. 3 (Wien 2022)

106 Brief von Eva Kallir, März 2021

107 Roman Sandgruber, Traumzeit für Millionäre (Wien 2013), S. 412
108 Sophie Lillie, Was einmal war (Wien 2003), S. 799–808
109 Felix von Oppenheimer, Die Beschaffung der Geldmittel für die gemeinnützige Bautätigkeit (Wien 1908)
110 Verein der Museumsfreunde in Wien. Tätigkeitsbericht 1919–1924 (Wien 1924), S. 3. Archiv des KHM
111 Verein der Museumsfreunde in Wien. Tätigkeitsbericht 1919–1924 (Wien 1924), S. 8. Archiv des KHM
112 Verein der Museumsfreunde in Wien. Tätigkeitsbericht 1919–1924 (Wien 1924), S. 5. Archiv des KHM
113 Neues Wiener Tagblatt, 23.2.1938, S. 9
114 Österreichische Zeitung, 17.3.1946, S. 6
115 Brief 12.11.1947, NL Schmidt-Dengler. Zit. In: Ursula Prutsch, Klaus Zeyringer (Hg.), Leopold von Andrian (Wien 2003), S. 501
116 VA 6508 Felix Oppenheimer, Anlage E zu Punkt V/b. ÖSTA
117 Martin Haidinger, Wilhelm Höttl, Spion für Hitler und die USA (Wien 2019)
118 Martin Haidinger, S. 101
119 Danke an Alexander Demblin für all die Informationen und Fotos!
120 https://www.derstandard.at/story/2031027/andre-heller-mit-dem-boesen-blut
121 Neues Wiener Tagblatt, 12.8.1915, S. 48
122 Neue Freie Presse, 12.8.1915, S. 27
123 Neue Freie Presse, 13.8.1915, S. 11
124 Neue Freie Presse, 16.8.1915, S. 8
125 Neue Freie Presse, 12.8.1915, S. 27
126 Robert Weishut, Vademecum für Heimkehrer (Altaussee 1919), S. 5
127 Robert Weishut, S. 11
128 Robert Weishut, S. 16
129 Grazer Tagblatt, 24.7.1927, S. 19
130 Albert Weishut Verlassenschaft BG Döbling, A4/1-1A. WStLA
131 Der Tag, 9.8.1933, S. 9
132 Salzburger Chronik, 20.11.1925, S. 5
133 Grazer Tagblatt, 6.1.1928, S. 8
134 Der Tag, 9.8.1933, S. 9
135 https://digi.ub.uni-heidelberg.de/diglit/fischer_wien1933_12_11/0068
136 Postdirektion an den Landrat Gmunden, 9.9.1941. Robert Weishut Arisierungsakt 6053, Bl. 39. StmLA

137 Postdirektion an den Reichsstatthalter Oberdonau, 14.12.1940. Robert Weishut Arisierungsakt 6053, Bl. 55

138 Robert Weishut Arisierungsakt 6053. Bl. 72

139 Martin Haidinger, Wilhelm Höttl. Spion für Hitler und die USA (Wien 2019)

140 Leo Walkner, Jüdisches Leben im steirischen Salzkammergut – eine Spurensuche. Dissertation (Wien 2017), S. 503

141 Auskunft des Universitätsarchivs, Karl-Franzens-Universität Graz

142 Eduard Beyerer Gauakt 338261. ÖStA

143 Eduard Beyerer Gauakt 338261. ÖStA

144 Ansuchen. 1.7.1936. Eduard Beyerer Gauakt 338261. ÖStA

145 Bestätigung des Leiters der Abwicklungsstelle, 22.9.1936. Eduard Beyerer Gauakt 338261. ÖStA

146 Eingabe des Bundeskanzleramts bei der Präsidentschaftskanzlei, 20.2.1950. Eduard Beyerer Justizakt 2651/1950. ÖStA

147 Lagerkartei Glasenbach, 20.12.1949. Eduard Beyerer Justizakt 5504/1948. ÖStA

148 Entscheidung Innenministerium, 4.5.1950. Eduard Beyerer Justizakt 5504/1948. ÖStA

149 Eingabe des Bundeskanzleramts bei der Präsidentschaftskanzlei, 20.2.1950. Eduard Beyerer Justizakt 2651/1950. ÖStA

150 Nachsichtsansuchen, 20.2.1950. Eduard Beyerer Justizakt 2651/1950. ÖStA

151 Nachsichtsansuchen, 20.2.1950. Eduard Beyerer Justizakt 2651/1950. ÖStA

152 Bohdan Heřmanský, Anton Kolig. In: Mitteilungen der Österreichischen Galerie, Jg. 19/20, 1975/76, S. 143. Zit. in: Edwin Lachnit, Ringen mit dem Engel. Anton Kolig, Franz Wiegele, Sebastian Isepp, Gerhart Frankl (Wien 1998), S. 19–20

153 Hermann Schwarzwald an Sebastian Isepp. In: Hans Deichmann, Leben mit provisorischer Genehmigung. Leben, Werk und Exil von Dr. Eugenie Schwarzwald (Wien 1988), S. 211. Zit. in: Wilhelm Baum, »Kunstwerke sind Stationen auf dem Passionsweg zu einem verlorenen Paradies«. Briefe und Dokumente zum Nötscher Kreis (Klagenfurt 2004), S. 16

154 Hugo von Hofmannsthal, Der Schwierige, 2. Akt, 14. Szene

155 Emmy Wellesz, Sommertage. In: Franz Endler (Hg.), Egon und Emmy Wellesz, Egon Wellesz – Leben und Werk (Wien 1981), S. 207. Zit. bei Lachnit, S. 25

156 Christiane von Hofmannsthal, Tagebücher (1991), S. 59. Zit. in Baum, S. 48

157 Hofmannsthal-Burckhardt, Briefwechsel (1991), S. 293. Zit. in Baum, S. 51

158 Sabine Plakolm-Forsthuber, Eine Ausstellungsarchitektin im Wien der 1930er Jahre. In: Marie-Theres Arnbom (Hg.), Die schaffende Österreicherin. 90 Jahre Wiener Frauenkunst (St. Gilgen 2016)

159 Paul Hellmann, Irene, mijn grootmoeder (Amsterdam 2015), S. 37–38

160 Paul Hellmann, S. 56

161 Mary Hamilton, Remembering, S. 202

162 Zit. bei Paul Hellmann, S. 23–24

163 Grete ist die Frau von Adolf Redlich, dem Sohn von Irenes Bruder Fritz. Siehe Georg Gaugusch, Wer einmal war, Bd. 2, S. 2872

164 Paul Hellmann, S. 61

165 Paul Hellmann, S. 60

166 Frank Blanks, A Sculptor Story

167 Paul Hellmann, S. 58

168 Gutachten 15.11.1940, Irene Hellmann Arisierung LG 7447, Bl. 40-42. StmLA

169 Irene Hellmann Arisierung LG 7447, Bl. 48-50

170 Irene Hellmann Arisierung LG 7447, Bl. 22

171 Tim Bonyhady, Wohllebengasse (Wien 2011)

172 Archiv der Universität Wien

173 Rigorosenakt Katharine Gallia. Archiv der Universität Wien

174 Tim Bonyhady, S. 144

175 Tim Bonyhady, S. 79

176 Tim Bonyhady, S. 146

177 Tim Bonyhady, S. 234

178 Neues Wiener Tagblatt, 15.4.1931, S. 15

179 Tim Bonyhady, S. 9

180 Gallia Arisierungsakt LG 7091, Blatt 62-63. StmLA

181 Arisierungsakt Gallia LG 7091

182 Arisierungsakt Gallia LG 7091

183 Amtsvermerk Friedrich Katzwendl 17.12.1941. Arisierungsakt Gallia LG 7091, Blatt 3

184 Videointerview von Marlo Poras

185 Verlassenschaft Moritz Drach, 1A 248/27. BG Margarethen. WStLA

186 Verlassenschaft Irma Drach, 1A 426/26. BG Margarethen. WStLA

187 Louis Rosen an den Pflegschaftsrichter, 27.10.1933. Zit. in: Klagebeantwortung des Rechtsanwaltes Dr. Josef Stein gegen die Klage von Marietta Rosen. 2P 250/32. WStLA S. 62

188 Louis Rosen an Josef Stein, 20.3.1932. In: Klagebeantwortung S. 62

189 Arthur Drach Arisierungsakt 9029, Blatt 52. StmLA

190 Arthur Drach Arisierungsakt 9029, Blatt 54. StmLA

191 Arthur Drach Arisierungsakt 9029, Blatt 37. StmLA

192 Innsbrucker Nachrichten, 13.10.1913

193 Paul Preuß, Künstliche Hilfsmittel auf Hochtouren. In: Deutsche Alpenzeitung, XI, August 1911. Zit. in Hanno Löwy, Alpen, S. 261

194 Paul Preuß, Künstliche Hilfsmittel auf Hochtouren. In: Deutsche Alpenzeitung, XI, August 1911. Zit. in Hanno Löwy, Alpen, S. 262

195 Österreichische Badezeitung, 9.9.1877, S. 4

196 Neue Freie Presse, 20.3.1878

197 Die Presse, 6.8.1878

198 Juden als Alpinisten. La Tribune juive: organe indépendant du judaïsme de l'Est de la France, 22.11.1935, S. 830

199 Juden als Alpinisten, S. 830

200 Walter Bing, Heitere Erlebnisse mit Paul Preuß. In: Nachrichten der Sektion Donauland des Dt. u. Österr. Alpenvereins 1928, S. 91

201 Walter Bing, Verlorene Spuren, In: Der Wintersport. Beilage zu Colmarer neueste Nachrichten, 24.12.1935, S. 1

202 Alle drei Nobelpreisträger!! Weitere Porträts gibt es u. a. von Jakob und Uli Wassermann, Franz Werfel, Raoul Auernheimer, Hermann Schwarzwald, Elisabeth Bergner, Max Pallenberg und Gustav Waldau

203 Wolfgang Born, Akt und Porträt in der Photographie. Ausstellung in der »Neuen Galerie«. In: Die Bühne, 19.12.1929, S. 15

204 Die Börse, 2.3.1922, S. 6

205 Kein Privileg für einen Stand! Ein Sozialversicherungsgesetz müßte alle Berufsklassen umfassen. Neues Wiener Journal, 19.11.1925, S. 1

206 Ein Zehntel der Lebensmittelarbeiter erwerbslos. Exportmöglichkeiten für die Lebensmittelindustrie. Der Tag, 27.3.1928, S. 9

207 Nachwuchs in der Industrie. Der österreichische Volkswirt, 11.7.1936, S. 9

208 Die Werks-Zeitung der Hanf-, Jute- und Textil-Industrie AG erscheint von November 1936 bis Dezember 1937.

209 Der österreichische Volkswirt, 1.5.1937, S. 22

210 Memoiren, Privatbesitz

211 Memoiren, Privatbesitz

212 Marjorie Perloff, The Vienna Paradox. A Memoir, S. 50–51

213 Georg Gaugusch, Wilhelm Jungmann & Neffe. 150 Jahre einer Wiener Firma. In: Astrid Peterle (Hg.). Kauft bei Juden. Geschichte einer Wiener Geschäftskultur (Wien 2017), S. 94–113

214 Gaugusch, Jungmann, S. 94–113

215 Neue Freie Presse, 10.11.1878

216 Kurt von Lössl, Friedrich Ritter von Lössl. In: Blätter für Technikgeschichte (Wien 1948), S. 3

217 Wolfgang G. Eckel, Wienseer (Wien 2015), S. 27–31

218 Die Bühne, November 1925

219 Festschrift 1930. Archiv JMW

220 Zit. bei Walkner, S. 235

221 Pläne: https://www.dorotheum.com/de/l/5145541/

222 George Newman, Finding Harmony: A Family's Journey Across Europe and Beyond (2014)

223 Kremenezky LG 9201. StmLA

224 Kremenezky LG 9201. StmLA

225 Margarete Rous, geb. 18.6.1909 Leipzig, rk, Arenbergring 10

226 Kremenezky LG 9201

227 Kremenezky ei 50/1951. StmLA

228 Kremenezky FLD 7701. ÖStA

229 Kremenezky ei 50/1951. StmLA

230 Elsa Bienenfeld, Die Tochter Meyerbeers. Baronin Andrian. Die Bühne Nr. 309 (1931), S. 17

231 Notizbuch Nr. 113, S. 58–60. Zit. in: Ursula Prutsch, Klaus Zeyringer (Hg.), Leopold von Andrian (Wien 2003), S. 648

232 Julie Wassermann-Speyer (Hg.), Jakob Wassermann, Briefe an seine Braut und Gattin Julie (Basel 1940), S. 19. Zit. bei Kraft, S. 86

233 Marta Karlweis, Jakob Wassermann. Bild, Kampf und Werk (Amsterdam 1935), S. 244

234 Marta Karlweis, S. 268

235 Marta Karlweis, S. 314

236 Marta Karlweis, S. 315

237 Marta Karlweis, S. 371

238 Marta Karlweis, S. 357–358

239 Thomas Kraft, Jakob Wassermann (München 2008), S. 83

240 Egon Michael Salzer, Das Heim eines Dichters. Besuch in der Alt-Ausseer Villa Wassermann. Neues Wiener Journal, 15.8.1929

241 Neues Wiener Journal 15.11.1931, S. 21

242 Marta Karlweis, S. 460

243 Marta Karlweis, S. 472

244 Monika Kiegler-Griensteidl/Volker Kaukoreit (Hg.), Kringel, Schlingel, Borgia. Materialien zu Peter Hammerschlag (Wien 1997)

245 Inventar. Ernst Königsgarten Arisierungsakt LG 8158, Bl. 54. StmLA

246 Ernst Königsgarten Vermögensanmeldung 32940. ÖStA

247 Leo Walkner, S. 228

248 Ernst Königsgarten Arisierungsakt LG 8158, Bl. 59. StmLA

249 Ernst Königsgarten Arisierungsakt LG 8158, Bl. 24. StmLA

250 Inventar. Ernst Königsgarten Arisierungsakt LG 8158, Bl. 9. StmLA

251 Eduard Beyerer an den Reichsstatthalter, 23.11.1940. Ernst Königsgarten Arisierungsakt LG 8158, Bl. 9. StmLA

252 Ernst Königsgarten Arisierungsakt LG 8158. StmLA

253 Ernst Königsgarten Arisierungsakt LG 8158, Bl. 112-114. StmLA

254 Ernst Königsgarten Arisierungsakt LG 8158, Bl. 127. StmLA

255 Ernst Königsgarten Arisierungsakt LG 8158, Bl. 126. StmLA

256 Ernst Königsgarten Arisierungsakt LG 8158, Bl. 187. StmLA

257 Siegfried Löwy, Gastspiele im Grünen. In: Neues Wiener Journal, 18.5.1924, S. 13

258 Siegfried Löwy, Gastspiele im Grünen. In: Neues Wiener Journal, 18.5.1924, S. 13

259 Siegfried Löwy, Ein Wiener Künstlerheim. In: Neues Wiener Journal, 21.8.1921, S. 8

260 Helene Bettelheim-Gabillon, Gabillons Memoiren. In: Neues Wiener Journal, 22.10.1899, S. 4

261 Helene Bettelheim-Gabillon, Gabillons Memoiren. In: Neues Wiener Journal, 22.10.1899, S. 4

262 Helene Bettelheim-Gabillon, Gabillons Memoiren. In: Neues Wiener Journal, 22.10.1899, S. 4

263 Die Presse, 14.2.1896, S. 6

264 Rudolph Lothar, Grundlseer Geschichten. In: Neues Wiener Journal, 11.8. 1932, S. 8

265 Rudolph Lothar, Grundlseer Geschichten. In: Neues Wiener Journal, 11.8. 1932, S. 8

266 Wiener Sonn- und Montagszeitung, 2.5.1892, S. 5

267 Elisabeth Neumann-Viertel, Du mußt spielen (Wien 1994), S. 34

268 Elke Mühlleitner, Ich – Fenichel! (Wien 2008), S. 36

269 Elisabeth Neumann-Viertel, S. 119

270 Neues Wiener Tagblatt, 23.2.1938, S. 32

271 Neues Wiener Tagblatt, 23.2.1938, S. 33

272 Schätzgutachten durch Josef Keplinger, Linz, Oktober 1942. Bernfeld Arisierungsakt LG 9023, Bl. 78. StmLA

273 Inventar Heller, Maier-Olden, Bernfeld. Bernfeld Arisierungsakt LG 9023, Bl. 74-77. StmLA

274 Bernfeld Arisierungsakt LG 9023, Bl. 85. StmLA

275 Bernfeld Arisierungsakt LG 9023, Bl. 85. StmLA

276 Bernfeld Arisierungsakt LG 9023, Bl. 85. StmLA

277 Bernfeld Arisierungsakt LG 9023, Bl. 79. StmLA

278 Elisabeth Neumann-Viertel, S. 190

279 Bernfeld Rückstellung RK 819/48. StmLA

280 Elisabeth Neumann-Viertel, S. 190

281 Elisabeth Neumann-Viertel, S. 212–213

282 Elisabeth Neumann-Viertel, S. 188

283 Werkblatt, 1998 Nr. 41, S. 100–102

284 Else Hofmann, Ein Besuch bei Edith Kramer. In: Freiheit für Österreich, Juni 1943, S. 9

285 Käthy Breuer, G'schichten aus dem Elternhaus (Wien 1975), S. 13. Manuskript, Privatbesitz

286 Die Groß-Industrie Österreichs (1898), S. 250–252

287 Wolfgang Hafner, Die anderen Mautners (Berlin 2014), S. 92

288 Käthy Breuer, S. 15

289 Käthy Breuer, S. 16

290 Dr. Josef Pommer, Steyrisches Raspelwerk. In: Das deutsche Volkslied, Heft 1 1915. S. 15

291 Konrad Mautner, Alte Lieder und Weisen aus dem Steyermärkischen Salzkammergute (Graz 1919) S. XI

292 Reichspost, 29.7.1932

293 Anna Mautner Arisierungsakt Firma LG 9056 Blatt 61 StmLA

294 Hans Wöll an die Vermögensverkehrsstelle, 25.11.1938. Anna Mautner Arisierungsakt Firma LG 9056, Bl. 45. StmLA

295 Hans Wöll an die Vermögensverkehrsstelle, 25.11.1938. Anna Mautner Arisierungsakt Firma LG 9056, Bl. 45. StmLA

296 Auguste Seidl, städtische Hortverwalterin, Dr. Wilhelm Seidl, Professor in Graz, »beide langjährige illegale Parteigenossen«. Beatrix Rauch an das Ministerium für Landwirtschaft, 8.11.1939. Anna Mautner Arisierungsakt LG 8060, Bl. 2. StmLA

297 Beatrix Rauch an das Ministerium für Landwirtschaft, 8.11.1939. Anna Mautner Arisierungsakt LG 8060, Bl. 5. StmLA

298 Neues Österreich, 1.5.1949, S. 4

[299] F. Douglas Scutchfield (Hg.), The letters pf Thomas Merton and Victor and Carolyn Hammer (Kentucky 2014)

[300] F. Douglas Scutchfield (Hg.), The letters pf Thomas Merton and Victor and Carolyn Hammer (Kentucky 2014)

[301] Bernhard Vitan, Die Wünsche oder Begegnungen mit Victor Hammer (Graz 1937), S. 110

[302] Bernhard Vitan, S. 111

[303] Bernhard Vitan, S. 107

[304] Bernhard Vitan, S. 109

[305] Die Bühne Nr. 422 (1932), S. 31

[306] https://web.archive.org/web/20150402121957/http://www.stoerfall-2-0.bleikloetzle.de/html/victor_hammer.html

[307] Egon M. Salzer, Eugenie Schwarzwald. In: Die Frau und Mutter, Jänner 1927, S. 9

[308] Egon M. Salzer, Eugenie Schwarzwald. In: Die Frau und Mutter, Jänner 1927, S. 9

[309] Eugenie Schwarzwald, Erziehung zum Glück. In: Die Frau und Mutter, September 1932, S. 9–10

[310] Marta Karlweis, Eugenie Schwarzwald und ihr Werk. In: Neue Freie Presse, 8.12.1926, S. 10

[311] Neues Wiener Tagblatt, 27.5.1916, S. 9. Unterzeichnet von: Baronin Natalie Alber von Glanstätten, Baronin Gabriele Bleyleben, Flora Berl, Ella Frankfurter, Baronin Friebeiß, Fanni Freund-Markus, Helene Granitsch, Marianne Hainisch, Frieda von Hussarek, Fürstin Maria Lubomirska, Hedwig von Mecensessy, Angela Miller von Aichholz, Baronin Emilie Packeni, Lilli Rademacher, Lilli Schalk-Hopfen, Stephanie Schmitz, Eugenie Schwarzwald, Herta von Sprung, Gräfin Gabriele Thun-Lobkowitz, Baronin Elvira Troilo, Gräfin Gertrude Walterskirchen, Berta Weiskirchner, Prinzessin Alexandrine Windischgrätz

[312] Berthold Molden, Eine praktische Idealistin. In: Neues Wiener Tagblatt, 8.7.1921, S. 6

[313] Jakob Wassermann, Eugenie Schwarzwald. In: Neue Freie Presse, 21.6.1925, S. 1

[314] Neues Wiener Journal, 7.6.1921, S. 8

[315] Alexander Stern, Wie Egon Friedell die österreichische Krone retten wollte. In: Der Tag, 15.7.1923, S. 3

[316] Klara Mautner, Bilder aus einem Erholungsheim für den Mittelstand. In: Neues Wiener Journal, 20.7.1921, S. 4

[317] Jakob Wassermann, Eugenie Schwarzwald. In: Neue Freie Presse, 21.6.1925, S. 1

[318] Das interessante Blatt, 3.7.1930, S. 20

[319] Eugene Antoine, Eine österreichische Sommerfrische. Zit. in: Hans Deichmann, Leben mit provisorischer Genehmigung (Berlin 1988), S. 175

[320] Karl Marilaun, Gespräch mit Lotte Leonard. In: Neues Wiener Journal, 26.2.1924, S. 6

[321] Der Wiener Tag, 25.8.1935, S. 11

[322] Neues Wiener Journal, 8.4.1928, S. 20

[323] Alice Herdan-Zuckmayer, Genies sind im Lehrplan nicht vorgesehen (Frankfurt 1979)

[324] Eugene Antoine, Eine österreichische Sommerfrische. Zit. in: Hans Deichmann, Leben mit provisorischer Genehmigung (Berlin 1988), S. 175

[325] Hans Deichmann, S. 184

[326] Alice Herdan-Zuckmayer, S. 267

[327] Englisch-Professorin in der Schwarzwaldschule, 1937 Direktorin des Mädchenrealgymnasiums der Schwarzwaldschule, erhält im April 1937 den Titel Hofrat verliehen.

[328] Näheres zur Familie siehe Marie-Theres Arnbom, Die Villen von Pötzleinsdorf (Wien 2020)

[329] Elias Canetti, Das Augenspiel (München 1985), S. 203–204

[330] Lebenslauf Marie Stiasny, Hilfsfonds, ÖSTA – Dank an Robert Streibel!

[331] Zeugnis von Josefine Weissel, Hilfsfonds, ÖSTA – Dank an Robert Streibel!

[332] Marie Stiasny an Karin Michaelis 9.7.1932, Dänisches Nationalarchiv – Dank an Robert Streibel!

[333] Marie Stiasny an Karin Michaelis 17.7.1933, Dänisches Nationalarchiv – Dank an Robert Streibel!

[334] Marie Stiasny an Karin Michaelis 14.7.1933, Dänisches Nationalarchiv – Dank an Robert Streibel!

[335] Marie Stiasny an Karin Michaelis 8.1.1933, Dänisches Nationalarchiv – Dank an Robert Streibel!

[336] Beilage zum Antrag beim Hilfsfonds, 26.2.1957. ÖSTA – Dank an Robert Streibel!

[337] Antrag beim Hilfsfonds, 26.2.1957. ÖSTA – Dank an Robert Streibel!

[338] Georg Simon an Marie Stiasny, 13.10.1940. Privatbesitz

[339] Danke an Gerard Barbier für die Auskünfte.

[340] Carl Benedek, Marietta Lydis und ihre Modelle. Besuch bei der berühmten Pariser Malerin aus Wien. In: Neues Wiener Journal, 25.8.1924, S. 8

[341] Marie Stiasny an Mariette Lydis, Bilbao, Hotel Excelsior, 1.6.1941. Dank an Gerard Barbier!

[342] Marie Stiasny an Karin Michaelis 16. März 1942, Dänisches Nationalarchiv – Dank an Robert Streibel!

[343] Marie Stiasny an Karin Michaelis o. J., Dänisches Nationalarchiv – Dank an Robert Streibel!

[344] 7.9.1947

[345] 19.8.1949

[346] Schreiben 20.4.1961 Hilfsfonds, ÖSTA – Dank an Robert Streibel!

[347] Neues Wiener Journal, 12.9.1915, S. 14

[348] Neues Wiener Journal, 29.1.1921, S. 8

[349] Frau Castiglionis amerikanische Pläne. Der Morgen, 3.2.1936, S. 9

[350] Unter den Anwesenden bemerkte man … Damen der Wiener Gesellschaft, die man überall sieht. In: Neues Wiener Journal, 6.1.1929, S. 8

[351] Kurt Sonnenfeld, Paul Goldstein, Der Konflikt mit Castiglioni. In: Neues Wiener Journal, 7.5.1922, S. 1

[352] Kurt Sonnenfeld, Paul Goldstein, Der Konflikt mit Castiglioni. In: Neues Wiener Journal, 7.5.1922, S. 2

[353] Der Morgen, 21.10.1935, S. 12. https://de.wikipedia.org/wiki/Carl_Josef_Pollak
https://www.holocaust.cz/de/opferdatenbank/opfer/114976-josef-pollak/

[354] Frau Castiglionis amerikanische Pläne. In: Der Morgen, 3.2.1936, S. 9

[355] Iphigenie Castiglioni, Paul Munis große Sehnsucht. In: Die Stunde, 7.11.1936, S. 9. https://de.wikipedia.org/wiki/Paul_Muni

[356] Amt für Entjudungen an Eduard Beyerer, 23.8.1940. Castiglioni Arisierungsakt LG 6500, Bl. 2. StmLA

[357] Eduard Beyerer an den Reichsstatthalter Oberdonau, 26.7.940. Castiglioni Arisierungsakt LG 6500, Bl. 5. StmLA

[358] Amt für Entjudungen an Eduard Beyerer, 23.8.1940. Castiglioni Arisierungsakt LG 6500, Bl. 2. StmLA

[359] Amtsvermerk der oberösterreichischen Landesregierung, 4.6.1947. Buchbestand NSDAP. VS 1204. StmLA

[360] Amtsvermerk der oberösterreichischen Landesregierung, 4.6.1947. Buchbestand NSDAP. VS 1204

[361] Buchbestand NSDAP. VS 1204. StmLA

[362] Dieter Stiefel, Camillo Castiglioni (Wien 2012), S. 297

[363] Die Welt, 16.12.1953. Zit. nach Stiefel, S. 298

[364] Dieter Stiefel, S. 344; Camillo stirbt 1957 in Rom, Iphigenie 1963 in Los Angeles.

Literatur und Quellen

Allgemein

Karl Ausch, Als die Banken fielen (Wien 1968)

Dieter Binder (Hg.), Die Erzählung der Landschaft (Wien 2011)

Karl-Michael Dankl u. a. (Hg.), Das Ausseerland in der Zwischenkriegszeit (Altaussee 2010)

Wolfgang G. Eckel, Wienseer (Wien 2015)

Daniela Ellmauer, Michael John, Regina Thumser, »Arisierungen«, beschlagnahmte Vermögen, Rückstellungen und Entschädigungen in Oberösterreich (Wien 2004)

Georg Gaugusch, Wer einmal war. Band 1 A-K (Wien 2011); Band 2 L–R (Wien 2016); Band 3 S–Z (Wien 2022)

Hanno Loewy und Gerhard Milchram (Hg.), »Hast Du meine Alpen gesehen?« Eine jüdische Beziehungsgeschichte (Hohenems 2009)

Thomas Hellmuth u. a. (Hg.), Visionäre bewegen die Welt. Ein Lesebuch durch das Salzkammergut (Salzburg 2005)

Heike Herrberg, Heidi Wagner (Hg.), Wiener Melange. Frauen zwischen Salon und Kaffeehaus (Berlin 2002)

Sophie Lillie, Was einmal war (Wien 2003)

Eduard März, Österreichische Bankpolitik in der Zeit der großen Wende 1913–1923 (Wien 1981)

Alois Mayrhuber, Viktor Suchy (Hg.), Hugo von Hofmannsthal und die Kultur im steirischen Salzkammergut (Bad Aussee 1979)

Tobias Natter, Gerbert Frodl (Hg.), Klimt und die Frauen (Köln 2000)

Johanna Palme, Sommerfrische des Geistes. Wissenschaftler im Ausseerland (Bad Aussee 1999)

Martin Pollner, Historische Strukturen der Stadtgemeinde Bad Aussee und des Ausseer Landes (Wien 2005)

Roman Sandgruber, Traumzeit für Millionäre (Wien 2013)

Barbara Sauer, Ilse Reiter-Zatlokal, Advokaten 1938 (Wien 2010)

Harry Slapnicka, Oberösterreich – zweigeteiltes Land 1945–1955 (Linz 1986)

Leo Walkner, Jüdisches Leben im steirischen Salzkammergut – eine Spurensuche. Dissertation (Wien 2017)

1 Die schreibenden Damen Schreiber

Wiener Stadt- und Landesarchiv: Magistratisches Zivilgericht: fasc. 2

2619/1807 (Joseph Hermann), 2291/1808 (Rachel Hermann); Verlassenschaftsakt Ida Schreiber (BG Neubau 2A 406/1927).
Asja Braune, Konsequent den unbequemen Weg gegangen. Adele Schreiber (Berlin 2002)
Clara Schreiber, Eva. Naturalistische Studien einer Idealistin (Dresden 1893)
Clara Schreiber, Eine Wienerin in Paris (Berlin 1884)
Adele Schreiber, Das Buch vom Kinde. Ein Sammelwerk für die wichtigsten Fragen der Kindheit (Leipzig 1907)

2 »In Salz- und Ham- und Pittsburg auch, da kennt man Baitz bereits.« Die wunderbare Welt der Lilli Baitz

Jüdisches Museum Hohenems, Nachlass Lilli Baitz
Gerda Leipold-Schneider, Baitz-Puppen – zwischen Fantasie und Repräsentation. Ausstellung im Vorarlberger Landesmuseum (Bregenz 2005)

3 In Litzmannstadt ist man Inländerin. Das Schicksal der Aranka Munk

Österreichisches Staatsarchiv:
FLD 14148 Aranka Munk
Steiermärkisches Landesarchiv:
LG 8064 Munk. VVSt Bad Aussee
L-17/1010/1949 Munk. FLD Rückstellungen
Oberösterreichisches Landesarchiv:
Vermögensanmeldung 35305 Aranka Munk
OFP 05300-048 Munk. FLD/Beschlagnahmte Vermögen

4 »Oder hat ›die kleine Munk‹ wiedermal nicht gut aufgepaßt?« Ria Munk

Wienbibliothek/Handschriftensammlung/Nachlass Laurenz Müllner
Wilfried Kugel, Der Unverantwortliche. Das Leben des Hanns Heinz Ewers (Düsseldorf 1992)
Hans Müller-Einigen, Jugend in Wien (Wien 1948)

5 Von Alberti-Irsa nach Bad Aussee. Ein Familienclan

Steiermärkisches Landesarchiv:
LG 9061 Alberti. VVSt Bad Aussee
Verlassenschaft Viktor Török A 71/1949
RK 387/1949 Dostal. LG ZRS Graz
Ba 22/1950 Dostal. LReg. 15
Nico Dostal, Ans Ende deiner Träume kommst du nie. (Frankfurt 1982)

6 Kunstsammler versus Schulgründer. Das Ramgut
Österreichisches Staatsarchiv:
VA 6508 Felix Oppenheimer
Felix Oppenheimer, Aus Aufzeichnungen und Briefen (Wien 1919)
Felix von Oppenheimer, Die Beschaffung der Geldmittel für die gemeinnützige Bautätigkeit (Wien 1908)
Felix von Oppenheimer, Wien, wie es war und ist (Wien 1933)
Martin Haidinger, Wilhelm Höttl. Spion für Hitler und die USA (Wien 2019)

7 Ein kämpferischer Rechtsanwalt. Robert Weishut
Steiermärkisches Landesarchiv:
LG 9123 Weishut. VVSt Bad Aussee
0-5300/635/P8 Weishut. FLD Arisierung
We-250/1949 Weishut. LReg. 15
Wiener Stadt- und Landesarchiv: Verlassenschaftsakten: Dr. Albert Weishut (BG Döbling 6P 279/1942), Charlotte Weishut geb. Meaney (BG Innere Stadt 10A 300/1975); Sterbebuchakten: Standesamt Währing 373/1975 (Charlotte Weishut geb. Meaney)
Heraldisch-Genealogische Gesellschaft »Adler«: Partezettelsammlung: Dr. Robert Weishut (1972)
Robert Weishut, Vademecum für Heimkehrer (Altaussee 1919)

8 »… hat seine Zugehörigkeit zur NSDAP nicht missbraucht.« Die Karriere des Eduard Beyerer
Österreichisches Staatsarchiv:
Gauakt 338261 Beyerer
Justizakt BK 5504/1948 Beyerer
Justizakt 2651/1950 Beyerer

9 Eine Sommerfrischenliebe. Helene Hammerschlag und Sebastian Isepp
Wilhelm Baum, »Kunstwerke sind Stationen auf dem Passionsweg zu einem verlorenen Paradies«. Briefe und Dokumente zum Nötscher Kreis (Klagenfurt 2004)
Franz Endler (Hg.), Egon und Emmy Wellesz, Egon Wellesz – Leben und Werk (Wien 1981)
Gerbert Frodl, Elisabeth Brandstötter (Hg.), Sebastian Isepp (Salzburg 2006)
Sigrid Diewald, Sebastian Isepp. Museum des Nötscher Kreises (Nötsch 2018)
Maya Rauch, Gerhard Schuster (Hg.), Christiane von Hofmannsthal Tagebü-

cher 1918–1923 und Tagebücher des Vaters an die Tochter 1903–1929 (Frankfurt 1991)
Edwin Lachnit, Ringen mit dem Engel. Anton Kolig, Franz Wiegele, Sebastian Isepp, Gerhart Frankl (Wien 1998)

10 »Ich kann die Fülle meiner Erinnerungen oft nicht ertragen.« Paul und Irene Hellmann

Steiermärkisches Landesarchiv:
LG 7447 Hellmann. VVSt Bad Aussee
Ge-35/1955 Hellmann. LReg. 15
Oberösterreichisches Landesarchiv:
1028 Hellmann. Gauselbstverwaltung
Frank Blanks, A Sculptor Story
Helga Ebner-Fußgänger (Hg.), Hugo von Hofmannsthal, Josef Redlich. Briefwechsel (Frankfurt 1971)
Paul Hellmann, Irene, mijn grootmoeder (Amsterdam 2015)

11 Klein-Wien in Australien. Familie Gallia

Wiener Stadt- und Landesarchiv: Verlassenschaftsakt Moriz Gallia (Handelsgericht Wien 158/1918).
Tim Bonyhady, Wohllebengasse (Wien 2011)
Helene Gallia, Über die Produkte prolongierter tryptischer Verdauung des Caseins. Dissertation (Wien 1922)

12 Der Wienerwald in Massachusetts. Familie Drach

Österreichisches Staatsarchiv:
VA 21536 Drach
Steiermärkisches Landesarchiv:
LG 9029 Drach. VVSt Bad Aussee
Au-4/1948, Au-1/1950 Drach. LReg. 15
Oberösterreichisches Landesarchiv:
OFP 05300-239 Drach. FLD/Beschlagnahmte Vermögen
Wiener Stadt- und Landesarchiv: Verlassenschaftsakten: Moriz Drach und Marietta Rosen (Handelsgericht Wien 58/1927; BG Margareten 1A 248/1927; BG Innere Stadt 28P 94/1941, früher BG Margareten 11A 308/1923, 11P 31/1925 und 2P 250/1932; BG Margareten Aktenteile zu 2P 250/1932 in Schachtel A512/24 betreffend die in der Pflegschaft Marietta Rosen anhängigen Klagen und Gegenklagen)

13 Die Ballerina der Berge. Paul Preuß

Wiener Stadt- und Landesarchiv: Verlassenschaftsakten: Eduard Preuß (BG Innere Stadt (II) A129/1896), Koloman Preuß (BG Innere Stadt 4A 90/1917), Dr. Sigmund Preuß (BG Innere Stadt 2A 83/1925)

Lutz Maurer, Wen die Götter lieben. Der Alpinist Paul Preuß. In: Thomas Hellmuth u. a. (Hg.), Visionäre bewegen die Welt. Ein Lesebuch durch das Salzkammergut (Salzburg 2005)

Reinhold Messner, Der Philosoph des Freikletterns. Die Geschichte von Paul Preuß (München 2012)

14 Von Altaussee nach Pine Bluff. Der weite Weg der Familie Geiringer

Österreichisches Staatsarchiv:

VA 22525 Ernst Geiringer

25790 Geiringer FLD

Iris Meder, Andrea Winklbauer (Hg.), Vienna's shooting girls. Jüdische Fotografinnen aus Wien (Wien 2012)

Jürgen Nautz (Hg.), Unterhändler des Vertrauens. Aus den nachgelassenen Schriften von Sektionschef Dr. Richard Schüller (Wien 1990)

George Newman, Finding Harmony: A Family's Journey Across Europe and Beyond (2014)

Majorie Perloff, Wien: America. Paradoxien einer Emigration (Wien 2013)

Werks-Zeitung der Hanf-, Jute- und Textil-Industrie A. G., Betrieb Neufeld a. d. Leitha, Burgenland (Neufeld 1936–1937)

15 Der Tuchhändler und seine Kundinnen. Wilhelm Jungmann

Georg Gaugusch, Wilhelm Jungmann & Neffe. 150 Jahre einer Wiener Firma. In: Astrid Peterle (Hg.), Kauft bei Juden. Geschichte einer Wiener Geschäftskultur (Wien 2017), S. 94–113

Kurt von Lössl, Friedrich Ritter von Lössl. In: Blätter für Technikgeschichte (Wien 1948)

16 Es werde Licht! Glühlampen und die blaue Büchse

Steiermärkisches Landesarchiv:

LG 9201 Kremenezky. VVSt Bad Aussee. StLA

Ei 50/1951. LReg. 15. StLA

Oberösterreichisches Landesarchiv:

1/1A/VÖ 1946 Kremenezky. FLD

Jüdisches Museum Wien: Nachlass Theodor Kremenezky

18 »… als wären wir in Grönland«. Der Schriftsteller Jakob Wassermann

Marta Karlweis, Jakob Wassermann. Bild, Kampf und Werk (Amsterdam 1935)

Thomas Kraft, Jakob Wassermann (München 2008)

Dirk Miefanger (Hg.), Jakob Wassermann. Deutscher – Jude – Literat (Göttingen 2007)

Ursula Prutsch, Klaus Zeyringer (Hg.), Leopold von Andrian (1875-1951) (Wien 2003)

Horst Schumacher, Leopold Andrian (Wien 1967)

Charles Wassermann, Die Nacht der hellen Stunden (Gütersloh 1980)

Jakob Wassermann, Deutscher und Jude (Heidelberg 1984)

19 Ein olympischer Fechter. Ernst Königsgarten

Österreichisches Staatsarchiv:

VA 32940 Ernst Königsgarten

VA 4666 Heinrich Königsgarten

Steiermärkisches Landesarchiv:

LG 9018 Königsgarten. VVSt Bad Aussee

Ko-44/1950, Ko-112/1950, Königsgarten, LReg. 15

Michael Garton, In Search of Ernst. Discovering the Unspoken Fate of the Königsgartens (Oxford 2015)

20 »Gott behüt' uns vor Regen und Wind, und vor Gesellen, die langweilig sind.« Ludwig und Zerline Gabillon

Österreichisches Theatermuseum: Nachlass Ludwig und Zerline Gabillon

21 »Heute noch schlafe ich im Bett des großen Burgmimen Ludwig Gabillon.« Elisabeth Neumann und Edith Kramer

Steiermärkisches Landesarchiv:

Be-13/1950 Bernfeld. LReg. 15. StLA

Edith Kramer, Pionierin der Kunsttherapie. Internationales Symposium 2014 (Graz 2016)

Elke Mühlleitner, Ich – Fenichel (Wien 2008)

Elisabeth Neumann-Viertel, Du mußt spielen (Wien 1994)

Charlotte Zwiauer (Hg.), Edith Kramer. Malerin und Kunsttherapeutin zwischen den Welten (Wien 1997)

22 »Volkskunst von der Mur für den Broadway«. Familie Mautner
Österreichisches Staatsarchiv:
VA 33083 Anna Mautner
Steiermärkisches Landesarchiv:
LG 9056 Anna Mautner. VVSt Bad Aussee
LG 8060 Anna Mautner. VVSt Bad Aussee
G'schichten aus dem Elternhaus. Memoiren von Käthy Breuer, 1883–1979 (Privatbesitz)
Wolfgang Hafner, Die anderen Mautners (Berlin 2014)
Konrad Mautner, Alte Lieder und Weisen aus dem Steyermärkischen Salzkammergute (Graz 1919)

23 Graphic Designer der 1920er-Jahre. Viktor Hammer
Rudolf Koch, Wer ist Victor Hammer? (Chicago 1952)
Victor Hammer, A Retrospective Exhibition. North Carolina Museum of Art (Releigh 1965)
Bernhard Vitan, Die Wünsche oder Begegnungen mit Victor Hammer (Graz 1937)
A Hammer Bibliography. Margaret King Library, University of Kentucky (Lexington 1952)

24 »Genia loci«. Eugenie Schwarzwald
Hans Deichmann, Leben mit provisorischer Genehmigung. Leben, Werk und Exil von Dr. Eugenie Schwarzwald (Graz 1988)
Alice Herdan-Zuckmayer, Genies sind im Lehrplan nicht vorgesehen (Frankfurt 1979)
Deborah Holmes, Langeweile ist Gift. Das Leben der Eugenie Schwarzwald (St. Pölten 2012)
Robert Streibel (Hg.), Eugenie Schwarzwald und ihr Kreis (Wien 1996)

25 Die Frau in der zweiten Reihe. Marie Stiasny
Peter Michael Braunwarth, Da griff Schnitzler zum Tagebuch. Wer war »Stiasny, Marie, Dr.«? Recherchen bei den Großnichten in Wien-Pötzleinsdorf. In: Die Presse, 1./2.8.1992
Elias Canetti, Das Augenspiel (München 1985)

26 Aufstieg und Fall. Iphigenie und Camillo Castiglioni
Österreichisches Staatsarchiv:
12313 Castiglioni. FLD
Steiermärkisches Landesarchiv:
Ca-21/1948 Castiglioni. Reeg. 15. StLA
VS 1204. Buchbestand NSDAP. VVSt Bad Aussee
Dieter Stiefel, Camillo Castiglioni (Wien 2012)

Bildnachweis

Jüdisches Museum Hohenems (16, 30, 38, 41), Archiv Gerald Piffl/Imagno/picturedesk.com (18), Spielzeugmuseum, Marlis Jenny-Bruggmüller, Blons/www.spielzeugmuseumblons.at (21, 31, 32, 33, 37), ANNO/Österreichische Nationalbibliothek (23, 80, 96 unten, 132, 133, 138, 145 unten, 156, 161, 162 rechts, 164, 190, 197, 199, 200, 201, 229, 231), Archiv Marie-Theres Arnbom (27 links, 28, 42, 43, 54, 60, 78, 109, 129, 147, 188, 239), newspapers.com (40), Bildarchiv der Österreichischen Nationalbibliothek, Wien: Pf 144.018: C(1) (52), Bildarchiv der Österreichischen Nationalbibliothek, Wien: 203.522D (57), Anna Wexberg-Kubesch (63, 69), Steiermärkisches Landesarchiv/Foto: Marie-Theres Arnbom (67, 87, 237), Alexander Demblin (70, 71, 72, 73), AKON/Österreichische Nationalbibliothek (83, 119, 206, 232), Leo Walkner (92), Germanisches Nationalmuseum, Nürnberg. Leihgabe aus Privatbesitz. Foto: J. Musolf (93), Familienarchiv Hellmann (96 oben, 97, 98), Archiv Tim Bonyhady (105, 107), Archiv der Universität Wien (106), Archiv Poras (113, 115, 116, 117), Jimmy Petterson (123, 124, 125, 126, 127, 128, 130, 131), Archiv Schueller (134, 135, 136, 139), Dorothea Trauttmansdorff (144), Jungmann und Neffe (145 oben), Jüdisches Museum Wien (148, 150, 151), Archiv Kammerhofmuseum Bad Aussee (155), ÖNB-Bildarchiv/picturedesk.com (162 links, 227), Michael Garton (166), Barbara Pflaum/Imagno/picturedesk.com (171), KHM-Museumsverband, Theatermuseum Wien (172, 174, 175), Dr. David Henley, Edith Kramer Archives (178, 179, 180, 181, 183), Elizabeth Baum-Breuer (186), Pamela Tapolcai (187, 191), Albertina, Wien (192), Adelheid Wölfl (195), Archiv Huppmann (208, 209, 210, 211, 212, 215, 216, 217, 219, 220), ancestry.com (222), Archiv Setzer-Tschiedel/Imagno/picturedesk.com (228), Künstlerhaus Wien (233)

Die Abbildung auf Seite 27 rechts wurde entnommen aus: Maya Rauch, Gerhard Schuster (Hg.), Christiane von Hofmannsthal Tagebücher 1918–1923 und Tagebücher des Vaters an die Tochter 1903–1929 (Frankfurt 1991)

Die Autorin und der Verlag haben alle Rechte abgeklärt. Konnten in einzelnen Fällen die Rechteinhaber der reproduzierten Bilder nicht ausfindig gemacht werden, bitten wir, dem Verlag bestehende Ansprüche zu melden.

Namenregister

Die faszinierende Geschichte der Attersee-Villen und ihrer Bewohner

Eindrucksvolle Bergkulisse, türkis-blaues Wasser – seit Mitte des 19. Jahrhunderts ist der Attersee Sehnsuchtsort des Bürgertums und beliebtes Ziel der alljährlichen Sommerfrische. Industrielle, Bankiers, Ärzte, Gelehrte, Dichter, Künstler und Exzentriker bevölkerten Jahr für Jahr Seewalchen und Attersee, Unterach, Weißenbach oder Steinbach. Größen wie Johannes Brahms, Ignaz Brüll, Victor Léon, Gustav Klimt und Gustav Mahler verbrachten hier den Sommer, ebenso wie die Sopranistinnen Maria Jeritza und Hilde Güden oder die Schauspielerin Charlotte Wolter. Doch beherbergten die malerischen Villen des Attersees auch viele Menschen, deren Namen in Vergessenheit geraten sind. Diese und viele andere berührende Schicksale entdeckt Marie-Theres Arnbom auf ihrer spannenden Reise in die Vergangenheit des Attersees.

Marie-Theres Arnbom

Die Villen vom Attersee

Wenn Häuser Geschichten erzählen

288 Seiten, mit zahlreichen Abbildungen und Karte
ISBN 978-3-99050-123-8
eISBN 978-3-903217-05-8

Amalthea amalthea.at

Die illustre Vergangenheit des Traunsees

Traum-Ort Traunsee: Imposante Berge und kristallklares Wasser bilden eine atemberaubende Kulisse für die alljährliche Sommerfrische. Im 19. Jahrhundert tummeln sich rund um den See Aristokraten und Bürgerliche, Künstler und Industrielle, Schauspielerinnen und Operettenkomponisten, Herzöge und sogar der König von Hannover. Berühmte Ringstraßenarchitekten planen in Gmunden, Altmünster, Traunkirchen und Ebensee imposante Villen als standesgemäße Sommerquartiere: für die Wittgensteins oder die Berliner Bankiersfamilie Mendelssohn, für Familie Miller-Aichholz, deren häufiger Gast Johannes Brahms ist. Auch Erich Wolfgang Korngold erwirbt ein Anwesen in Höselberg. Und Arnold Schönberg findet in politisch dunklen Zeiten am Traunsee Zuflucht … Marie-Theres Arnbom hat die Spuren dieser Persönlichkeiten sowie vieler, deren Namen vergessen sind, mit ihrem besonderen Gespür für menschliche Schicksale nachgezeichnet und lässt den Glanz vergangener Sommertage am Traunsee eindrucksvoll wiederauferstehen.

Marie-Theres Arnbom

Die Villen vom Traunsee

Wenn Häuser Geschichten erzählen

256 Seiten, mit zahlreichen Abbildungen und Karte
ISBN 978-3-99050-149-8
eISBN 978-3-903217-35-5

Amalthea amalthea.at

Sommerfrische in Wien

Um 1850 lockt der nahe Wienerwald mit seiner herrlichen Natur zahlreiche Wiener nach Pötzleinsdorf. Anfangs kommen sie nur zur Sommerfrische, doch bald suchen die illustren Gäste dauerhaft Erholung am Stadtrand. Die Geymüllers erbauen Anfang des 19. Jahrhunderts das gleichnamige Schloss, das später in den Besitz der Industriellenfamilie Mautner übergeht, die Familien Spiegler und Regenstreif, der Staatsanwalt und Generalprokurator Robert Winterstein sowie zahlreiche Bankiers, Verlagsbesitzer, Rechtsanwälte und Unternehmer lassen sich in repräsentativen Villen nieder. Künstler wie der Bildhauer Franz Barwig lassen sich hier zu neuen Werken inspirieren. Doch das Jahr 1938 wird vielen Villenbesitzern zum Schicksal …

Mit dem ihr eigenen Gespür für besondere Lebensgeschichten gibt Marie-Theres Arnbom so manchem Bewohner seine Geschichte zurück. Ihre historische Entdeckungsreise führt sie nicht nur zu bekannten und vergessenen Häusern, sondern auch tief in ihre eigene Familiengeschichte, die eng mit Pötzleinsdorf verbunden ist.

Marie-Theres Arnbom

Die Villen von Pötzleinsdorf

Wenn Häuser Geschichten erzählen

272 Seiten, mit zahlreichen Abbildungen und Karte
ISBN 978-3-99050-172-6
eISBN 978-3-903217-49-2

Blaa-Alm
Bräuning Alm
(1607)
Greimuth
1871
Kühntal
Karl-Stöger-Steig
Atterkogel
1826
Oberwasser
1182
Loser Fenster
Hochanger
1838
Eglgrube
Augstsee
(1643)
Ramsau
Loser
1837
Weiße Wände
Gr. Loserloch
Loser Alm
(1600)
Steinkogelhütte
811
Stummernalm
Steinfeld
Loserhütte
(1498)
1171
Moos
Ostersee
Thörl
Seewiese
Bärenhöhle
Trisselwand
1754
Augstbach
Hinterposern
Posern
Fischerndorf
16
17
18
15
Reith
Altaussee
(719)
Altausseersee
Ahornkogel
1686
14
19
9
Kleberstube
12
13
11
Puchen
10
Arzleiten
Plattenkogel
633
Tressensattel
970
698
Platten
Sattel
Klaus
Wimm
Tressenstein
11201
Hollau
Lamesberg
Eisbichl
Lupitschbach
Gratschner
Untertressen
Alpengarten
Wald
Obertressen
Mosern
Voglbichl
Praunfalk
5
6
Hanischbühel
Reitern
1
Grundlseer Traun
Aschau
22
145
Au
Vorwerk
Egg
Hinterkogel
Gallhof
Reith
Gallhofkogel
958
3
4
7
5
5
Bad Aussee
(659)
Anger
Teichschloss
5
Sarstein
2
Lerchenreith
Eselsbach
Sießreith
Ziegelbach
Bhf.
145
Gschlößl
Hohe Radling
1398
Planergraben
Radlingstüberl